会社法の現代化

会社法の現代化
―要綱試案と補足説明―

法務省法制審議会会社法（現代化関係）部会

公　表

信 山 社

刊行にあたって

本資料は、法制審議会会社法（現代化関係）部会で取りまとめられた「会社法制の現代化に関する要綱試案」（平成一五年一〇月二九日公表されたもの）である。

近時、法制審においては、会社に関して規定する商法第二編、有限会社法、株式会社の監査等に関する諸制度間の規律の不均衡の是正等および最近の社会情勢の変化に対応するための各種制度の見直し等「会社法の現代化」にふさわしい内容の実質的な改正を行うことについて審議が行われてきた。

法務省ホームページで公表されたもの（原文横書き）を、利便性を考慮して縦書きにし、それに伴い、本文中の数字の表記はアラビア数字から漢数字に変換してある（なお、見出しの数字は原文のままである）。

なお、同時期に公表された「補足説明」を付加してハンディにした。広く学界・実務・学生の方々にご利用いただければ幸いです。

また、法制審ならびに関係者のご努力とこのような形での刊行を許容されたことに感謝申し上げます。

二〇〇四年（平成一六年）四月

信山社立法資料編集部

会社法制の現代化に関する要綱試案

目次

第一部 基本方針 …………10
1 会社法制の現代語化 …………10
2 実質改正 …………10

第二部 総則関係 …………11
1 会社の商号 …………11
 (1) 商号の登記 …………11
 (2) 不正競争目的の商号使用 …………11
2 支店の所在地における登記事項 …………12
3 使用人 …………12
 (1) 支配人の登記 …………12
 (2) 会社の支配人の競業避止義務等 …………12

第三部 合名会社・合資会社関係 …………13
1 合名会社・合資会社の会社類型の取扱い …………13
2 一人合名会社 …………14

3 法人無限責任社員 …………14
4 株式会社への組織変更 …………14

第四部 株式会社・有限会社関係 …………15

第一 総論 …………15
1 株式会社と有限会社の規律の一体化 …………15
2 譲渡制限株式会社における有限会社型機関設計の選択的採用 …………15

第二 設立等関係 …………16
1 最低資本金制度 …………16
 (1) 設立時における払込価額規制 …………16
 (2) 剰余金分配規制 …………17
 (3) 表示規制 …………18
2 払込取扱機関 …………18
3 募集設立 …………18

資料

第三　株式・持分関係

4　設立時の定款記載事項 …… 18
　(1) 株式会社の設立時の定款記載事項 …… 18
　(2) 発起人の引き受ける株式に関する事項 …… 19
　(3) 有限会社の定款記載事項 …… 19
5　事後設立 …… 20
　(1) 検査役の調査 …… 20
　(2) 検査役の調査を要しない場合 …… 20
6　現物出資・財産引受け …… 20
　(1) 事後設立規制の適用範囲 …… 20
　(2) 現物出資等に関する関係者の責任 …… 21
1　株式等の譲渡制限制度 …… 22
　(1) 株主・社員間の譲渡に係る取扱い …… 22
　(2) 譲渡制限に係る定款記載事項 …… 22
　(3) 一部の種類の株式についての譲渡制限の定め …… 23
　(4) 取得者からの承認手続と名義書換手続 …… 24
2　市場取引等以外の方法による自己株式等の買受手続 …… 24
　(1) 買受手続 …… 24
　(2) 特定の場合における手続の特例 …… 25
3　子会社による親会社株式の取得 …… 27
　(1) 自己株式に係る株主の権利の内容 …… 27
4　自己株式の市場取引による売却 …… 28
5　自己株式の消却 …… 28
6　消却に関する定款規定の設定手続等 …… 28
　(1) 定款に基づかない強制消却 …… 29
　(2) 授権株式数の変更の取扱い …… 29
　(3) 有限会社における種類株式に相当する制度 …… 29
7　種類株式 …… 29
　(1) 議決権制限株式等に関する別段の定め …… 29
　(2) 剰余金分配・議決権等に関する別段の定め …… 30
　(3) 議決権制限株式等の発行限度 …… 30
　(4) 強制転換条項付株式 …… 30
　(5) 種類株式の内容に係る定款変更 …… 31
8　法定種類株主総会 …… 31
　(1) 商法三四五条一項の要件 …… 31
　(2) 商法三四六条の規定による種類株主総会 …… 32
　(3) 議決権制限株主の買取請求権 …… 32
9　端株・単元株 …… 32

目　次

10 議決権制限株主その他の株主の少数・単独株主権等 …………33
- (1) 議決権基準・株式数基準 …………33
- (2) 株主総会に関連する少数・単独株主権等 …………34
- (3) 特定の決議事項に関連する少数株主権の行使要件 …………34
- (4) 少数株主権と少数社員権の行使要件 …………35
- (5) 株主名簿等の閲覧・謄写請求権 …………36

11 基準日 …………36
- (1) 基準日後の株主の議決権 …………36
- (2) 基準日の配当起算日 …………36

12 新株発行及び増資の手続 …………37
- (1) 譲渡制限株式会社の新株発行手続 …………37
- (2) 有限会社の増資手続 …………37
- (3) 株式申込証の用紙 …………38
- (4) 新株発行等の際の公告・通知 …………39

13 新株発行無効の訴え等 …………39
- (1) 提訴期間 …………39
- (2) 提訴可能期間中の口頭弁論の開始 …………40

14 株主に対する通知又は公告の在り方 …………40

第四　機関関係 …………40

1 株主総会・社員総会 …………40
- (1) 株主提案権の行使期限 …………40
- (2) 招集地 …………41
- (3) 総会検査役 …………41
- (4) 書面投票・電子投票 …………42
- (5) 議決権の不統一行使・代理人の数 …………42
- (6) 書面決議 …………43
- (7) 特別決議の決議要件 …………43

2 取締役の資格 …………44
- (1) 資格制限 …………44
- (2) 欠格事由 …………44

3 取締役の任期 …………44

4 取締役の選解任 …………45
- (1) 累積投票制度 …………45
- (2) 解任決議の決議要件 …………45

5 取締役会の書面決議 …………46

6 取締役に係る登記 …………46
- (1) 共同代表取締役 …………46

資料

- (2) 社外取締役等の住所 46
- (3) 代表取締役等の住所 47

7 取締役の責任 47
- (1) 任務懈怠責任 47
- (2) 違法な剰余金の分配に係る責任 48
- (3) 期末のてん補責任 49
- (4) 利益相反取引に係る責任 50
- (5) 株主の権利行使に関する利益供与に係る責任 52

8 代表訴訟 54

9 監査役 55
- (1) 補欠監査役 55
- (2) 監査役の権限 55

10 使用人兼務取締役等 55
- (1) 委員会等設置会社における取締役の使用人兼務 55
- (2) 委員会等設置会社における使用人兼務執行役の報酬 55

11 会計監査人 56
- (1) 会計監査人の設置強制の範囲 56
- (2) 会計監査人の任意設置の範囲 57
- (3) 会計監査人が設置される場合の機関設計等 57
- (4) 会計監査人が不適法意見を述べている場合の措置 59
- (5) 会計監査人の会社に対する責任 59
- (6) 会計監査人の報酬 60
- (7) 会計監査人の欠格事由 60
- (8) 会計監査人の登記 60

12 その他 60
- (1) 重要財産委員会制度 60
- (2) 大会社・みなし大会社に係る機関設計 61

第五 計算関係 61

1 剰余金の分配に係る規制 61
- (1) 会社財産の払戻しに対する横断的規制 61
- (2) 現物配当 62
- (3) 剰余金分配限度額の計算方法 62
- (4) 分配可能限度額の算定の基準時等 63
- (5) 利益処分等に対する会計監査人の関与 64

2 資本・準備金 65

6

目　次

(1) 資本の組入れ基準 …………………………………………………………… 65
(2) 欠損てん補のための資本減少の決議要件 …………………………………… 65
(3) 利益準備金の積立て ………………………………………………………… 65
(4) 準備金の積立て ……………………………………………………………… 65
(5) 法定準備金の減少額の上限規制 …………………………………………… 66
(6) 自己株式の処分差損の計算上の取扱い …………………………………… 66

3 組織再編行為の際の資本の部に係る計算関係 ………………………………… 66
(1) 株式交換・株式移転の場合 ………………………………………………… 67
(2) 資本増加限度額の算定の際の控除額 ……………………………………… 67
(3) 組織再編行為の際の剰余金の計上 ………………………………………… 67
(4) いわゆる「合併差損」等が生ずる場合の取扱い ………………………… 68

4 分配機会及び決定機関の特例並びに役員賞与等 ……………………………… 68
(1) 分配機会及び決定機関の特例に関する定款の定め ……………………… 69
(2) (1)の定款の定めがある会社の定時総会 …………………………………… 70
(3) 株主からの配当議題提案権 ………………………………………………… 71
(4) 取締役等に対する財産上の利益の取扱い ………………………………… 72

5 開示・監査関係 …………………………………………………………………… 72
(1) 決算公告 ……………………………………………………………………… 72
(2) 利益処分案・損失処理案 …………………………………………………… 72
(3) 附属明細書 …………………………………………………………………… 73

第六　社債・新株予約権関係

1 有限会社の社債・新株予約権 …………………………………………………… 74
2 新株予約権付社債 ………………………………………………………………… 74
(1) 社債総則に関する規定の整理 ……………………………………………… 74
(2) 社債の発行事項の決定 ……………………………………………………… 74
3 社債関連規定 ……………………………………………………………………… 75
(1) 社債管理会社 ………………………………………………………………… 75
(2) 「約定権限」の行使 ………………………………………………………… 75
(3) 社債管理会社の辞任 ………………………………………………………… 76
(4) 社債管理会社の責任 ………………………………………………………… 77
(5) 法的倒産手続における社債管理会社の権限、債権者保護手続における社債管理会社の権限 …… 77
4 社債権者集会 ……………………………………………………………………… 77
(1) 決議事項の許可 ……………………………………………………………… 77

7

資料

- (2) 特別決議の成立要件 … 78
- 5 一株に満たない端数の処理 … 78
- 6 強制転換条項付新株予約権付社債 … 78
- 7 組織再編行為に際しての新株予約権等の承継 … 79
  - (1) 新株予約権等の承継 … 79
  - (2) 承継の手続 … 79
- 8 株式交換・株式移転の際の新株予約権付社債の承継 … 80
- 9 新株予約権付社債の譲渡等 … 80
- 10 社債の銘柄統合 … 81
- 社債権者による書面投票制度 … 82

第七 組織再編関係 … 82

- 1 対価柔軟化 … 82
- 2 簡易組織再編行為 … 83
  - (1) 簡易組織再編行為の要件 … 83
  - (2) 譲渡制限株式会社についての取扱い … 84
- 3 略式組織再編行為 … 84
- 4 効力発生 … 85
- 5 人的分割における財源規制 … 85

第八 清算関係 … 86

- 1 清算手続への裁判所の関与 … 86
- 2 清算中の会社の機関 … 86
  - (1) 清算中の株式会社の清算人会 … 86
  - (2) 清算中の株式会社の監査役 … 86
- 3 清算中の会社がすべき公告 … 87
  - (1) 清算中の会社の決算公告 … 87
  - (2) 債権申出の公告 … 87
- 4 清算中の会社の配当等 … 88
  - (1) 残余財産分配の現物交付 … 88
  - (2) 会社財産分配の株主に対する払戻し … 88
- 5 清算結了登記後の資料の保存者 … 88

第九 その他 … 89

- 1 子会社に関する規定 … 89
- 2 会社整理・特別清算 … 90

第五部 外国会社関係 … 90

- 1 擬似外国会社 … 90

目　次

　2　外国会社の日本における代表者 …………………………………… 90

第六部　その他 ………………………………………………………… 91
　1　新たな会社類型 ……………………………………………………… 91
　　1　会社の内部の関係 ………………………………………………… 91
　　2　会社の外部との関係 ……………………………………………… 92
　2　罰則 …………………………………………………………………… 93
　3　関連規定の整備 ……………………………………………………… 93

9

第一部　基本方針

1　会社法制の現代語化

会社に関して規定する商法第二編、有限会社法、株式会社の監査等に関する商法の特例に関する法律（以下「商法特例法」という。）等について、次のような方針による現代語化を行うものとする。

(1) 片仮名文語体で表記されている商法第二編、有限会社法等の各規定について、平仮名口語体化を図る。

(2) 用語の整理を行うとともに、解釈等の明確化についても必要に応じ規定の整備を行う方向で検討する。

(3) 商法第二編、有限会社法、商法特例法等の各規定については、これらを一つの法典（会社法（仮称））としてまとめ、分かりやすく再編成する。

2　実質改正

会社法制の現代語化の作業に合わせ、会社に係る諸制度間の規律の不均衡の是正等を行うとともに、最近の社会経済情勢の変化に対応するための各種制度の見直し等「会社法制の現代化」にふさわしい内容の実質的な改正を行うものとする（第二部から第六部まで参照）。

会社法制の現代化に関する要綱試案

第二部 総則関係

1 会社の商号

(1) 商号の登記

会社に係る商法一九条による規制は、廃止するものとする。

(注一) 会社に係る商業登記法二七条による規制についても、同様とする。

(注二) 商号の登記に係る規制を廃止する場合には、「会社の目的」として定款に記載できる内容を柔軟化することが可能となる。

(注三) 既に登記されている会社と同一の住所の会社は、行う営業のいかんにかかわらず、当該他の会社と同一の商号を登記することができないものとする。

[関連規定] 商法一九条、商業登記法二七条

(2) 不正競争目的の商号使用

会社に係る不正競争目的の商号使用の差止め等に関する規定（商法二〇条）の取扱いについては、次のいずれかの案で見直しを行うものとする。

a案 現行規制を維持する。
b案 商法二〇条一項を維持し、同条二項（不正競争目的に関する推定規定）を削除する。
c案 商法二〇条を削除する。

資　　料　(1)

2　支店の所在地における登記事項

会社の支店の所在地において登記すべき事項は、①会社の商号、②本店の所在地、③当該支店の所在地に限るものとする。

［関連規定］　商法一〇条

（注）　不正目的の商号使用に関する規制（商法二一条）は維持するものとする。

［関連規定］　商法二〇条、二一条

3　使用人

(前注)　会社の使用人に関しては、商業使用人の規定を適用せず、これに相当する規定を会社法（仮称）において設けるものとする。

(1)　支配人の登記

支配人の登記については、本店の登記簿において、支配人とその支配人が代理権を有する本店又は支店を登記するものとする。

(注)　支店における登記の効力に関する規定は、削除するものとする。

［関連規定］　商法四〇条、一三条

(2)　会社の支配人の競業避止義務等

会社法制の現代化に関する要綱試案

会社の支配人について、営業主の許諾がなければ、みずから営業を行うことや、会社の無限責任社員や取締役等となることを禁止する規制を見直し、取締役と同様の競業避止義務のみを負うものとすることの当否等については、なお検討する。

〔関連規定〕　商法四一条一項、有限会社法二六条

（注）　支配人の競業行為等に関する「営業主の許諾」については、取締役会を設置する会社においては取締役会、取締役会が設置されない会社においては原則として取締役を許諾機関とするものとする。

第三部　合名会社・合資会社関係

1　合名会社・合資会社の会社類型の取扱い

合名会社と合資会社の両会社類型について、一つの会社類型として規律する方向で検討する。

（注一）　合名会社のすべての有限責任社員が退社した場合には、当該会社は解散しないものとする。
（注二）　両会社の商号の取扱いについては、社員中に有限責任社員が存する場合には、「合資会社」の商号使用を義務付け、この義務に違反して「合名会社」の商号を使用した場合においては、有限責任社員は、会社債権者に対して無限責任社員と同様の責任を負うものとする方向で検討する。

〔関連規定〕　商法一四七条、一六二条

2　一人合名会社

無限責任社員一人のみの合名会社の設立・存続を許容するものとする。

（注）　社員が一人となった場合であっても、当該会社は解散しないものとする。

〔関連規定〕　商法九四条四号

3　法人無限責任社員

会社が他の会社の無限責任社員となることができないとする規定は、廃止する方向で検討する。

（注）　法人が合名会社・合資会社の業務を執行する社員となる場合について、その適切な管理運営の確保等の観点から、当該法人の職務執行者の指定等に関し、所要の措置を講ずる方向で検討する。

〔関連規定〕　商法五五条

4　株式会社への組織変更

合名会社・合資会社から株式会社への組織変更を認めるものとする。

（注一）　組織変更の手続等については、合名会社・合資会社が株式会社を新設会社とする合併をする場合の手続等と同様とする。

（注二）　合名会社・合資会社と株式会社との合併、合名会社・合資会社同士による株式会社を新設会社とする合併に関する制度の見直しの要否については、なお検討する。

〔関連規定〕　商法五六条、一〇〇条等、四一一条

第四部　株式会社・有限会社関係

第一　総論

1　株式会社と有限会社の規律の一体化

多くの株式会社の実態等を踏まえ、株式会社に関する規律について、有限会社に関する規律との一体化を図るものとする。

（注）株式会社と有限会社の両会社類型について、一つの会社類型として規律する方向で検討する。

2　譲渡制限株式会社における有限会社型機関設計の選択的採用

譲渡制限株式会社について、現行の有限会社の機関に関する規律に相当する規律の選択を認めるものとする。

（注一）「現行の有限会社の機関に関する規律に相当する規律」の主なものは、次のとおりである。
① 法定の機関たる「取締役会」が設置されない。
② 取締役の員数は、一人以上で足りる。
③ 株主総会は、強行規定に反しない限り、いかなる事項についても決議することができる。
④ 監査役の設置は、義務付けられない。

資　料（1）

第二　設立等関係

1　最低資本金制度

（前注）　最低資本金制度は、①設立に際して払い込むべき金銭等の価額、②剰余金分配規制における純資産額、③資本として表示することができる額のそれぞれの下限規制という機能を有するところ、それぞれの機能ごとに、次のような見直しを行うものとする。

(1) 設立時における払込価額規制

株式会社・有限会社の設立に際して払い込むべき金銭等の価額（設立要件としての最低資本金

⑤　取締役・監査役の任期規制がない。
⑥　取締役の資格について、定款をもって株主に限定することも禁止されない。
⑦　取締役の選任決議の定足数について、特別の規制がない。
⑧　株主総会招集通知への会議の目的事項の記載又は記録を要しない。
⑨　各株主に単独株主権として総会における議題提案権が認められる。
⑩　株主総会の会日の一週間前（定款で短縮可能）までに招集通知を発すれば足りる。

（注二）　「譲渡制限株式会社」とは、発行する全部の種類の株式について、その譲渡につき承認を要する旨の定款の定めがある株式会社（第三・1(3)①参照）をいう。

（注三）　譲渡制限株式会社のうち大会社に相当するものの機関設計の選択については、第四・一一参照。

〔関連規定〕　商法第二編第四章第三節、有限会社法第四章

16

会社法制の現代化に関する要綱試案

（株式会社：一、〇〇〇万円、有限会社：三〇〇万円）については、以下のいずれかの案で見直しを行うものとする。

a案　株式会社について、現行の有限会社と同額の三〇〇万円とする。

b案　株式会社・有限会社について、三〇〇万円よりもさらに引き下げた額（例えば一〇〇万円、一〇万円等）とする。

c案　設立時に払い込むべき金銭等の額については規制を設けない。

（注）　b案又はc案を採用する場合において、法人格濫用の防止の観点から、例えば会社の不法行為に関する会社関係者の責任の強化等の措置を講ずるかどうかについては、なお検討する。

(2) 剰余金分配規制

(1)においてb案又はc案を採用する場合であっても、純資産額が一定の金額（例えば、三〇〇万円）未満の場合には、剰余金があってもこれを株主に分配することができないものとする。

(3) 表示規制

(1)においてa案又はb案を採用する場合であっても、会社成立後資本として表示することができる額については、下限規制を設けないものとする。

（注）　(1)においてa案又はb案を採用する場合において、会社成立後純資産額が最低資本金額に満たなくなる事態が生じても、現行法制と同様、特別の規定は設けないものとする。

〔関連規定〕　商法一六八条ノ四、有限会社法九条

資料(1)

2 払込取扱機関

設立の登記の受理に際しての払込取扱機関への金銭の払込みがあることの証明手段を現行の払込金保管証明に限定せず、残高証明等によれば足りるものとする。

(注一) 会社成立後の新株発行、新株予約権の行使による新株発行の場合等についても、同様の手当てをするものとする。

(注二) 現行法上、銀行・信託会社等の金融機関に限定されている払込取扱機関の範囲の拡大については、なお検討する。

〔関連規定〕 商法一七八条、一八九条、これらの準用規定

3 募集設立

株式会社の設立手続のうち募集設立という方法を廃止し、発起設立に一本化するものとする。

(注) 募集設立を廃止することに伴い、発起設立手続に関して見直すべき点があるかどうかについて、実務上のニーズを踏まえ、なお検討する。

〔関連規定〕 商法一七四条から一八七条まで

4 設立時の定款記載事項

(1) 株式会社の設立時の定款記載事項

「会社の設立に際して発行する株式の総数」（商法一六六条一項六号）を「会社の設立に際して出資すべき額」に改めるものとする。

(2) 発起人の引き受ける株式に関する事項

会社の設立に際して発行する株式の種類、数及びその割当てに関する事項については、定款又は発起人全員の同意をもって定めるものとする。

（注）定款記載事項である「会社が発行する株式の総数」は、引受後設立前に発起人全員の同意をもって定めることもできるものとする。

(3) 有限会社の定款記載事項

① 「資本の総額」及び「出資一口の金額」については、定款記載事項から削除するものとする。

（注一）有限会社の資本組入れに関しては、株式会社と同様、払込金額の二分の一以上を組み入れるべきものとする。

（注二）有限会社の自己持分を消却する場合においては、社員総会の特別決議を要しないものとする。

② 「各社員の出資の口数」については、定款記載事項から削除するものとし、設立時に払い込むべき額及び設立時の各社員の出資の口数等については、(1)及び(2)と同様の手当てをするものとする。

〔関連規定〕商法一六六条一項、一六八条ノ二、有限会社法六条一項三号、四号、六号

5 事後設立

(1) 検査役の調査

事後設立の際の検査役の調査制度については、廃止するものとする。

(2) 事後設立規制の適用範囲

① 事後設立につき株主総会の決議の要否を画する基準については、営業全部の譲受けにつき株主総会の決議の要否を画する基準（第七・2(1)参照）に合わせるものとする。

② 新設合併、新設分割又は株式移転により設立された会社については、事後設立規制が課せられないことを明確化するものとする。

［関連規定］商法二四六条、有限会社法四〇条三項・四項

6 現物出資・財産引受け

(1) 検査役の調査を要しない場合

① 少額特例

会社設立時については、「資本の五分の一」という要件を廃止し、例えば「五〇〇万円」という金額の要件に一本化するものとする。

(注)「五〇〇万円」という額については、設立時における払込価額規制の在り方との関係も含めて、なお検討

する。

② 市場価格のある有価証券

現物出資・財産引受けに際して検査役の調査を要しない有価証券の範囲を「取引所の相場のある有価証券」から「市場価格のある有価証券」に拡大するものとする。

③ 会社に対する金銭債権

会社に対する金銭債権のうち履行期が到来しているものを当該債権額以下で出資をする場合には、検査役の調査を不要とするものとする。

(注一) 相殺禁止に関する規定については、金銭で払い込むべきものと定められている場合における引受人からの相殺を禁止する旨の規定に変更するものとする。

(注二) 債権の存在を証するための手当てについては、なお検討する。

[関連規定] 商法一七三条、二〇〇条、二八〇条ノ八、有限会社法一二条ノ二、五二条ノ三、五七条

(2) 現物出資等に関する関係者の責任

株式会社の発起人・取締役（現物出資者又は財産の譲渡人を除く。）が財産価格てん補責任を負わないものとする。

(注一) 会社成立後の新株発行において、会社との間に利害関係のない者が過失なく現物出資をし、事後的に責任を問われる場合について、当該者に出資の取消権を認めるかどうかについては、なお検討する。

(注二) 有限会社の取締役・社員（現物出資者又は財産の譲渡人を除く。）についても、同様の措置を講ずるものとする。

[関連規定] 商法一九二条ノ二第一項、二八〇条ノ一三ノ二第一項等

第三 株式・持分関係

1 株式等の譲渡制限制度

(1) 株主・社員間の譲渡に係る取扱い

① 有限会社における社員間の持分の譲渡については、譲渡制限株式会社の株式の譲渡と同様、原則として会社の承認を要するものとする。

② 譲渡制限株式会社及び有限会社においては、定款をもって、株主又は社員間の譲渡につき承認を要しない旨を定めることができるものとする。

〔関連規定〕商法二〇四条一項ただし書、有限会社法一九条二項

(2) 譲渡制限に係る定款記載事項

株式・持分の譲渡制限制度に関して、定款をもって、次に掲げる事項を定めることができるものとする。

① 特定の属性を有する者に対する譲渡については、承認権限を代表取締役等に委任し、又は承認を要しないものとすること。

② 相続、合併等の譲渡以外の事由による株式・持分の移転についても、承認の対象とすること。

③ 譲渡を承認しない場合において先買権者の指定の請求があったときの先買権者をあらかじめ

22

会社法制の現代化に関する要綱試案

指定しておくこと。

④ 株式会社において株主総会を承認機関とすること。

〔関連規定〕　商法二〇四条一項ただし書、有限会社法一九条二項

(3) 一部の種類の株式についての譲渡制限の定め

① 譲渡制限種類株式

定款をもって、一部の種類の株式の譲渡についてのみ承認を要することを定めることを認めるものとする。

(注)　一部の種類の株式について譲渡制限の定めがある会社の株式発行手続については、原則として、取締役会の決議によることとし、各種類の株主の保護は拒否権の設定によるが、発行される種類株式が譲渡制限種類株式である場合には、当該種類の株主にその持株数に応じて割り当てるときを除き、当該種類株式に係る種類株主総会の決議を要するものとする。

② 種類株式発行後の譲渡制限の定め方

発行後の種類株式について譲渡制限の定めをすることを認める場合には、次のような制度として整理するものとする。

イ　株主総会の特別決議のほか、①譲渡制限の定めを設ける種類株式に係る種類株主総会及び②その種類の株式に転換する転換予約権付株式又は強制転換条項付株式に係る種類株主総会の各特殊決議を要し、当該各種類の反対株主に株式買取請求権を与える。

ロ　イの株式を目的とする新株予約権（新株予約権付社債に付せられているものを含む。）を発行し

ている場合には、当該新株予約権を有する新株予約権者に買取請求権を与える。

(注一) 譲渡制限の定めをするための種類株主総会の決議要件として、特殊決議を要するものとするかどうかについては、なお検討する。

(注二) 行使され得る新株予約権がある場合には譲渡制限の定めができないものとする規定（商法三四八条三項）は、削除するものとする。

〔関連規定〕 商法三四八条

(4) 取得者からの承認手続と名義書換手続

① 譲渡につき会社の承認を要する株式・持分の取得者から会社に対して承認を請求する手続は、名義書換請求のために要求される手続と同様のものとし、承認なく株式を取得した者からの名義書換請求については、会社はその取得を承認せず名義書換えを拒むことができるものとする。

② 承認を拒否された取得者は、会社に対し、先買権者の指定を請求することができるものとする。

〔関連規定〕 商法二〇四条ノ五、有限会社法一九条七項

2 市場取引等以外の方法による自己株式等の買受手続

(1) 買受手続

市場取引・公開買付け以外の方法による自己株式の買受け制度については、次のように整理するものとする。

① 株主総会の普通決議により、買い受ける株式の種類、総数及び総額並びに一年を超えない範囲内の買受け期間を決議し、取締役会（取締役会が設置されない会社にあっては、取締役）に対し授権することができる。

（注）②により定める一回の買付けにおける買受株式の数等に条件を付することその他株主総会で定めるべき事項については、なお検討する。

② ①の決議後、取締役会は、買い受ける株式の種類、一株当たりの買受価格及び買受請求期間並びに総数又は価額の総額を定めるときはその内容を決定し、株主に対して通知又は公告をする。

③ 株主は、②の買受請求期間内に、買受けを請求する株式の種類及び数を会社に通知して株式の買受請求をすることとし、会社は、請求した株主の株式を買い受ける。

（注一）請求により買い受けるべき株式の数・価額の合計が①の数又は総額、②で定めた総数又は総額を超える場合には、按分して買い受けるものとする。

（注二）自己株式の買受けの授権決議を定時総会においてのみすることができるとする規制については、取得の方法のいかんにかかわらず、廃止するものとする。

（注三）③の請求ができる株主を、①の決議を行う際に、会社が定めた者と売主に追加すべき旨を請求した者に限定する現行制度を維持するかどうかについては、なお検討する。

〔関連規定〕商法二一〇条二項二号・五項から八項まで、有限会社法二四条一項

(2) 特定の場合における手続の特例

① 合併等の場合

合併、会社分割、営業全部の譲受けの場合において相手方の保有する自己株式を取得する場合には、これらの行為により取得する自己株式の種類及び数を開示した上で、(1)の手続によらず、当該自己株式の取得をすることができることを明確化するものとする。

（注）営業の一部の譲受けの場合についての取扱いについては、なお検討する。

② 譲渡制限株式会社における先買権者の指定

先買権者の指定の請求に対し、会社自身を買受人と指定した場合においては、譲渡人を除いた株主による株主総会の特別決議によって、買受けを承認するという現行制度を維持するものとする。

（注）買取価格の上限を株主総会で定めるものとしては、どうか。

③ 譲渡制限株式会社における株式の相続又は合併

譲渡制限株式会社がその株式を相続又は合併により取得した者から買い受ける場合には、②と同様の手続によるものとする。

④ 市場価格のある株式を市場価格で買い受ける場合

市場価格のある株式を市場価格で特定者から買い受ける場合には、(1)の手続によらずに買い受けることを認めるものとする。

⑤ その他の場合における特例

（注）譲渡人を除いた株主による株主総会の特別決議によって、その買受けを承認するものとする。

26

現行法で認められている場合及び①から④までに掲げる場合以外に、(1)の手続によらずに、自己株式を買い受けることを認めるかどうか、認める場合における要件・手続の在り方等については、なお検討する。

〔関連規定〕　商法二一〇四条ノ三ノ二、二一〇条、二二一四条ノ五等

3　自己株式に係る株主の権利の内容

自己株式については、株式の分割、併合及び強制転換等ある種類の株式につき一律に、かつ、当然に効力が生ずべき場合を除き、配当請求権その他の自益権を認めないものとする。

（注）　「その他の自益権」には、残余財産分配請求権、新株の引受権、合併等の場合における株式の割当て等が含まれる。

〔関連規定〕　商法二一九三条等

4　子会社による親会社株式の取得

商法二一一条ノ二第一項各号に掲げる場合のほか、①子会社が他の会社の組織再編行為により親会社株式の割当てを受ける場合、②子会社が行う組織再編行為に際して親会社株式の割当てをするために取得する場合についても、子会社が親会社株式を取得することができるものとする。

（注）　親会社又は子会社につき財源規制・手続規制を講じて子会社による親会社株式の取得等に係る禁止規定

5 自己株式の市場取引による売却

市場価格のある株式に係る自己株式について、新株発行類似の手続を経ずに、自己株式を市場取引により売却することの可否については、なお検討する。

〔関連規定〕 商法二一一条ノ二

自体を削除するかどうかについては、なお検討する。

6 株式の消却

(1) 消却に関する定款規定の設定手続等

利益による強制消却に関する定款規定の会社成立後の新設又は変更については、総株主の同意を要するものとする。

(注一) 償還株式に関する定款規定の当該種類株式の発行後の新設又は変更についても、当該種類株式の株主全員の同意を要するものとする。

(注二) 株主の持株数に応じない方法（抽選で消却する株式を決定するものも含む。）による強制消却は、定款の定めがある場合に限り、認めるものとする。

(注三) 自己株式の買受け手続及びその特例（二参照）と定款の定めに基づく有償消却との関係の整理については、なお検討する。

〔関連規定〕 商法二一三条

会社法制の現代化に関する要綱試案

(2) 定款に基づかない強制消却

① 株主の持株数に応じた株式の一部の強制消却

定款に基づかない株主の持株数に応じて行う強制消却は、株式併合として整理するものとする。

② 定款に基づかない株主の持株数に応じた強制消却

会社が債務超過である場合に限り、一又は二以上の種類の株式について、その株主の多数決により、その全部を無償で強制消却することを認める方向で検討する。

(注) 仮に、これを認めない場合には、法的倒産手続においてのみ定款に基づかない株主の多数決による強制消却を認めるものとする。

〔関連規定〕商法二一三条、二一四条、有限会社法二四条一項、五八条一項五号、六三条二項等

(3) 授権株式数の変更の取扱い

株式の消却がされた場合における「会社が発行する株式の総数」については、定款又は株主総会の決議により減少することを定めた場合にのみ減少するものとする方向で検討する。

(注) 株式の併合がされた場合についても、同様とするものとする。

7 種類株式

(1) 有限会社における種類株式に相当する制度

有限会社において、種類株式に相当する制度を認めるものとする。

(2) 剰余金分配・議決権等に関する別段の定め

取締役会が設置されない譲渡制限株式会社においては、剰余金分配、議決権等に関し、定款をもって別段の定めを置くことができるものとする。

(注一) 別段の定めをした場合における株主・社員の保護のための制度と同様の措置を講ずる方向で、なお検討する。

(注二) 取締役会の有無にかかわらず、譲渡制限株式会社全般についても認めるかどうかについては、なお検討する。

〔関連規定〕 有限会社法三九条、四四条、七三条

(3) 議決権制限株式等の発行限度

有限会社及び取締役会が設置されない譲渡制限株式会社においては、議決権制限株式の発行限度に関する規制を撤廃するものとする。

(注) 取締役会の有無にかかわらず、譲渡制限株式会社全般についても撤廃するかどうかについては、なお検討する。

(4) 強制転換条項付株式

〔関連規定〕 商法二二二条五項、六項、八項

① 定款の定めによる転換

定款の定めに従い、公告・通知等の期間の満了を待たずに強制転換することを認めるものとする。

② 転換の条件

転換の条件については、転換予約権付株式と同様、発行の際の株主総会又は取締役会の決議により定めることができるものとする。

〔関連規定〕　商法二二二条ノ八、二二二条ノ九

(5) 種類株式の内容に係る定款変更

種類株式の内容のうち、その決定を取締役会等の決議に委ねた事項については、当該取締役会等の決議が行われた際に定款が変更されたものとみなすものとする。

〔関連規定〕　商法二三二条三項、二二二条ノ二第二項

8　法定種類株主総会

(1) 商法三四五条一項の要件

商法三四五条一項に規定する定款の変更は、①当該種類株式の内容を変更する場合及び②新たな種類株式の定めを置き、又は他の種類株式の内容を変更し、若しくは他の種類株式を発行することができる数を引き上げる場合に限るものとする。

〔関連規定〕　商法三四五条

(2) 商法三四六条の規定による種類株主総会

ある種類株式につき、あらかじめ定款をもって、商法三四六条の規定による種類株主総会の決

議を要しない旨を定めることができるものとする。

(注一) 当該種類株式の発行後にこの定款の定めを設けるときは、当該種類の総株主の同意を要するものとする。

(注二) この定款の定めがある種類株式に係る種類株主は、合併等の組織再編行為に際して、買取請求権を行使することができるものとする。

(注三) 商法三四六条後半部分に掲げる事項（現行法は、合併、分割、株式交換及び株式移転のみ規定している。）の見直しの要否については、なお検討する。

〔関連規定〕 商法三四六条、二二二条一項

(3) 議決権制限株主の買取請求権

組織再編行為の際の株主の買取請求権に関しては、次に掲げる株主が行使することができるものとする。

① 株主総会（種類株主総会を含む。）において議決権を行使する機会のある株主にあっては、当該株主総会の開催前に反対の意思を通知し、当該株主総会において反対した株主

② 株主総会において議決権を行使する機会のない株主にあっては、会社が指定する期間（公告・通知後二週間）内に反対の意思を通知した株主

9 端株・単元株

端株制度と単元株制度とを一本化するものとする。

10 議決権制限株主その他の株主の少数・単独株主権等

(注一) 端株制度・単元株制度のいずれの制度に一本化するかについては、両制度を次のいずれかの案のように整理した上で、端株制度を廃止する方向で、なお検討する。

a案 端株主・単元未満株主が有する権利内容を同一にする。

(注) 同一にする場合の権利の内容については、①自益権については定款の定めによる制限を認め、共益権については与えない、②自益権については定款の定めによる制限を認めず、共益権については定款の定めによる制限を認める、③自益権のほか、議決権に関するもの以外の共益権を与えるものとすることが考えられる。

b案 株主総会の特別決議により両制度間の移行を認める現行制度を実質的に維持し、株主総会の特別決議により単元未満株主が有する権利内容を現行法上の端株主が有する権利内容と同内容まで変更することを認める。

(注二) 仮に、端株制度を廃止する場合においても、端株制度を採用する会社に負担がかからないよう所要の手当てをするものとする。

〔関連規定〕 商法二二〇条ノ二から二二〇条ノ七まで、二二一条、二二一条ノ二

(1) 議決権基準・株式数基準

議決権基準、株式数基準、帳簿閲覧請求権、業務財産調査のための検査役選任請求権及び解散請求権については、行使要件を株式数・単元数基準に改めるものとする。

(注) 自己株式、相互保有株式、単元未満株式の数は、含めないものとする。

資料（1）

(2) 株主総会に関連する少数・単独株主権等

株主提案権、総会招集権、総会検査役選任請求権及び議決権行使書面・代理権を証する書面等の閲覧・謄写請求権は、議決権制限株主につき定款をもって与えないものとすることができる現行制度を改め、議決権を行使することができない事項に係る権利についてはその行使を法律で保障し、議決権を行使することができない事項に係る権利についてはその行使をすることができないものとする。

【関連規定】商法四〇六条ノ二、二九三条ノ六、二九四条、有限会社法四四条ノ二、四五条、七一条ノ二

(3) 特定の決議事項に関連する少数株主権等

① 取締役・監査役・清算人の解任請求

取締役・監査役・清算人の解任請求権を行使することができる株主の要件については、次のいずれかの案で見直しを行うものとする。

a案　それぞれの解任の決議につき行使することができる議決権を一定の割合以上の議決権数を有する株主に認める。

b案　a案の株主に加え、議決権の有無にかかわらず一定の割合の株式数・単元数を有する株主にも認める。

（注）種類株主が選任した取締役等の解任請求については、なお検討する。

【関連規定】商法二五七条四項、二八〇条ノ二、二五七条、二五九条七項等

34

会社法制の現代化に関する要綱試案

② 取締役等の定款授権による免責に対する異議の申出をする権利は、取締役等の責任の一部免除に係る株主総会の決議において議決権を行使することができる種類の株式を有する株主がその行使をすることができるものとする。

〔関連規定〕　商法二六六条七項、一五項

(4) 少数株主権と少数社員権の行使要件

有限会社及び取締役会が設置されない譲渡制限株式会社の少数社員権等の各株式数・議決権数基準要件についても、定款に別段の定めがなければ、現行の株式会社の少数社員権等と同様のものとすることとし、その要件が「総株主（総社員）の議決権の一〇分の一以上」よりも緩やかな要件のものについては、定款をもって、「一〇分の一」までの範囲内で要件を引き上げることができるものとする。

(注一) 譲渡制限株式会社一般について、定款の定めによる行使要件の引上げを認めるかどうかについては、なお検討する。

(注二) 譲渡制限株式会社においては、現行の株式会社の単独株主権・少数株主権における六か月の保有期間制限は課さないものとする。

(注三) 定款をもって、少数株主権とされている権利の全部について、その行使要件を引き下げ、又は単独株主権とすることは妨げられないものとする。

35

11 基　準　日

(1) 基準日後の株主の議決権

　議決権を行使することができる株主を定めるために基準日を設定した場合であっても、当該基準日後に生じた株主につき、会社の判断により議決権を行使することができる株主を定めることを認めるものとする。

(2) 新株主の配当起算日

　いわゆる「日割配当」という考え方を採用せず、基準日等における株主がその有する株式の発

(5) 株主名簿等の閲覧・謄写請求権

　株主名簿等の閲覧・謄写請求権については、次に掲げる拒絶事由を定めるものとする。

① 株主の権利の確保のための請求ではないとき。

② 株主が書類の閲覧・謄写によって知り得た事実を利益を得て他人に通報するために請求をしたとき。

③ 請求の日の前二年内においてその会社又は他の会社の書類の閲覧・謄写によって知り得た事実を利益を得て他人に通報した者が請求をしたとき。

〔関連規定〕商法二六三条、二九三条ノ七

（注）社債原簿、新株予約権原簿についても、同様の措置を講ずるものとする。

12 新株発行及び増資の手続

(1) 譲渡制限株式会社の新株発行手続

① 第三者に対する発行手続

第三者に対する発行決議において、株式の種類及び数に加えて、株式の発行価額の下限をも定めることとし、有利発行手続（商二八〇条ノ二第二項等）とその手続とを一体化するものとする。

(注) 自己株式の処分、新株予約権等についても、同様の措置を講ずるものとする。

② 株主割当

株主割当ての場合において、一株に満たない部分及び申込期日までに申込みがされなかった部分についての再募集は認めないものとする。

〔関連規定〕　商法二八〇条ノ五ノ二、二八〇条ノ三ノ三

(2) 有限会社の増資手続

① 第三者割当

有限会社についても(1)①と同様の措置を講ずるとともに、具体的な出資の口数、払込金額等の決定については、社員総会の特別決議により、その決議後一年以内に払込みをするものに限り、取締役に委任することを認めるものとする。

② 社員割当て

社員割当てにつき、定款に定めがあるときは、社員総会の決議を経ずに、取締役が増資に関する事項を決定することを認めるものとする。

〔関連規定〕有限会社法四九条、五一条

(3) 株式申込証の用紙

株式会社における株式申込証の用紙の交付という制度については、廃止するものとし、株式の引受人に対する会社及び発行条項に関する情報の開示について、次のような措置を講ずるものとする。

① 株主割当ての場合には、引受権を有する株式の内容等に関して株主に通知をする制度を維持するものとする。

② 会社が割当者を定め、当該割当者が発行しようとする株式の総数を引き受ける場合には、法律上特別の開示制度を設けないものとする。

③ 会社が割当者を定めずに引受人を募集する場合であって、証券取引法の規定により目論見書

38

等が交付されないときには、株式を引き受けようとする者に対し、現行の株式申込証の用紙に記載すべき事項を通知することを要するものとする。

(注一) 株式の引受けを書面により行う制度は維持するものとする。
(注二) 新株予約権、社債、新株予約権付社債等にも同様の措置を講ずるものとする。
〔関連規定〕 商法一七五条、二八〇条ノ六

(4) 新株発行等の際の公告・通知

新株発行等に際して、証券取引法に基づく届出書等において商法の規定により公告等をすべき事項が払込期日の二週間前までに開示されている場合には、商法の規定による公告等を不要とするものとする。

(注) 電子公告制度導入後の本措置の必要性については、なお検討する。
〔関連規定〕 商法二八〇条ノ三ノ二

13 新株発行無効の訴え等

(1) 提訴期間

譲渡制限株式会社における新株発行無効の訴え及び有限会社における資本増加無効の訴えの提訴期間を一年に延長するものとする。

(注) 合併その他の無効の訴えの提訴期間の取扱いについては、なお検討する。
〔関連規定〕 商法二八〇条ノ一五、有限会社法五六条

(2) 提訴可能期間中の口頭弁論の開始

新株発行無効の訴え等につき、提訴可能期間中は口頭弁論を開始することができないこととしている規制は、廃止するものとする。

(注) 商法等に規定のある各種の訴えについても、同様とする。

[関連規定] 商法二八〇条ノ一六、一〇五条二項

14 株主に対する通知又は公告の在り方

譲渡制限株式会社において、株主に通知すべき事項につき当該事項を公告すれば足りるものとする制度の見直しの要否については、なお検討する。

第四 機関関係

(前注) 現行の有限会社の機関に関する規律に相当する規律の適用を選択する譲渡制限株式会社(取締役会が設置されない譲渡制限株式会社)については、基本的に、有限会社と同様の取扱いをするものとする。

1 株主総会・社員総会

(1) 株主提案権の行使期限

現行の株主提案権の行使期限である「総会の会日の八週間前」について、定款をもって短縮す

会社法制の現代化に関する要綱試案

ることができるものとする。

(注) 少数株主による総会招集の在り方については、なお検討する。

〔関連規定〕 商法二三一条ノ二、二三七条三項後段

(2) 招集地

商法二三三条を削除するものとする。

(注) 定款に招集地の定めを置くことは妨げられないものとする。

〔関連規定〕 商法二三三条

(3) 総会検査役

① 会社からの選任請求

会社も総会検査役の選任を請求することができるものとする。

② 有限会社における総会検査役制度

有限会社についても、総会検査役制度を設けるものとする。

③ 裁判所による総合招集命令

総会検査役の調査結果の報告を受けた裁判所による総会招集命令（商法二三七条ノ二第三項）の制度に加え、当該裁判所は、必要があると認めるときは、会社に対し、その内容を総株主に対して通知するよう命ずることができるものとする。

(注) 業務財産調査検査役に関しても、同様の取扱いをする方向で検討する。

41

資料（1）

(4) 書面投票・電子投票

① 書面投票と電子投票制度

書面投票制度が義務付けられる会社が電子投票制度を採用した場合においては、招集通知を電磁的方法により受領することを承諾した株主に対しては、議決権行使書面の交付を要しないものとする。

〔関連規定〕　商法二三七条ノ二、二九四条三、有限会社法四五条、非訟事件手続法一三〇条

(注)　株主から請求があるときは議決権行使書面の交付を要するものとするかどうか等、両制度間の調整については、なお検討する。

② 書面投票制度の義務付けの範囲

大会社以外の株式会社であっても、議決権を有する株主数が一、〇〇〇人以上のものについては、書面投票制度を義務付けるものとする。

〔関連規定〕　商法特例法二一条の三、商法二三九条ノ二、二三九条ノ三

(5) 議決権の不統一行使・代理人の数

有限会社についても、議決権の不統一行使及び代理人の数の制限を認めるものとする。

〔関連規定〕　商法特例法二二条の二、二二条の三

(注)　三日前までの議決権不統一行使の通知義務に係る規定（商法二三九条ノ四第一項）を廃止するかどうかについては、なお検討する。仮に、これを維持する場合においても、有限会社及び取締役会が設置されない譲渡制限株式会社については、〔特別に招集通知への議案の要領の記載等をすべきことが要求されている

42

会社法制の現代化に関する要綱試案

場合を除き、）事前通知は不要とするものとする。

〔関連規定〕　商法二三九条五項、二三九条ノ四

(6) 書面決議

有限会社法四二条の類型の書面決議は、廃止するものとする。

〔関連規定〕　有限会社法四二条、四一条、商法二五三条

(7) 特別決議の決議要件

a案　有限会社の特別決議の決議要件についても、原則として、現行の株式会社の特別決議の決議要件と同様とし、定款の定めによって、その決議要件を引き上げることを認めるものとする。

b案　株式会社の特別決議の決議要件について、原則として、「総株主の半数以上、かつ、総株主の議決権の四分の三以上」とし、取締役会が設置される株式会社においては、定款の定めによって、その決議要件を現行の株式会社の特別決議の決議要件の下限にまで引き下げることを認めるものとする。

（注）　人数要件、総数要件等について、定款で定めることも妨げないものとする。

（注）　いずれの場合にも、既存の会社については、所要の経過措置を設けるものとする。

〔関連規定〕　商法三四三条、有限会社法四八条

資料 (1)

2 取締役の資格

(1) 資格制限

株式会社の取締役の資格について定款をもって株主に限ることはできないものとする規定は、譲渡制限株式会社については、取締役会の設置の有無にかかわらず、適用しないものとする方向で検討する。

〔関連規定〕 商法二五四条二項

(2) 欠格事由

① 「破産の宣告を受け復権していない者」を欠格事由から外すものとする。

② 商法二五四条ノ二第三号の罪に、証券取引法や各種倒産法制等に定める罪を加えるものとする。

(注) 証券取引法や各種倒産法制中のいかなる罪を加えるか、他にも加えるべき罪があるか等については、なお検討する。

〔関連規定〕 商法二五四条ノ二

3 取締役の任期

譲渡制限株式会社（委員会等設置会社及び取締役会が設置されないものを除く。）の取締役の法定の任

期について、伸長する方向で検討する。

（注一）取締役会が設置されない譲渡制限株式会社の取締役の任期については、有限会社の取締役と同様の取扱いをするものとする。

（注二）具体的な伸長期間については、なお検討する。

（注三）監査役についても法定の任期の伸長を認めるものとするかどうかについては、なお検討する。

（注四）法定の任期については、伸長することにとどまらず、廃止することの適否についても、なお検討する。

〔関連規定〕商法二五六条

4　取締役の選解任

(1) 累積投票制度

有限会社の累積投票制度に関しては、株式会社と同様、定款に別段の定めがない限り、各社員は累積投票によるべきことを請求することができるものとする。

〔関連規定〕商法二五六条ノ三、有限会社法二五条ノ二

(2) 解任決議の決議要件

株式会社の取締役の解任決議の要件を普通決議にするものとする。

（注一）累積投票によって選任された取締役の解任決議の要件を特別決議にするものとするかどうかは、なお検討する。

（注二）有限会社の監査役も含め、監査役の解任決議の要件を特別決議にするものとするかどうかについても、なお検討する。

資　料　(1)

5　取締役会の書面決議

〔関連規定〕　商法二五七条、有限会社法三三条

定款をもって、取締役会の決議の目的である事項につき、各取締役が同意をし、かつ、各監査役が特に意見を述べることがないときは、書面による決議をすることができるものとする。

(注)　代表取締役（代表執行役）等による取締役会への定期的な業務執行状況の報告に関する取締役会（商法二六〇条四項、商法特例法二一条の一四第一項）は現に開催することを要するものとする等の措置を講ずるかどうかについては、なお検討する。

〔関連規定〕　商法二六〇条ノ二

6　取締役に係る登記

(1)　共同代表取締役

共同代表取締役の制度は、廃止するものとする。

(注)　共同代表執行役、共同支配人についても、同様の取扱いとするものとする。

〔関連規定〕　商法二六一条二項、一八八条二項九号、三九条、四〇条等

(2)　社外取締役

社外取締役である旨については、登記事項から削除するものとする。

(注一)　社外取締役に関する開示の在り方については、なお検討する。

46

(注二) 社外取締役・社外監査役の要件の見直しについては、なお検討する。

(3) 代表取締役等の住所

会社の登記に係る代表取締役等の住所の取扱いについては、なお検討する。

〔関連規定〕 商法一八八条二項八号

7 取締役の責任

(前注) 取締役の会社に対する各種の責任について、委員会等設置会社の場合とそれ以外の会社の場合との間における規定の調整を図るものとする。

(1) 任務懈怠責任

① 任務懈怠責任

商法二六六条二項・三項に相当する規定の取扱い

任務懈怠責任（商法二六六条一項五号に係る責任）について、委員会等設置会社以外の会社についても、委員会等設置会社の場合と同様、商法二六六条二項・三項に相当する規定は設けないものとする。

(注) 取締役会の決議に基づいて行われた行為について、当該決議に関与した者につき特別の取扱いをすることとの適否については、なお検討する。

② 有限会社の取締役の任務懈怠責任の一部免除

有限会社の取締役の任務懈怠責任について、一部免除制度を設けるものとする。

47

資　料（1）

(注) 有限会社及び取締役会が設置されない譲渡制限株式会社における業務を執行しない取締役（又は社外取締役）に関する規律の在り方については、なお検討する。

③　株式会社の取締役の任務懈怠責任の一部免除

株式会社の取締役の任務懈怠責任の一部免除制度について、一部免除の限度額の見直し等の措置を講ずるかどうかについては、なお検討する。

〔関連規定〕　商法二六六条七項から二三項まで、商法特例法二二条の一七

(前注一)　任務懈怠責任（(1)参照）とは性質が異なる特別の責任として位置付けるものとする。

(前注二)　自己株式の買受け等による株主に対する会社財産の払戻しについても、「剰余金の分配」として整理し、統一的に財源規制をかける（第五・一参照）ことに伴い、この責任の対象となる（(三)も同様）。

(2) 違法な剰余金の分配に係る責任

①　過失責任化

事前の財源規制に違反して剰余金の分配をした場合における取締役の当該分配額に係る弁済責任について、委員会等設置会社以外の会社についても過失責任化を図るものとする。

②　分配額に係る弁済責任を負うべき者の範囲

①の場合において、分配された額について連帯して弁済責任を負うべき者の範囲については、次のいずれかの案によるものとする。

a案　分配をした取締役（分配議案を作成した取締役も含む。以下同じ。）に限る。

b案　分配をした取締役に加え、取締役会の決議に賛成した取締役も含める。

(注一)　分配額に係る弁済責任を負うべき範囲に含まれる者は、それぞれ自己の無過失を立証すれば、責任を負わないものとする。

(注二)　分配額に係る弁済責任は、一部免除の対象とはならないものとする。

(注三)　b案を採用する場合には、決議に参加した取締役であって議事録に異議をとどめない者の取扱いについては、現行法（商法二六六条三項）と同様とする。

(注四)　b案を採用する場合には、委員会等設置会社に係る商法特例法二一条の一八の規定の取扱いについて所要の見直しを行うものとする。

(注五)　違法な分配が行われた場合の監査役の責任については、なお検討する。

③　責任の免除の在り方

分配額に係る弁済責任のうち、財源規制に違反して分配された部分についても、総株主の同意による免除を認める現行制度を維持するかどうかについては、なお検討する。

［関連規定］　商法二六六条一項一号、二六六条五項、商法特例法二一条の一八

(3) 期末のてん補責任

①　期末のてん補責任を負うべき場合

剰余金の分配をした場合における取締役が事後的なてん補責任を負うべき場合について、現行制度を改め、当該分配をした日を含む営業年度の末日における純資産額が資本金の額又は資本金及び準備金の合計額の一定割合（例えば、二分の一）に相当する額のいずれか多い額を下回る場

(前注)　任務懈怠責任（①参照）とは性質が異なる特別の責任として位置付けるものとする。

合に限り、責任を負うものとするかどうかについては、なお検討する。

② (注) 期末のてん補責任が課せられる剰余金の分配の見直し等については、第五・一(4)B参照。

(4) 利益相反取引に係る責任

① 利益相反取引に係る対会社責任について、委員会等設置会社以外の会社についても過失責任化を図るものとする。

(注一) 委員会等設置会社であるかそれ以外の会社であるかにかかわらず、会社と直接又は間接に利益相反取引をした取締役等のうち当該行為による利益が帰属することとなるものに限り無過失責任を負うものとするかについては、なお検討する。

(注二) 取締役に対する金銭の貸付に係る弁済責任(商法二六六条一項三号)については、委員会等設置会社の場合と同様、他の利益相反取引と区別することなく取り扱うものとする。

② 一般の任務懈怠責任との関係

期末のてん補責任を負うべき者の範囲についても、(2)②a案・b案のいずれかの案によるものとする。

(注) いずれの案による場合にあっても、委員会等設置会社に係る相当する規定の取扱いについて所要の見直しを行うものとする。

〔関連規定〕 商法二一〇条ノ二、二九三条ノ五第四項・五項、商法特例法二一条の三六第二項

50

会社法制の現代化に関する要綱試案

利益相反取引による損害に係る取締役の賠償責任を過失責任化した場合における一般の任務懈怠責任（(1)参照）との関係の整理については、次のいずれかの案によるものとする。

a案　一般の任務懈怠責任と区別しない。

（注）　商法二六六条一項四号及び商法特例法二一条の二一に相当する規定は設けない。

b案　一般の任務懈怠責任に関する規定に加え、取締役会の承認を得た場合について、商法特例法二一条の二一と同様の立証責任を転換した特別の規定を設けるものとし、そのような特別の規定の対象となるべき者の範囲について、次のいずれかの取扱いとする。

i案　会社と直接又は間接に利益相反取引をした取締役及び会社を代表した取締役に限る。

ii案　会社と直接又は間接に利益相反取引をした取締役及び会社を代表した取締役に加え、取締役会決議に賛成した取締役も含める。

（注）　ii案を採用する場合には、決議に参加した取締役であって議事録に異議をとどめない者の取扱いについては、現行法（商法二六六条三項）と同様とする。

③　責任の免除の在り方

イ　現行の免責要件の緩和規定の取扱い

利益相反取引に係る対会社責任を過失責任化する場合には、商法二六六条六項に相当する規定は設けないものとする。

（注一）　委員会等設置会社についても、商法特例法二一条の二一第二項に相当する規定は設けないものとする。

(注二) この場合においては、利益相反取引に係る対会社責任の免除をするには、ロの場合を除き、総株主同意（商二六六条五項）が必要となる。

ロ　責任の一部免除の取扱い
　利益相反取引に係る対会社責任を過失責任化する場合には、責任の一部免除については、次のいずれかの案によるものとする。
a案　利益相反取引をした取締役も含めすべての取締役について、一部免除を認める。
b案　②のb案・i案・ii案のいずれかの案を採用する場合における特別の規定の対象となる者について、一部免除を認めない。

④　取締役会が設置されない会社における利益相反取引の取扱い
　取締役会が設置されない譲渡制限株式会社における取締役の利益相反取引については、株主総会の承認（認許）を要するものとした上、その承認（認許）決議は普通決議で足りるものとし、対会社責任については、取締役会を設置する会社と同様の取扱いとするものとする。
(注一) 株主総会の承認・認許によりいわゆる「免責」の効果は生じないものとする。
(注二) 競業取引についても同様の取扱いをするものとする。
(注三) 有限会社についても同様の取扱いをするものとする。
[関連規定] 商法二六四条、二六五条、二六六条一項三号・四号、六項、商法特例法二二条の二一

(5) 株主の権利行使に関する利益供与に係る責任
(前注) 任務懈怠責任（(1)参照）とは性質が異なる特別の責任として位置付けるものとする。

会社法制の現代化に関する要綱試案

① 過失責任化

会社が株主の権利行使に関する利益供与をした場合における取締役の供与額の弁済責任について、現行の無過失責任規定を見直し、過失責任化を図るものとするかどうかについては、なお検討する。

② 供与額の弁済責任を負うべき者の範囲

仮に、過失責任化を図ることとした場合には、供与された額について連帯して弁済責任を負うべき者の範囲については、次のいずれかの案によるものとする。

a案　利益供与をした取締役に限る。

b案　利益供与をした取締役に加え、取締役会の決議に賛成した取締役も含める。

(注一)　供与された額について弁済責任を負うべき範囲に含まれる者は、それぞれ自己の無過失を立証すれば、責任を負わず、責任を負う場合についても、その責任は一部免除の対象とはならない。

(注二)　b案を採用する場合には、決議に参加した取締役であって議事録に異議をとどめない者の取扱いについては、現行法（商法二六六条三項）と同様とする。

(注三)　仮に、無過失責任規定を維持することとした場合には、委員会等設置会社の場合も含め、利益供与をした取締役以外の取締役については、供与額の弁済責任を負うべき者の範囲に含めないこととすることでよいか。

〔関連規定〕商法二六六条一項二号、二九四条ノ二（平成一五年法律一三四号による改正後は、二九五条）、商法特例法二一条の二〇

8 代表訴訟

株主代表訴訟制度の見直しの要否については、なお検討する。

(注) 例えば、次のような方策を講ずるべきであるとの意見・指摘がある。

イ　いわゆる「訴訟委員会制度」の導入

「訴訟委員会制度」（取締役等に対する訴えについて、会社において訴訟委員会を設置し、同委員会が取締役の責任を追及しない旨の判断をしたときには、裁判所がその判断を一定の限度で尊重する制度）を設けるなど、会社の利益をも考慮して訴えを終了させることができる方策を講ずる。

ロ　株主代表訴訟の原告適格の見直し

 i　株主代表訴訟の原告適格を、訴訟の原因となった行為の時点での株主に限定する。

 ii　判例上、株式交換・株式移転による持株会社の創設によって原告適格を喪失するとされていることについて、原告適格が喪失しないとの立法上の手当てを行う。

ハ　担保提供制度

「悪意」（商法二六七条七項による一〇六条二項の準用）の意義の明確化を図る。

〔関連規定〕　商法二六七条から二六八条ノ三まで

9 監査役

(1) 監査役の権限

監査役については、一律に業務監査権限を付与する方向で検討する。

(注) 現行の会計監査権限のみを有する監査役の要否についても、なお検討する。

〔関連規定〕商法二七四条一項、商法特例法二二条一項、二五条、有限会社法三二条ノ二第一項

(2) 補欠監査役

補欠監査役を予選することができることを明確化するものとする。

(注一) 定款の定めの要否及び予選の効力を被補欠監査役の任期の満了の時までとすることの当否については、なお検討する。

(注二) 予選された補欠監査役の開示の在り方については、なお検討する。

(注三) 取締役についても、同様の取扱いをするものとする。

〔関連規定〕商法二七三条

10 使用人兼務取締役等

(1) 委員会等設置会社における取締役の使用人兼務

委員会等設置会社においては、取締役が使用人を兼務することはできないものとする。

〔関連規定〕商法特例法二一条の六第二項、二一条の一三第五項

(2) 委員会等設置会社における使用人兼務執行役の報酬

11 会計監査人

〔関連規定〕 商法特例法二一条の八第三項

(1) 会計監査人の設置強制の範囲

① 株式会社に係る設置強制の範囲

株式会社について会計監査人の設置が強制される範囲を画する現行基準の見直しの要否については、なお検討する。

② 大規模有限会社についての会計監査人の設置強制

有限会社のうちの大規模なもの（会計監査人の設置が強制される株式会社に相当する規模のもの）についても、会計監査人の設置を強制するものとする方向で検討する。

(注一) 既存の有限会社については、所要の経過措置を講ずるものとする。
(注二) 会計監査人が設置される場合の機関設計の在り方について一定の措置を講ずる方向で検討する（(3)参照）。

③ 完全子会社の特例

連結計算書類作成会社の完全子会社については、大規模な会社であっても会計監査人の設置を

強制しないものとする方向で検討する。

(注) この場合における完全子会社の計算書類の適正さの確保については、現行法上の措置に加え、例えば、次のような措置を講ずることが考えられる。

イ 完全子会社の貸借対照表・損益計算書が、法令又は定款に違反し完全子会社の財産及び損益の状況を正しく示しておらず、これを修正して連結計算書類（連結貸借対照表・連結損益計算書）を作成した場合には、その旨、内容及び理由の連結計算書類への記載

ロ 連結計算書類並びにこれについての親会社の会計監査人及び監査役会（監査委員会）の監査報告書の完全子会社における備置き、債権者による閲覧等及び公告

〔関連規定〕商法特例法一条の二第一項

(2) 会計監査人の設置の範囲

会計監査人の設置が強制されない会社は、現行の小会社（資本金一億円以下かつ負債総額二〇〇億円未満）の範囲の会社であっても、会計監査人を任意に設置することができるものとする。

〔関連規定〕商法特例法一条の二第二項

(3) 会計監査人の任意設置

会計監査人が設置される場合の機関設計等

会計監査人の設置に関し、①会計監査人の設置が強制される範囲の会社のうち譲渡制限株式会社、②会計監査人を任意で設置することができる範囲の会社について、現行の委員会等設置会社又は監査役会設置会社以外の機関設計の在り方を認めるものとするかどう

かについては、なお検討する。

a案　機関設計の在り方として、次のような取扱いが考えられる。

(注)　「取締役会＋監査役＋会計監査人」という機関設計を認める。

(注一)　監査役の員数は一人以上で足り、常勤監査役・社外監査役は不要とする。

(注二)　独立性の制度的な保障が現行の監査役会制度よりも劣る監査役制度であっても、現行の会計監査人制度と同様のものとしてよいか。

(注三)　「監査役会の同意」・「監査役会の決議」を、現行の会計監査人が設置される場合の手続・効果（参考）を、「監査役の過半数の同意」とすることとなる。

(参考)　検討すべき会計監査人が設置される場合の主な手続・効果（利益処分等の確定に関するものを除く。）

① 会計監査人の選解任等における監査役会の関与（商特三条二項及び三項、六条三項、六条の二等）
② 会計監査人の資格・任期（商法特例法四条、五条の二）
③ 会計監査人の権限・義務（商法特例法七条、八条）
④ 会計監査人の責任（商法特例法九条～一一条）
⑤ 監査手続（商法特例法一二条～一五条）
⑥ 貸借対照表及び損益計算書の確定（商法特例法一六条）

b案　a案の機関設計に加え、譲渡制限株式会社については、「取締役＋監査役＋会計監査人」という機関設計を認める。

(注一)　この場合、a案と同様の問題のほか、「取締役会」という会議体を通じた監督機能の制度的な保障が劣る機関設計を前提とする会計監査人制度を認めるべきかどうかという問題がある。

(注二)　仮にこのような機関設計を認める場合、⑥については、会計監査人の監査結果に対する監査役の不相当意見がない場合であっても、株主総会の決議を要するとすることでよいか。

c案 b案の機関設計に加え、譲渡制限株式会社については、「取締役＋会計監査人」という機関設計を認める。

(注) 仮にこのような機関設計を認める場合、会計監査人が設置される場合の手続・効果としては、①が欠けることとなり、⑤についても特例を設けることになる。また、⑥については、b案と同様、株主総会の決議を要することとなる。

(4) 会計監査人が不適法意見を述べている場合の措置

会計監査人が不適法意見を述べている場合には、決算公告において、その旨を明示しなければならないものとする。

〔関連規定〕商法特例法一六条、二二条の三

(5) 会計監査人の会社に対する責任

① 会計監査人の会社に対する責任について、株主代表訴訟の対象とするものとする。

② 会計監査人の会社に対する責任について、いわゆる一部免除制度を導入する方向で検討する。

(注一) 会社は、定款の定めに基づき、会計監査人との間において、当該会計監査人が職務を行うにつき善意かつ無重過失であったときは、会計監査人の会社に対する責任について、会計監査人が会社から受ける報酬等の〔二～六〕年分の額〔又は定款で定めた範囲内であらかじめ定める額とのいずれか高い額〕を限度として責任を負う旨を約することができるものとすることは、どうか。

(注二) 会計監査人の負うべき責任の限度額を法定する方法によるものとするかどうか、取締役等と同様の株主総会の特別決議による事後的な免責等の他の方法を認めるべき必要性があるかどうかについては、なお検討する。

(6) 会計監査人の報酬

監査役会又は監査委員会に、会計監査人の報酬の決定に関する同意権限を付与するものとする。

(注一) 会計監査人を設置する会社の機関の在り方について(3)(注) a案・b案の機関設計を認める場合においては、監査役の過半数の同意を要するものとする。

(注二) 監査委員会について、同意権限ではなく決定権限を与えるものとするかどうかについては、なお検討する。

〔関連規定〕 商法特例法三条

(7) 会計監査人の欠格事由

「監査法人でその社員のうちに前号（商法特例法四条二項三号）に掲げる者があるもの」との欠格事由を削除するものとする。

〔関連規定〕 商法特例法四条二項四号

(8) 会計監査人の登記

会計監査人を設置した場合にはその旨及び当該会計監査人の氏名又は名称を登記事項とする方向で検討する。

12 その他

(1) 重要財産委員会制度

会社法制の現代化に関する要綱試案

監査役全員の出席義務その他の重要財産委員会制度に係る規律の見直しの要否については、なお検討する。

(2) 〔関連規定〕商法特例法第二章第一節

大会社・みなし大会社に係る機関設計

株式会社の機関の在り方について、監査委員会と監査役会との選択的な設置の許容その他のさらなる柔軟化を図ることとするかどうかについては、なお検討する。

第五　計算関係

1　剰余金の分配に係る規制

(1) 会社財産の払戻しに対する横断的規制

現行の利益の配当、中間配当、資本及び準備金の減少に伴う払戻し、自己株式の買受け等による株主に対する会社財産の払戻し並びに利益処分によるその他の金銭等の支払を「剰余金の分配」として整理して、統一的に財源規制をかけるものとする。

① 財源規制を課す自己株式の取得の範囲

自己株式の買受けのみではなく、自己株式の有償での取得一般について、次に掲げる場合を除き、財源規制をかけるものとする。

イ 合併、分割会社の営業の全部を承継する分割又は営業全部の譲受けにより相手方の有する自己の株式を取得する場合
ロ 組織再編行為等の際の反対株主の買取請求及び単元未満株主の買取請求に応じて買い受ける場合
（注一）譲渡制限の定めを行う場合における買取請求につき財源規制を課すものとするかどうかについては、なお検討する。
（注二）財源規制を課さない自己株式の取得の範囲については、なお検討する。

② 建設利息

商法二九一条（建設利息）は、削除するものとする。

〔関連規定〕 商法二九〇条、二九一条、二九三条ノ五、二一〇条三項・四項、二八九条、三七五条

(2) 現物配当

金銭以外の財産を分配する場合においては、原則として、特別決議を要するものとし、各株主からの請求があれば当該財産に代えてその価額に相当する額の金銭の分配をすることとするときは、通常の払戻手続によることができるものとする。

（注）いずれの場合についても、株主に平等に現物が分配されることを原則とし、各株主が受け取る現物につき端数が生ずる場合については、一株に満たない端数の処理（商法二二〇条）に準じた適切な換金手続を用意するものとする。

(3) 剰余金分配限度額の計算方法

(4) 分配可能限度額の算定の基準時等

① 分配可能限度額の算定の基準時

利益処分についても、最終の決算期に係る貸借対照表から算出される分配可能限度額（現行の配当限度額）に、最終の決算期後当該決算の確定時までの分配可能限度額の増減をも反映させて規制を行うものとする。

(注一) 決算期後当該決算の確定時までの剰余金の分配については、現行どおり前々期の計算書類を基礎として、分配可能限度額を算出するものとする。

(注二) 「分配可能限度額の増減」とは、金銭の分配、資本の減少等による分配可能限度額の増減をいい、期間

剰余金の分配をすることができる限度額（以下「分配可能限度額」という。）については、最終の貸借対照表上の留保利益及びその他資本剰余金並びに当期の資本及び準備金の減少差益の合計額から最終の貸借対照表上の自己株式の価額その他法務省令に定める額及び当期に分配した金銭等の価額の合計額を控除して得られた額とするものとする。

(注一) 財源の具体的な範囲自体は、基本的に現行法の実質を変更しないものとし、上記のほか、期中に計上すべき利益準備金、期中に利益から組み入れた資本等を控除する等の手当てをするものとする。

(注二) 「当期に分配した金銭等の価額」とは、株主総会又は取締役会の決議に基づき、現に金銭等の分配又は自己株式の取得をした価額をいうものとする。ただし、当該決議により定められた額の総額を当該定められた方法により処分すべき場合（利益配当、役員賞与、自己株式の取得の一部等）には、分配していない額も含め当該決議により定めた額の総額を控除するものとする方向で検討する。

〔関連規定〕 商法二九〇条、二九三条ノ五第三項

損益による変動は含まないものとする。

〔関連規定〕　商法二九〇条、二九三条ノ五第三項

② 事後のてん補責任

期末のてん補責任に関しては、次のように改めるものとする。

イ　てん補責任が課せられる剰余金の分配の範囲を、決算期から次の決算期までに行われたものとする現行制度を改め、決算の確定時から次の決算の確定時までに行われたものとする。

ロ　いわゆる「欠損」の判定については、①と同様、最終の決算期後当該決算の確定時までの分配可能限度額の増減をも反映させるものとする。

（注）　計算書類の確定の際に決定する剰余金の分配については事後のてん補責任を課さないこととしている現行制度については、維持するものとする。

〔関連規定〕　商法二一〇条ノ二、第二九三条ノ五第四項・五項

(5) 利益処分等に対する会計監査人の関与

会計監査人の利益処分・剰余金の分配に対する関与について、期中における剰余金の分配についての関与せず、期末の利益処分案についてのみ監査を行う現行制度を改め、期中における剰余金の分配全般について関与することとするかどうかについては、なお検討する。

（注）　利益処分案に係る財源規制につき(4)に掲げる見直しをし、分配機会等につき四に掲げる見直しをする場合において、期中の分配と利益処分との間に差異を設けるかどうかについても、なお検討する。

〔関連規定〕　商法二八一条ノ三第二項七号、商法特例法一三条二項二号

2 資本・準備金

(1) 資本の組入れ基準

新株等の発行時における資本に組み入れるべき額は、「払込金額」を基準として算定するものとする。

〔関連規定〕 商法二八四条ノ二

(2) 欠損てん補のための資本減少の決議要件

定時総会において、減少する資本の総額を欠損てん補に充てる資本減少の決議をする場合の決議要件は普通決議で足りるものとする方向で検討する。

(注) 期中における欠損てん補の取扱いについては、なお検討する。

〔関連規定〕 商法三七五条

(3) 利益準備金

会社法（仮称）上、利益準備金と資本準備金の科目の区別は、廃止するものとする。

〔関連規定〕 商法二八八条

(4) 準備金の積立て

準備金に積み立てるべきものについて、そのすべてを法律において限定列挙することはせず、その一部を省令に委任するものとする。

〔関連規定〕 商法二八八条ノ二第一項

(5) 法定準備金の減少額の上限規制

法定準備金について、資本の四分の一を超えない部分については減少することができないものとしている規制は、廃止する方向で検討する。

〔関連規定〕 商法二八九条二項

(6) 自己株式の処分差益の計算上の取扱い

自己株式の処分差益について、これを直接配当することができるものとしている現在の制度を改めるかどうかについては、なお検討する。

（注一） 例えば、自己株式の処分差益については、「資本準備金と同様の取扱い」とすることが考えられる。

① 「資本準備金と同様の取扱い」とは、いわゆる「資本の欠損」のてん補に充てる場合には使用することができ、原則として債権者保護手続を経た上でなければ配当財源とすることができないものとすることを指す。

② 自己株式の処分差益が計上されている会社において処分差損が生じた場合における当該処分差損の資本の部からの控除方法として、計上された処分差益について、準備金とは異なり、債権者保護手続を経ずに取り崩すことを認める。

（注二） 自己株式の処分対価が金銭以外の財産の場合における当該財産の価格の適正さを確保する措置を講ずるかどうかについては、なお検討する。

〔関連規定〕 商法二一一条、二八八条ノ二

3 組織再編行為の際の資本の部に係る計算関係

会社法制の現代化に関する要綱試案

(1) 株式交換・株式移転の場合
株式交換・株式移転の場合においては、完全子会社となる会社の純資産額を基準とするのではなく、完全親会社となる会社が取得する株式の価額を基準として、その資本等の増加限度額を定めるものとする。

〔関連規定〕商法三五七条、三六七条

(2) 資本増加限度額の算定の際の控除額
株式以外の財産を交付する場合においては、当該財産につき会計帳簿に記載した価額についても資本等の増加限度額から控除するものとするほか、組織再編行為に際しての資本増加限度額算定上の控除額の一部を法務省令に委任するものとする。

〔関連規定〕商法三五七条、三六七条、三七四条ノ五、三七四条ノ二一、四一三条ノ二

(3) 組織再編行為の際の剰余金の計上
組織再編行為の際の存続会社等における剰余金の計上については、次のように整理するものとする。

① 合併・分割の場合において、増加すべきものとされる資本又は準備金の増加をしないことを認めるものとする。

② 株式交換・株式移転の場合においても、①と同様の取扱いを認め、この場合においては債権者保護手続を行うことを要するものとする。

67

③ ①又は②の場合において、簡易組織再編行為を行う場合には、当該資本・準備金を増加しないことについて、株主総会の決議を要しないものとする。
(注) このような取扱いを認める場合には、現在の合併・人的分割において認められている剰余金の引継ぎに関する制度は廃止するものとし、③の取扱いを認めない場合には、簡易合併・簡易分割の場合に限り現行の制度を存続させるものとする。
〔関連規定〕商法二八八条ノ二第二項から第五項まで

(4) いわゆる「合併差損」等が生ずる場合の取扱い
① 存続会社等において、組織再編行為に際して差損が生ずる場合には、当該組織再編行為の手続において、所要の開示手続等を設けるものとする。
(注) 「差損が生ずる場合」とは、例えば、次のような場合である。
イ 承継する資産の簿価が負債の簿価を下回る場合
ロ 合併対価の存続会社の簿価が承継する純資産額を上回る場合
② 組織再編行為に際して差損が生ずる場合には、当該組織再編行為が簡易手続の要件に該当する場合であっても、株主総会の決議を要するものとする。
(注) 「差損」が僅少である場合にも、株主総会の決議を要するものとするかどうかについては、なお検討する。

4 分配機会及び決定機関の特例並びに役員賞与等

会社法制の現代化に関する要綱試案

(前注一) 利益処分案の決定権限に関する委員会等設置会社とそれ以外の会社との間の調整、自己株式の取得の解禁に伴う株主に対する会社財産の払戻し機会及び手段の多様化等に対応した規制の合理化を行うため、一定の範囲の会社について剰余金の分配方法、利益処分案等の取扱いについて、次のような見直しを行うものとする。

(前注二) (1)から(3)までについては、委員会等設置会社についても、同様とする。

(1) 分配機会及び決定機関の特例に関する定款の定め

会計監査人を設置している株式会社（取締役の任期を一年としたものに限る。）は、定款をもって、前期の計算書類に会計監査人の適法意見が付されている場合には、当該計算書類の確定後、当期の計算書類が確定するまでの間、取締役会の決議をもって、いつでも、次に掲げる事項の決定をすることができる旨を定めることができるものとする。

① 分配できる剰余金の範囲内で、金銭等の分配、市場取引による自己株式の取得等の「株主に対する剰余金の分配」

② 現行の利益処分案・損失処理案において定めることができる事項のうち、任意積立金の積立て、欠損てん補のために行う準備金の減少等の資本の部の計数の変動

(注一) 上記の定款の定めをしない会社についての中間配当等の機会及び決定機関の在り方については、なお検討する。

(注二) 監査役会又は監査委員会が設置される会社においては、監査役会又は監査委員会の不相当意見がない場合に限るものとし、その他の会計監査人が設置される場合の機関設計との関係については、なお検討する。

(2) (1)の定款の定めがある会社の定時総会

（前注）(1)の定款の定めがある会社の定時総会は、取締役を選任し、計算書類等の報告をする総会とする。

① 利益処分案・損失処理案

利益処分案・損失処理案に記載すべき事項がない場合には、その作成を省略することができるものとする。

（注一）(1)の定款の定めがある会社の利益処分案の記載事項としては、利益の資本組入れ、(1)①の「株主に対する剰余金の分配」以外の分配が考えられる。
（注二）(1)①以外の分配を認めるかどうかについては、なお検討する。
（注三）いわゆる「役員賞与」については、(4)参照。

② 定時総会における情報開示

イ 剰余金変動計算書

貸借対照表、損益計算書及び営業報告書に加え、剰余金変動計算書を作成し、定時総会の招集通知に添付して、株主に送付しなければならないものとする。

（注）剰余金変動計算書の記載方法及び記載事項は、法務省令で定めるものとする。

ロ 剰余金処分に関する理由

営業報告書には、剰余金処分の理由その他法務省令に定める事項を記載するものとする。

（注）開示内容は、商法特例法二一条の三一第一項後段に規定するものが考えられる。

〔関連規定〕 商法特例法二一条の三一第一項

会社法制の現代化に関する要綱試案

(3) 株主からの配当議題提案権

(前注) (1)の定款の定めがある会社は、利益処分案・損失処理案に記載すべき事項がない場合に限り、その作成を省略し、株主総会の決議による承認を受けなくてもよいことになる。本項目は、その場合における各株主の利益処分案等に関する株主提案権の行使に関するものである。

(1)の定款の定めがある会社の株主からの利益処分案等に関する株主提案権(以下「配当議題提案権」という。)については、次のいずれかの取扱いとするものとする。

a案　株主は配当議題提案権を有しない。

b案　定款で株主は配当議題提案権を有しない旨を定めることができる。

c案　定款で株主の配当議題提案権の行使要件を一定の割合まで引き上げる旨を定めることができる。

(b案注) 委員会等設置会社以外の会社がb案の定款の定めをするには、社外取締役の選任等一定の要件(例えば、社外取締役の数・取締役会に占める割合等の要件等)をも満たさなければならないものとすることも考えられる。

(c案注一) 現在の株主提案権の行使要件よりも加重された要件(例えば、総株主の議決権の一〇〇分の三、一〇〇分の一以上)とすることが考えられる。

(c案注二) 委員会等設置会社以外の会社がc案の定款の定めをするには、社外取締役の選任等一定の要件をも満たさなければならないものとすることも考えられる。

(c案注三) c案を採用する場合には、委員会等設置会社においても同様の要件で、配当議題提案権の行使を認めるものとする。

(c案注四) 原則としてc案とし、委員会等設置会社及び一定の要件を満たす会社については、定款で株主は

資料 (1)

配当議題提案権を有しない旨をも定めること（b案と同様）ができるものとすることも考えられる。

d案　a案からc案までのいずれの取扱いも認めない（各株主は、配当議題提案権を行使することを妨げられない。）

〔関連規定〕　商法二八三条、商法特例法一六条、二二条の三

(4) の定款の定めがある財産上の利益の取扱い

取締役等に対する財産上の利益の取扱い

(1)の定款の定めがある委員会等設置会社以外の会社の取締役等に対して与える財産上の利益については、利益処分案には記載せず、株主総会の決議により定めるものとする。

〔関連規定〕　商法二六九条、商法特例法二一条の三一第二項

（注）　その他の会社における利益処分案といわゆる「役員賞与」等との関係については、なお検討する。

5　開示・監査関係

(1) 附属明細書

株式会社においても、有限会社と同様、定款で各株主に会計帳簿の閲覧・謄写請求権を認めることとする場合には、附属明細書の作成を要しないものとする。

〔関連規定〕　有限会社法四四条ノ二第二項

(2) 利益処分案・損失処理案

会社法制の現代化に関する要綱試案

利益処分案・損失処理案の記載事項及び記載方法についても、貸借対照表等と同様、法務省令で定めるものとする。

〔関連規定〕　商法二八一条五項等

(3) 決算公告

a案　株式会社・有限会社のすべてについて、決算公告を義務付けるものとする。

b案　現行制度に準じ、一定の範囲の会社について、義務付けるものとする。

c案　会計監査人による会計監査を受ける会社について、義務付けるものとする。

d案　会計監査人の設置が義務付けられる大会社について、義務付けるものとする。

e案　義務付けを廃止する。

(注一) b案については、株式会社と有限会社との規律の一体化を図る場合における決算公告の義務付けの有無の区別の基準（例えば、商号、取締役会の有無、譲渡制限の有無等）について、なお検討する。

(注二) c案・d案を採る場合には、虚偽公告、計算書類の虚偽記載等についての罰則の強化も併せて検討することでどうか。

(注三) e案については、任意の決算公告の法的位置付けについて、なお検討する。

(注四) 有価証券報告書提出会社であって、EDINET等において当該報告書が公開されている会社について、商法上の決算公告義務を課すかどうかについては、なお検討する。

〔関連規定〕　商法二八三条四項・五項、商法特例法一六条二項から四項まで

資料 (1)

第六　社債・新株予約権関係

1　有限会社の社債・新株予約権・新株予約権付社債

有限会社において、社債の発行及び新株予約権・新株予約権付社債に相当するものの発行を許容するものとし、その手続は、取締役会が設置されない譲渡制限株式会社における発行手続と同様のものとするものとする。

(注)　有限会社及び取締役会が設置されない譲渡制限株式会社においては、社債の発行の決定は、多額の借財と同様、取締役が行うことができるものとする。

〔関連規定〕　有限会社法二六条、五九条四項等

2　社債総則に関する規定の整理

(1) 社債の発行事項の決定

社債の発行に係る取締役会の決議については、次のような取扱いをすることができるものとする。

① 償還の金額及び利率の上限、社債の発行価額の下限を定め、具体的な額等の決定を代表取締役に委任すること。

74

② 社債を発行することができる期間を定め、個々の発行時期についての決定を代表取締役に委任すること（いわゆる「シリーズ発行」）。

（注一）　いわゆる「売出発行」については、会社法（仮称）上特に手当てをしないものとする。
（注二）　打切発行を原則とするものとする。
［関連規定］　商法二九六条、三〇一条

(2) 社債関連規定

商法二九八条（既存社債に未払込みがある場合の社債発行の禁止）、二九九条（各社債券の券面額の規制）、三〇〇条（割増償還の制限）の規定は、削除するものとする。

（注）　議決権の算定基準（商法三二一条一項参照）を最低券面額から残存債権額へ変更するものとする。
［関連規定］　商法二九八条、二九九条、三〇〇条、三二一条一項

3　社債管理会社

（前注）　社債管理会社の資格範囲の見直しの要否については、なお検討する。

(1)「約定権限」の行使

社債管理会社が行うべき「社債ノ管理」に社債管理委託契約に基づく権限（「約定権限」）の行使を含めるものとし、他の規定についても、約定権限を含める形で整理を行うものとする。

［関連規定］　商法二九七条ノ三

(2) 社債管理会社の辞任

社債管理会社は、担保付社債の受託会社と同様、発行会社及び社債権者集会の同意がある場合のほか、社債管理委託契約等の定める事由が生じた場合においても、辞任することができるものとする。

（注一）辞任をしようとする社債管理会社は、その辞任により当該社債につき社債管理会社が一切いなくなるときは、あらかじめ事務を承継すべき社債管理会社を定めることを要するものとする。

（注二）発行会社が支払の停止等に陥る前三か月内に、社債管理会社が契約により辞任し、弁済等を受けた場合にも、商法三一一条ノ二第二項を適用するものとする。

〔関連規定〕商法三一二条、三一一条ノ二第二項、担保附社債信託法九七条

(3) 社債管理会社の責任

① 支払の停止等の後の弁済の受領等

支払の停止等の前三か月間のみならず、支払の停止等の後の弁済の受領等も商法三一一条ノ二第二項の対象とするものとする。

（注）商法三一一条ノ二第二項の「三月」という期間の延長の要否については、なお検討する。

② 社債管理会社の子会社等の行為

社債管理会社の子会社等であって、社債管理会社から委託を受けて発行会社に対する債権の回収を行う等一定の要件に該当するものが弁済の受領その他の行為を行った場合も、社債管理会社自身がそれらの行為を行った場合と同様に取り扱う方向で検討する。

（注一）「子会社等」の範囲については、親会社、連結グループに属する会社等、社債管理会社に係る企業集団

76

(4) 法的倒産手続における社債管理会社の権限

法的倒産手続に属する一切の行為については、社債管理委託契約等の定めがあるときは、社債管理会社が社債権者集会の決議なく当該行為を行うことができるものとする。

〔関連規定〕 商法三一一条ノ二

(注) 社債管理会社が行う相殺の取扱いについては、破産に係る相殺の取扱いを踏まえ、なお検討する。

(注二) 一定の要件・対象・責任の態様については、なお検討する。

(5) 債権者保護手続における社債管理会社の権限

社債管理会社が設置される場合において、商法上の債権者保護手続が行われるときは、社債権者に対する催告の受領については社債管理会社が行うものとし、異議については社債管理会社の決議なくして申し述べることができるものとする。

〔関連規定〕 商法三〇九条ノ二第一項

4 社債権者集会

(1) 決議事項の許可

社債権者集会において法定決議事項以外の事項を決議する場合における裁判所による許可の制

資　料（1）

度は、廃止するものとする。

〔関連規定〕　商法三一九条

(2) 特別決議の成立要件

a案　定足数を廃止し、出席社債権者の債権の総額の〔二〇〕パーセント以上にあたる債権を有する者の同意をもって決議の成立要件とする。

b案　定足数の算定の分母には、債券の供託がされない無記名社債を含まないこととする。

c案　仮決議の制度を設ける。

〔関連規定〕　商法三二四条

5　一株に満たない端数の処理

①新株予約権の行使により一株に満たない端数が生ずる場合、②新株予約権付社債の行使に際して端数等に相当する価額を金銭で償還金の一部を払込みに充てない場合の処理については、原則として端数等に相当する価額を金銭で償還することとし、あらかじめその価額を償還しない旨を定めることをも認めるものとする。

（注）　商法三四一条ノ三第一項七号に係る新株予約権付社債につきその発行価額と行使に際して払い込むべき価額とを同額としなければならないとする規制は、廃止するものとする。

〔関連規定〕　商法二二〇条、三四一条ノ三第一項七号・八号二項等

78

会社法制の現代化に関する要綱試案

6 強制転換条項付新株予約権付社債

一定の事由の発生又は取締役会の決議により、社債の償還金により払込みがされたものとみなすことのできる転換社債型新株予約権付社債の制度を創設し、次のような措置を講ずるものとする。

(1) 新株予約権付社債の発行決議において、強制転換条項を付す旨及び強制転換事由をも定めるものとする。

(2) 転換手続については、強制転換条項付新株予約権付株式と同様のものとする。

(3) 無記名式の強制転換条項付新株予約権付社債が転換された場合において、株主を把握することができない株式が生じたときは、当該株式については、株主が株主名簿に記載されるまでの間は招集通知等の送付を要しないこととするほか、株主が所在不明の場合と同様の取扱いをするものとする。

(注) (3)の株式を売却するには、転換後五年が経過することを要するものとすることで、どうか。

7 組織再編行為に際しての新株予約権等の承継

(1) 承継の手続

合併・分割の場合についても、株式交換の場合と同様、新株予約権の承継の手続を明確化するものとし、次に掲げる新株予約権者は買取請求権を行使することができるものとする。

① 発行条項に定めがある場合にあっては、当該定めの内容に沿わない取扱いがされる新株予約権者
② 発行条項に定めがない場合にあっては、承継される新株予約権者(承継されない新株予約権者には行使することができない。)

(注) 新株予約権付社債に付せられた新株予約権の買取請求の在り方については、なお検討する。

〔関連規定〕 商法三五二条三項等

(2) 株式交換・株式移転の際の新株予約権付社債の承継

株式交換・株式移転の際に、新株予約権付社債についても、当該新株予約権付社債権者の保護手続を設けた上で、承継を認めるものとする。

(注) 株式交換により新株予約権付社債を承継する完全親会社となる会社において債権者保護手続を要するものとするかどうかは、なお検討する。

8 新株予約権付社債の譲渡等

新株予約権付社債について、無記名式に加え、対抗要件、権利移転について、株式と同様の取扱いがされるものを創設するものとする。

(注一) 「株式と同様」とは、次のような性質を有するものをいう。
① 社債の移転には社債券の交付を必要とする(商法二〇五条一項参照)。
② 取得者の氏名及び住所を社債原簿に記載しなければ、会社に対して対抗することができない(商法

9 社債の銘柄統合

発行日等が異なる二以上の種類の社債を、一種類の社債として取り扱うこと（「銘柄統合」）を認め、次のような手続を設けるものとする。

(1) 当初の社債契約において、①社債の総額が増加すべきこと及びその上限、②その際に社債の内容を変更することを条件とする。ただし、これらの定めがない場合には、社債権者集会の決議により社債契約を変更することを妨げない。

(2) 社債につき社債管理会社を設置しているときは、銘柄統合後の社債管理会社を定めなければならないものとし、統合後の社債を発行するとすれば社債管理会社の設置が強制されるときには、社債管理会社を設置すべきものとする。

(3) 銘柄統合をするには、①発行会社における銘柄統合の取締役会の決議、②銘柄統合が行われる

(注一) 二〇六条一項参照）。
(注二) ③社債券の占有により権利が推定される（商法二〇五条二項参照）。
④善意取得が認められる（商法二二九条、小切手法二一条参照）。
⑤略式質と登録質の制度を認める（商法二〇七条、二〇九条参照）。
(注三) 普通社債についても、同様の手当てを講ずるものとする。
(注四) 新株予約権付社債につき、新株予約権と同様の譲渡制限制度を認めるものとする。
現行の記名社債に係る規定の整備・整理については、なお検討する。

旨の社債権者への通知又は公告を要する。

(注)　「銘柄統合」の効果としては、社債権者集会の開催をする上で一種類となること、統合後の社債全体を平等に取り扱うべきこと等が挙げられる。

10　社債権者による書面投票制度

社債契約に定めがある場合に限り、社債権者集会で決議をすべき事項について社債権者集会の開催を要せず、書面投票（電磁的方法による投票を含む。以下同じ。）により社債権者集会の決議の成立を認めるものとするかどうかについては、なお検討する。

(注一)　書面投票により決議することができる事項については、次のいずれかの案が考えられるがどうか。
　　a案：制限なし　b案：代表者の選解任及び代表者への委任事項の変更に限る
(注二)　決議要件は、社債権者集会を開催した場合と同じ要件とし、書面投票をした者のみ、出席した社債権者とみなすものとする。
(注三)　社債権者集会の招集権は、契約等によっても奪えないものとする。
(注四)　書面投票の場合においても、裁判所の認可により効力を生ずるものとする。

第七　組織再編関係

1　対価柔軟化

会社法制の現代化に関する要綱試案

式を交付せず、吸収分割及び株式交換の場合において、消滅会社等の株主等に対して、存続会社等の株式を交付せず、金銭その他の財産を交付すること（いわゆる「合併対価の柔軟化」）を認めるものとする。

(注一) 「消滅会社等の株主等に対して交付する合併対価等の価額及びその内容を相当とする理由を記載した書面」を開示すべき資料に加えるものとする。

(注二) 株式以外の対価を用いて株式交換を行う際に債権者保護手続を要するものとするかどうかについては、なお検討する。

(注三) 各種の組織再編行為につき、対価の適正性調査のための制度を設けるかどうかについては、なお検討する。

2　簡易組織再編行為

(1)　簡易組織再編行為の要件

簡易組織再編行為の要件の基準を、存続会社等の譲受け側については発行済株式総数の〔二〇〕パーセントに、分割会社については総資産の〔二〇〕パーセントに、緩和するものとする。

(注一) 緩和の要件の程度については、なお検討する。

(注二) 営業の重要な一部の譲渡についても、会社分割における分割会社と同様の要件で、簡易な手続を許容するものとする。

(注三) 簡易合併等の要件の該当性は、交付する株式数の発行済株式総数に対する割合と交付する存続会社等の株式以外の対価の純資産額に対する割合との合計をもって判断するものとし、現行の合併交付金に関する基準は廃止するものとする。

83

資料 (1)

(注四) 反対株主による異議の要件（現行法は、総株主の議決権の六分の一）の見直しの要否については、なお検討する。
(注五) 組織再編行為以外の新株発行等につき、一定の割合を超える発行等をする場合において、反対株主による異議手続その他の手続を設けるかどうかについては、なお検討する。
〔関連規定〕 商法三五八条、三七四条ノ六、三七四条ノ二二、三七四条ノ二三、四一三条ノ三等

(2) 譲渡制限株式会社についての取扱い

譲渡制限株式会社における当該譲渡制限株式会社の株式の発行又は移転を伴う組織再編行為については、要件に合致する場合であっても株主総会の決議を要するものとする。

3 略式組織再編行為

支配関係のある会社間で組織再編行為を行う場合には、被支配会社における株主総会の決議を要しないものとする簡易手続を設けるものとする。

(注一) 「支配関係のある会社間」の要件としては、例えば、総株主の議決権の九割以上を保有している状態等にある会社間とすることが考えられる。
(注二) 対価の種類によって手続を区別するかどうかについては、なお検討する。
(注三) 少数株主の保護のための差止制度その他の制度の整備の要否については、なお検討する。
(注四) このような制度を設ける場合において、さらに①ある株主が新たに〔九割〕以上の議決権を保有することとなった場合における他の少数株主から当該支配株主に対する株式の買取請求、②ある株主が〔九割〕以上の議決権を保有する場合において、当該支配株主から他の株主に対する株式の売渡請求等の制度を設けるかどうかについては、なお検討する。

84

4 効力発生

吸収合併又は吸収分割については、登記時ではなく、当該組織再編行為を行う会社間で定めた一定の日においてその効力が生ずるものとする。

(注一) 効力の発生日については、公告により広く知らしめることとし、期日を変更する場合や中止をする場合においては、その旨を公告すべきものとする方向で検討する。
(注二) 効力の発生後、登記までの間の利害関係人の保護等のため、所要の措置を講ずるものとする。
(注三) 株式移転その他の新たに会社を設立する類型の組織再編行為の効力発生時等の見直しの可否については、なお検討する。

〔関連規定〕 商法一〇二条、四一六条一項、三七四条ノ二五

5 人的分割における財源規制

人的分割について、例えば、「物的分割＋剰余金の分配」という構成にするかどうかについては、なお検討する。

(注) 人的分割につき、このような構成にした場合においても、交付される財産が新設会社又は承継会社の株式のみの場合等一定の場合については、例外を設けるものとする。

85

資料 (1)

第八　清算関係

1　清算手続への裁判所の関与

清算手続は裁判所の監督に服するものとする規定を削除し、清算人の氏名等の裁判所への届出並びに財産目録及び貸借対照表の裁判所への提出の制度を廃止するものとする。

〔関連規定〕　商法四一八条、四一九条、非訟事件手続法一三六条ノ二

2　清算中の会社の機関

(1) 清算中の株式会社の清算人会

清算中の株式会社には、清算人会の設置を義務付けないものとする。

(注)　清算人の員数は、一人以上で足りる。

(2) 清算中の株式会社の監査役

① 解散時に大会社であった清算中の株式会社

a案　監査役を〔三人〕以上設置することを義務付ける。

i案　社外監査役を〔二人〕以上設置することを義務付ける。

ii案　社外監査役の設置を義務付けない。

86

会社法制の現代化に関する要綱試案

b案　監査役を一人以上設置することを義務付ける。
（注）「監査役会」その他大会社の監査役に係る規定（員数三人以上、常勤監査役）は適用しないものとする。

② 以外の清算中の株式会社
a案　監査役の設置を義務付けない。
b案　解散時に譲渡制限株式会社であった清算中の株式会社には、監査役の設置を義務付けない。
（注）株主数一、〇〇〇人以上の清算中の株式会社には、参考書類の送付及び書面投票制度の採用を義務付けるものとする。
〔関連規定〕商法特例法一八条、一九条一項、二一条の三五第四項

3　清算中の会社がすべき公告

(1) 債権申出の公告
債権申出の公告については、一回で足りるものとする。
（注）債権申出期間を例えば一月に短縮するかどうかについては、なお検討する。
〔関連規定〕商法四二一条

(2) 清算中の会社の決算公告
清算中の会社の決算公告は、廃止するものとする。
〔関連規定〕商法四三〇条二項

4 清算中の会社の配当等

(1) 残余財産分配の現物交付

金銭以外の財産による残余財産分配が可能であることを明確化するとともに、各株主は、分配を受けることができる残余財産に代えてその価額に相当する額の金銭の分配を請求することができるものとする。

〔関連規定〕 商法四二五条

(2) 会社財産の株主に対する払戻し

清算中の会社は、残余財産の分配を除き、利益配当、自己株式の取得その他株主に対する金銭等の支払をすることができないものとする。

(注一) 合併の場合には、存続会社が買取請求に応ずる義務を負うことから、株式の買取請求権を行使することができるものとし、合併以外の場合においては、株式の買取請求権を行使することができないものとする。

(注二) 清算中の株式会社が分割会社となる人的分割及び完全子会社となる株式交換を認めることの要否については、なお検討する。

〔関連規定〕 商法二四五条ノ二第一項ただし書

5 清算結了登記後の資料の保存者

会社法制の現代化に関する要綱試案

清算結了後の重要な資料の保存については、原則として、清算結了時の清算人がその義務を負うものとする。

　(注)　利害関係人が資料の保存者の選任を裁判所に請求する制度は、清算人がいなくなった場合等のための制度として整理するものとする。

〔関連規定〕　商法四二九条

第九　その他

1　子会社に関する規定

会社法（仮称）中の「子会社」には、株式会社・有限会社のみならず、親会社からの一定の支配権が及び得るとみられる外国会社を含む法人等を含めるものとする。

　(注一)　連結計算書類を作成する会社の監査役・会計監査人の子会社及び連結子会社の調査権に関する規定を整理するとともに、例えば、社外取締役・社外監査役の要件、監査役等の兼任禁止の範囲、定款・計算書類等の閲覧・謄写請求権を行使することができる範囲等について見直しを行うものとする。

　(注二)　子会社による親会社株式の取得の禁止の範囲、相互保有の場合の議決権の制限等については、なお検討する。

〔関連規定〕　商法特例法一条の二第四項、七条三項等

2 会社整理・特別清算

会社整理・特別清算の在り方については、倒産法部会における検討に委ねるものとする。

第五部 外国会社関係

1 擬似外国会社

a案 商法四八二条中の「同一ノ規定」とは会社の設立に関する規定を含む会社に係る商法等の規定の全部を指すものとして制度を整理し、擬似外国会社については、その法人格を否認するものとする。

b案 商法四八二条を削除し、擬似外国会社であっても、通常の外国会社と同様の取扱いをするものとする。

〔関連規定〕商法四八二条

2 外国会社の日本における代表者

外国会社の日本における代表者について、そのうち少なくとも一名は日本に住所を有しなければな

会社法の現代化
──要綱試案と補足説明──

2004年（平成16年）4月5日　第1版第1刷発行
3147-0101

編　集　　信　　山　　社
発行者　　今　井　　貴
発行所　　信山社出版株式会社
〒113-0033 東京都文京区本郷6-2-9-102
　　　　電　話　03（3818）1019
　　　　ＦＡＸ　03（3818）0344
製　作　　株式会社　信　山　社
Printed in Japan

Ⓒ 編集、2004　印刷・製本／文昇堂・大三製本
ISBN4-7972-3147-5 C3332
3147-0101-120-030
NDC分類325201

会社法制の現代化に関する要綱試案
補足説明

平成15年10月
法務省民事局参事官室

目　次

はじめに ……………………………………………………………………………… 1

第1部　基本方針 ……………………………………………………………… 1

第2部　総則関係 ……………………………………………………………… 1

 1　会社の商号 …………………………………………………………………… 2
  (1)　商号の登記 ……………………………………………………………… 2
  (2)　不正競争目的の商号使用 ……………………………………………… 2
 2　支店の所在地における登記事項 …………………………………………… 3
 3　使用人 ………………………………………………………………………… 3
  (1)　支配人の登記 …………………………………………………………… 3
  (2)　会社の支配人の競合避止義務等 ……………………………………… 3

第3部　合名会社・合資会社関係 ………………………………………… 4

 1　合名会社・合資会社の会社類型の取扱い ………………………………… 4
 2　一人合名会社 ………………………………………………………………… 4
 3　法人無限責任社員 …………………………………………………………… 4
 4　株式会社への組織変更 ……………………………………………………… 4

第4部　株式会社・有限会社関係 ………………………………………… 5

第1　総　論 ……………………………………………………………………… 5

 1　株式会社と有限会社の規律の一体化 ……………………………………… 5
 2　譲渡制限株式会社における有限会社型機関設計の選択的採用 ………… 7

第2　設立等関係 ………………………………………………………………… 8

 1　最低資本金制度 …………………………………………………………… 8
  (1)　設立等における払込価額規制 ………………………………………… 9
  (2)　剰余金分配規制 …………………………………………………………10
  (3)　表示規制 …………………………………………………………………10
 2　払込取扱機関 …………………………………………………………………10
 3　募集設立 ………………………………………………………………………10
 4　設立時の定款記載事項 ………………………………………………………11

(1) 株式会社の設立時の定款記載事項 …………………………………………11
　　(2) 発起人の引き受ける株式に関する事項 ………………………………………11
　　(3) 有限会社の定款記載事項 ………………………………………………………12
　5　**事後設立** ……………………………………………………………………………12
　　(1) 検査役の調査 ……………………………………………………………………12
　　(2) 事後設立規制の適用範囲 ………………………………………………………13
　6　**現物出資・財産引受け** …………………………………………………………13
　　(1) 検査役の調査を要しない場合 …………………………………………………13
　　(2) 現物出資等に関する関係者の責任 ……………………………………………14

第3　株式・持分関係　　　　　　　　　　　　　　　　　　　　15

　1　**株式等の譲渡制限制度** ……………………………………………………………15
　　(1) 株主・社員間の譲渡に係る取扱い ……………………………………………15
　　(2) 譲渡制限に係る定款記載事項 …………………………………………………15
　　(3) 一部の種類の株式についての譲渡制限の定め ………………………………16
　　(4) 取得者からの承認手続と名義書換手続 ………………………………………17
　2　**市場取引等以外の方法による自己株式等の買受手続** ………………………18
　　(1) 買受手続 …………………………………………………………………………18
　　(2) 特定の場合における手続の特例 ………………………………………………19
　3　**自己株式に係る株主の権利の内容** ……………………………………………21
　4　**子会社による親会社株式の取得** ………………………………………………21
　5　**自己株式の市場取引による売却** ………………………………………………22
　6　**株式の消却** ………………………………………………………………………23
　　(1) 消却に関する定款規定の設定手続等 …………………………………………23
　　(2) 定款に基づかない強制消却 ……………………………………………………23
　　(3) 授権株式数の変更の取扱い ……………………………………………………24
　7　**種類株式** …………………………………………………………………………25
　　(1) 有限会社における種類株式の相当する制度 …………………………………25
　　(2) 剰余金分配・議決権等に関する別段の定め …………………………………26
　　(3) 議決権制限株式等の発行限度 …………………………………………………26
　　(4) 強制転換条項付株式 ……………………………………………………………26
　　(5) 種類株式の内容に係る定款変更 ………………………………………………27
　8　**法定種類株主総会** ………………………………………………………………27
　　(1) 商法345条1項の要件 …………………………………………………………27
　　(2) 商法346条の規定による種類株主総会 ………………………………………27
　　(3) 議決権制限株主の買取請求権 …………………………………………………28
　9　**端株・単元株** ……………………………………………………………………29
　10　**議決権制限株主その他の株主の少数・単独株主権等** ………………………30

- 4 -

(1)	議決権基準・株式数基準	30
(2)	株主総会に関連する少数・単独株主権等	30
(3)	特定の決議事項に関連する少数株主権等	31
(4)	少数株主権と少数社員権の公使要件	32
(5)	株主名簿等の閲覧・謄写請求権	33

11 基準日 ……………………………………………………………33
(1) 基準日後の株主の議決権 ……………………………………33
(2) 新株主の配当起算日 …………………………………………34

12 新株発行及び増資の手続 ………………………………………34
(1) 譲渡制限株式会社の新株発行手続 …………………………34
(2) 有限会社の増資手続 …………………………………………35
(3) 株式申込証の用紙 ……………………………………………36
(4) 新株発行の際の公告・通知 …………………………………37

13 新株発行無効の訴え等 …………………………………………37
(1) 提訴期間 ………………………………………………………37
(2) 提訴可能期間中の口頭弁論の開始 …………………………38

14 株主に対する通知又は公告の在り方 …………………………38

第4 機関関係   38

1 株主総会・社員総会 ……………………………………………39
(1) 株主提案権の行使期限 ………………………………………39
(2) 招集地 …………………………………………………………39
(3) 総会検査役 ……………………………………………………39
(4) 書面投票・電子投票 …………………………………………40
(5) 議決権の不統一行使・代理人の数 …………………………41
(6) 書面決議 ………………………………………………………42
(7) 特別決議の決議要件 …………………………………………42

2 取締役の資格 ……………………………………………………43
(1) 資格制限 ………………………………………………………43
(2) 欠格事由 ………………………………………………………43

3 取締役の任期 ……………………………………………………44

4 取締役の選解任 …………………………………………………44
(1) 累積投票制度 …………………………………………………44
(2) 解任決議の決議要件 …………………………………………45

5 取締役会の書面決議 ……………………………………………45

6 取締役に係る登記 ………………………………………………46
(1) 共同代表取締役 ………………………………………………46
(2) 社外取締役 ……………………………………………………46

(3) 代表取締役等の住所 ･･･46
　7 取締役の責任 ･･47
　　(1) 任務懈怠責任 ･･47
　　(2) 違法な剰余金の分配に係る責任 ････････････････････････････････50
　　(3) 期末のてん補責任 ･･52
　　(4) 利益相反取引に係る責任 ････････････････････････････････････53
　　(5) 株主の権利行使に関する利益供与に係る責任 ･･････････････････56
　8 代表訴訟 ･･･57
　9 監査役 ･･･58
　　(1) 監査役の権限 ･･58
　　(2) 補欠監査役 ･･58
　10 使用人兼務取締役等 ･･･59
　　(1) 委員会等設置会社における取締役の使用人兼務 ･･････････････････59
　　(2) 委員会設置会社における使用人兼務執行役の報酬 ････････････････60
　11 会計監査人 ･･60
　　(1) 会計監査人の設置強制の範囲 ･･････････････････････････････････60
　　(2) 会計監査人の任意設置の範囲 ･･････････････････････････････････62
　　(3) 会計監査人が設置される場合の機関設計等 ･･････････････････････63
　　(4) 会計監査人が不適法意見を述べている場合の措置 ････････････････63
　　(5) 会計監査人の会社に対する責任 ････････････････････････････････64
　　(6) 会計監査人の報酬 ･･64
　　(7) 会計監査人の欠格事由 ･･65
　　(8) 会計監査人の登記 ･･65
　12 その他 ･･･65
　　(1) 重要財産委員会制度 ･･･65
　　(2) 大会社・みなし大会社に係る機関設計 ･････････････････････････66

第5 計算関係 ･･･66

　1 剰余金の分配に係る規制 ･･66
　　(1) 会社財産の払戻しに対する横断的規制 ･････････････････････････66
　　(2) 現物配当 ･･68
　　(3) 剰余金分配限度額の計算方法 ･････････････････････････････････68
　　(4) 分配可能限度額の算定の基準時等 ･････････････････････････････69
　　(5) 利益処分等に対する会計監査人の関与 ･････････････････････････70
　2 資本・準備金 ･･70
　　(1) 資本の組入れ基準 ･･71
　　(2) 欠損てん補のための資本減少の決議要件 ･･････････････････････71
　　(3) 利益準備金 ･･･72

- (4) 準備金の積立て ··· 72
- (5) 法定準備金の減少額の上限規制 ·· 72
- (6) 自己株式の処分差益の計算上の取扱い ··································· 72

3 組織再編行為の際の資本の部に係る計算関係 ························· 73
- (1) 株式交換・株式移転の場合 ·· 74
- (2) 資本増加限度額の算定の際の控除額 ······································ 74
- (3) 組織再編行為の際の剰余金の計上 ·· 74
- (4) いわゆる「合併差損」等が生ずる場合の取扱い ······················· 75

4 分配機会及び決定機関の特例並びに役員賞与等 ······················· 76
- (1) 分配機会及び決定機関の特例に関する定款の定め ··················· 76
- (2) (1)の定款の定めがある会社の定時総会 ··································· 77
- (3) 株主からの配当議題提案権 ·· 77
- (4) 取締役等に対する財産上の利益の取扱い ································ 78

5 開示・監査関係 ·· 78
- (1) 附属明細書 ··· 78
- (2) 利益処分案・損失処理案 ··· 78
- (3) 決算公告 ·· 79

第6 社債・新株予約権関係 ··· 80

1 有限会社の社債・新株予約権・新株予約権付社債 ···················· 80
2 社債総則に関する規定の整理 ·· 80
- (1) 社債の発行事項の決定 ··· 80
- (2) 社債関連規定 ··· 80

3 社債管理会社 ··· 81
- (1) 「約定権限」の行使 ·· 81
- (2) 社債管理会社の辞任 ·· 82
- (3) 社債管理会社の責任 ·· 82
- (4) 法的倒産手続における社債管理会社の権限 ····························· 83
- (5) 債権者保護手続における社債管理会社の権限 ························· 83

4 社債権者集会 ··· 84
- (1) 決議事項の許可 ·· 84
- (2) 特別決議の成立要件 ·· 84

5 一株に満たない端数の処理 ·· 85
6 強制転換条項付新株予約権付社債 ·· 85
7 組織再編行為に際しての新株予約権等の承継 ·························· 86
- (1) 承継の手続 ··· 86
- (2) 株式交換・株式移転の際の新株予約権付社債の承継 ··············· 86

8 新株予約権付社債の譲渡等 ·· 86

9　社債の銘柄統合 ··· 87
　　10　社債権者による書面投票制度 ·· 88

第7　組織再編関係　88

　1　対価柔軟化 ·· 88
　2　簡易組織再編行為 ··· 90
　　(1)　簡易組織再編行為の要件 ·· 90
　　(2)　譲渡制限株式会社についての取扱い ·· 91
　3　略式組織再編行為 ··· 91
　4　効力発生 ·· 92
　5　人的分割における財源規制 ·· 92

第8　清算関係　93

　1　清算手続への裁判所の関与 ·· 93
　2　清算中の会社の機関 ·· 93
　　(1)　清算中の株式会社の清算人会 ·· 93
　　(2)　清算中の株式会社の監査役 ··· 93
　3　清算中の会社がすべき公告 ·· 94
　　(1)　債権申出の公告 ··· 94
　　(2)　清算中の会社の決算公告 ·· 95
　4　清算中の会社の配当等 ·· 95
　　(1)　残余財産分配の現物交付 ·· 95
　　(2)　会社財産の株主に対する払戻し ·· 95
　5　清算結了登記後の資料の保存者 ··· 96

第9　その他 ·· 96

　1　子会社に関する規定 ·· 96
　2　会社整理・特別清算 ·· 97

第5部　外国会社関係 ·· 97

　1　疑似外国会社 ·· 97
　2　外国会社の日本における代表者 ··· 97

第6部　その他 ·· 98

　1　新たな会社類型 ··· 98
　2　罰則 ··· 99
　3　関連規定の整備 ··· 99

凡　　　例

次の略語を利用した

- 株式会社の監査等に関する商法の特例に関する法律
    - → 商法特例法
- 平成13年の通常国会における商法等の一部改正（平成13年法律第79号）
    - → 平成13年の第79号改正
- 平成13年の臨時国会における商法等の一部改正（平成13年法律第128号）
    - → 平成13年の第128号改正
- 平成13年の臨時国会における商法等の一部改正（平成13年法律第149号）
    - → 平成13年の第149号改正
- 「商法・有限会社法改正試案」（昭和61年5月15日法務省民事局参事官室）
    - → 昭和61年試案
- 「商法等の一部を改正する法律案中間試案」（平成13年4月18日法務省民事局参事官室）
    - → 平成13・14年試案

はじめに

会社法制については、それが企業活動の基盤をなす重要な基本法制であることを反映して、近時、我が国の経済情勢の急激な変化に対応すべく、度重なる改正が行われてきている。

しかし、会社法制に関する現行の商法は明治32年に、有限会社法は昭和13年にそれぞれ制定された法律であり、いずれもいまだ片仮名の文語体で表記され、また、現在ではほとんど使用されないような用語も少なからず用いられている。そのため、これらの法律について、利用者に分かりやすい平仮名の口語体による表記に改めるべきであるという指摘がかねてよりされてきたところである。また、商法にはその第2編において合名会社、合資会社及び株式会社の3種類の会社についての規定が設けられ、有限会社についてはそれらとは別に単行法である有限会社法が設けられているほか、株式会社の監査等に関する商法の特例に関する法律において大規模・小規模の株式会社についての商法の特例規定が別途置かれ、さらには、商法施行法、商法中署名スヘキ場合ニ関スル法律、商法中改正法律施行法、商法等の一部を改正する法律施行法（昭和26年法律第210号）等の各法律にも会社法制に関するその他の重要な規定が散在しているなど、これらの規定の在り方が利用者にとって分かりにくいものになっているという指摘もされている。さらに、会社法制については、近時、議員立法によるものも含め、短期間に多数回にわたる改正が積み重ねられており、その全体的な整合性を図り、現代社会により一層対応したものに改善するために、改めてあらためて体系的にその全面的な見直しを行う必要があるという指摘も強まっている。

このような状況を背景として、昨年2月13日の法制審議会第136回会議において、同審議会に対し、「会社法制に関する商法、有限会社法等の現代化を図る上で留意すべき事項につき、御意見を承りたい。」という会社法制の現代化に関する諮問（諮問第56号）がされ、その調査審議を行うための部会として、会社法（現代化関係）部会（部会長・江頭憲治郎東京大学教授）（以下「部会」という。）が設置された。

部会における具体的な審議は昨年9月から開始され、本年10月22日、会社に関して規定する商法第2編、有限会社法、商法特例法等の現代化を図ることを内容とする「会社法制の現代化に関する要綱試案」（以下「試案」という。）が取りまとめられた。

そこで、これを受けて、当参事官室において、試案を公表し、広く国民の意見を照会することとしたものである。

部会においては、意見照会の結果を踏まえて、引き続き検討を行い、平成17年の通常国会に会社法（仮称）案を提出することを目指して、法案の要綱案を策定するための作業を行う予定である。

この補足説明は、これまでの部会における審議を踏まえ、試案の内容の理解に資するため、試案の各項目について、その趣旨等を事務当局である法務省民事局参事官室において補足的に説明したものであり、その文責は当参事官室にある。このように、この補足説明は、あくまでも意見照会の対象である試案の内容について検討を加える際の理解に資するための参考資料として作成したものであって、それ以上の意味を持つものではない。

第1部 基本方針

試案第1部は、会社法制の現代化の基本方針を掲げるものである。

基本方針第1は、「会社法制の現代語化」である。

いまだ片仮名文語体で表記されている商法第2編、有限会社法等の各規定について、利用者に分かりやすい平仮名口語体化を図ることとするほか、用語の整理を行うとともに、解釈等の明確化についても必要に応じ規定の整備を行う方向で検討することとしている。

また、商法第2編、有限会社法、商法特例法等の各規定について、これらを一つの法典（会社法（仮称））としてまとめ、分かりやすく再編成する方向で検討を進める予定である。

基本方針第2は、「実質改正」である。

会社法制については、近時、議員立法によるものも含め、短期間に多数回にわたる改正が積み重ねられた結果、その全体的な整合性を図る必要があるという指摘が強まっているほか、最近の社会経済情勢の変化に対応するために各種制度を見直すべきという要望も実務界等から寄せられている。

そこで、会社法制の現代語化の作業に合わせ、「会社法制の現代化」にふさわしい内容の実質的な改正をも行うものとしている。試案第2部から第6部までに掲げる事項は、その具体的な改正検討事項である。

第2部 総則関係

試案第2部では、会社法制の総則に関する事項を取り上げている。なお、会社法制の現代化においては、商法総則の規定については、会社に関する部分のみがその直接の検討対象であるが、会社に関する部分について改正を行うこととした場合には、それに関連して個人商人に関する部分について改正を行う必要があるかどうかも派生的な論点となり得る。

1 会社の商号
(1) 商号の登記

現行商法では、商号が登記されたときは、同市町村内において同一の営業のために、他の者がこれと同一の商号を登記することはできないとされている（商法19条）。さらに、商業登記法では、同市町村内においては同一の営業のため他人が登記したものと判然区別することができないときは、商号の登記をすることができないとされている（商業登記法27条）。そのため、ある商号が登記されている場合に、同市町村内において同一の営業のためにその商号と同一の商号又はそれと判然区別することができない商号の登記の申請があったときは、登記官はその申請を却下しなければならない（商業登記法24条13号）。

このような規制については、それが「営業の同一性」を基準として判断されるものであるため、会社に係る登記実務において、定款記載事項及び登記事項とされている会社の「目的」（商法166条1項1号、188条2項1号）の記載に関する審査に際し、従前から相当厳密な運用がされていると言われており、実務界からは、その運用の際の語句の使用等の基準が厳格に過ぎるため、審査に時間と手間がかかる、あるいは新しい事業形態で用いられる用語が認められにくいなどの問題点が指摘され、その柔軟化を図るべきという意見が出されているところである（この点については、（注2）参照）。

また、そもそも、現行の商法19条による商号登記の効力は、同市町村内に限定されているが、現在の企業活動の広がり等を考慮した場合、規制としての合理性が乏しくなっているという指摘もされているところである。

試案では、このような指摘を踏まえ、現行の会社に係る商法19条及び商業登記法27条による規制を廃止するものとしている。

もっとも、その場合であっても、不動産登記等において法人は住所と商号とによって特定されることとされているため、同一商号・同一住所の会社が複数存在することを認めるのは適当ではない。この点については、現在の登記実務上も、このような同一商号・同一住所の会社の存在は認めないこととされているが、試案では、このような登記実務上の取扱いを明確化するものとしている（（注3）参照）。

(2) 不正競争目的の商号使用

商法20条1項は、商号の登記をした者は、不正競争の目的をもって同一又は類似の商号を使用する者に対し、その使用の差止めを請求することができ、また、損害賠償の請求をすることができるとしている。また、同条2項は、同市町村内において同一の営業のために他人の登記した商号を使用する者は、不正競争の目的でこれを使用するものと推定すると規定して、挙証責任の転換を図っている。

この商法20条に関しては、不正競争防止法において、周知・著名商号につき、他人が不正競争行為をしたときは、不正競争行為の差止請求、損害賠償請求、信用回復措置請求をする権利を認めていることとの関係で、両者の交錯関係について、解釈上不明確な点が少なくないという指摘がされてきたところである。さらに、試案第2部・1・(1)において会社に係る商号の登記に関する規制を廃止するものとする場合、同じく登記商号の保護に関する規定である商法20条についてどのような取扱いをすべきかが問題となる。

試案では、会社に係る商法20条の規定の取扱いについて、以下のような三つの案を掲げ、意見を照会することとしている。

a案は、商法19条・商業登記法27条の見直しを行うこととする場合であっても、現行の商法20条を維持するとの案である。

b案は、商法20条1項は維持することとするが、不正競争の目的の推定に関する20条2項は削除するとの案である。同項は、同市町村内において同一の営業のために他人の登記した商号を使用する場合に限った推定規定であるが、試案第2部・1・(1)の補足説明で述べたとおり、このような地域的限定については、現代の企業活動の拡大にかんがみると狭きに失するという指摘があるほか、市町村の合併が促進され、「同市町村内」の範囲が変動する状況の下で、「同市町村内」という基準を維持することの合理性には疑問の声もある。b案は、試案第2部・1・(1)において商法19条等を廃止し、同一商号・同一住所の場合を除いて、同市町村内において同一の営業のためにその商号と同一又は判然区別することができない商号の登記を認めることとした場合には、商法20条2項が前提としている推定の根拠が欠けることになるとの考えに基づくものである。

c案は、商法20条2項だけではなく、同条1項についても削除し、不正競争防止法の規制に委ねるとの案である。商法20条1項については、登記の有無とは関係なく周知・著名商号一般を保護する不正競争防止法が整備された以上、その存在意義は乏しいという指摘がされてきたところであり、

現代化に際し，この指摘に沿う措置を講ずるものである。

なお，商法21条は，不正の目的で自己の営業と誤認させるような商号を他人が使用することを排斥することができる権利を認めており，その趣旨については様々な考え方があり得るところであるが，同条は，著名性を要求していない等，不正競争防止法よりも保護範囲が広い面があり，その意義を積極的に評価する考えが強いことから，試案では，商法20条の取扱い如何に関わらず，商法21条は維持するものとしている。部会においても特段の異論はなかったところである（（注）参照）。

2 支店の所在地における登記事項

現行法では，会社の支店の所在地における登記として，本店の所在地において登記した事項の登記（商法10条，有限会社法13条3項）と，支店のみで登記すべき事項の登記（商法40条）とが要求されているが，試案では，商業登記のコンピュータ化の現状を踏まえ，会社の支店の所在地において登記すべき事項を，本店の登記簿における登記情報に容易にアクセスすることを可能とするための情報という観点から簡素化することとし，①会社の商号，②本店の所在地，③当該支店の所在地に限定するものとしている。

このような措置を講ずることとする場合には，支店所在地の登記利用者は，管轄登記所でまず支店の登記を調査した後，本店所在地の登記所から登記情報の交換を受けるという手続によって必要な情報を得ることとなる。

3 使用人

試案では，会社の使用人に関しては，商法総則中の商業使用人に関する規定（商法37条から45条まで）を適用せず，これに相当する規定については，必要な見直しを行った上で，会社法（仮称）中において規定することとしている（前注）参照）。個人商人の使用人については，現行どおり，商法総則中の使用人に関する規定を適用することとなる。

(1) 支配人の登記

試案第2部・2において，会社の支店の所在地における登記事項を簡素化することとした場合，現行法において支店のみで登記すべき事項とされている当該支店に置かれた支配人に関する事項（商法40条参照）について，どのように取扱うべきかが問題となる。登記手続上本店の登記簿における登記情報に容易にアクセスすることが可能であれば，ことさら支配人に関する登記事項を支店における登記事項としておく必要はないと考えられるため，試案では，本店の登記簿において，支配人とその支店が代理権を有する本店又は支店を登記することによって情報を一元的に管理する措置を講ずるものとしている。

なお，このように支配人の所在地における登記の位置付けを変更することに伴い，支店における登記の効力に関する商法13条は，削除するものとしている。

(2) 会社の支配人の競業避止義務等

商法41条は，支配人に関し，営業主の許諾がなければ，自ら営業を行うことや，会社の無限責任社員や取締役等となることを禁止している（いわゆる「営業禁止義務」）。この支配人に課せられた特別の義務は，支配人が裁判上の代理権も含む包括的な代理権を有し，また，高級使用人として営業の機密にも通じ営業主との間に高度の信頼関係が基調としてあることが理由とされ，雇用契約関係の延長線上の義務であると説明されている。

しかし，会社の取締役であれば代表取締役あるいは業務担当取締役であっても課せられることがないこのような義務を支配人，特に会社の支配人について課すことの合理性は乏しいという意見も存するため，試案では，会社の支配人については，取締役等と同様の競業避止義務のみを課し，営業禁止義務を課さないものとすることの当否等について，なお検討することとしている。

なお，会社法（仮称）中に会社の支配人の競業避止義務に関する規定を置くに当たっては，商法41条で規定されている「営業主の許諾」をどのように取り扱うかが問題となるが，試案では，取締役会を設置する現行の株式会社においては「取締役会」，譲渡制限株式会社において選択的採用を認めることとしている有限会社型の機関設計である取締役会が設置されない株式会社（試案第4部・第1・2参照）においては原則として取締役を許諾機関とするものとしている。取締役会を設置する株式会社においては，現行の株式会社において，取締役等の競業行為についての承認が取締役会の権限とされている（商法264条）こととの平仄を考慮したものであり，また，取締役会が設置されない株式会社においては，現行の有限会社において，支配人の選任及び解任が取締役会の権限とされていること（有限会社法26条）との平仄を考慮し，許諾機関を株主総会（有限会社法29条1項参照）とするまでの必要性は乏しいと考えられるからである。

第3部 合名会社・合資会社関係

試案第3部では、合名会社・合資会社に関する事項を取り上げている。合名会社・合資会社については、新たな会社類型(試案第6部・1参照)に関する検討に伴い、さらに関連して検討を要する事項があり得る。

1 合名会社・合資会社の会社類型の取扱い

現行法では、合名会社と合資会社とは異なる会社類型として規定され、合資会社については、商法147条において、原則として合名会社の規定を準用することとされている。

しかし、まず、合名会社と合資会社との差異は、社員中に有限責任社員がいるかどうかの差異でしかなく、その成り立ちを別にすれば会社類型として大きく異なるものではない。また、商法147条のような規定は、現実の規定の準用関係・適用関係を不明確にしており、現代化に当たってはこれを極力明確にすることが望ましい。さらに、(注1)にあるように、合資会社において有限責任社員が存しなくなった場合、合名会社と実質が同一になるにもかかわらず、一旦解散してしまうという不都合もある(商法162条参照)。

試案では、両会社の類型を一つのものとして、それぞれの会社につき適用される規定を明確化するとともに、(注1)に掲げるような実務上の不都合が生じないようにしようとしている。

この場合、社員の責任と商号との関係をどのように整理するかが問題となるが、(注2)では、有限責任社員が存する場合には「合資会社」の商号使用を義務付け、これに違反して「合名会社」の商号を使用した場合には、有限責任社員は、会社債権者に対して無限責任社員と同様の責任を負うものとすることとしている。他方、有限責任社員が存しない場合に「合名会社」の商号使用を義務付けるかどうかについては、いずれにしても各社員は無限責任社員を負うことになるので、違反の効果等その法的な効果及び商号変更に係る実務上の問題等も踏まえて検討する必要がある。

2 一人合名会社

商法94条4号は、社員が一人となることを解散事由として定めており、現行法では、一人合名会社は許容されていないところである。

他方、株式会社については、従来から潜在的社団の理論等により一人株式会社が許容されており、かつ、平成2年の改正により、設立時から一人株主であることが認められている(商法404条参照)。

潜在的社団の理論は、株式の売却を行うことによっていつでも株主が複数になる可能性が確保されていること等を実質的理由とするものであるが、合名会社の社員の持分についても、その一部を譲渡することにより社員が複数になる可能性が確保されていることには変わりがないともいい得る。

また、実務的にも、他の社員の死亡等により社員が一人となった場合に、ただちに解散するという不都合がある。

試案では、無限責任社員一人のみの合名会社の設立及び存続を許容することとしている。

3 法人無限責任社員

商法55条は、会社が他の会社の無限責任社員となることを禁止している。

この禁止の趣旨については、合名会社の性質を理由とする説、会社の独立性を害するとする説、会社事業を遂行する人的要素の不備を理由とする説などがあるものの、会社自身は無限責任を負っていること、発起人や組合の業務執行者に法人がなることは妨げられないこと等からすれば、これらの説のいずれもが実質的な根拠とはならず、むしろ合弁企業を合名会社形式で行うことを妨げている等の問題があり、削除すべきという意見が従来からある(詳細につき、新版注釈会社法(1)93頁から97頁まで)。

試案では、この禁止規定を削除する方向で検討するものとしている。

(注)は、会社を含めた法人が無限責任社員となった場合についての問題点として、実際に法人の職務執行を行う自然人(職務執行者)を定める必要はないかどうか、また、特に法人が無限責任社員となった場合の合名会社・合資会社の他の社員の保護、その適切な業務運営の確保等の観点から、社員による職務執行者の選解任等、監督、責任、開示等について、現在の合名会社・合資会社の規定において問題となる点がないかどうかについて、なお検討することとしている。

4 株式会社への組織変更

現行法では、合併の当事会社が合名会社又は合資会社のみである場合においても、合併によって、株式会社を設立することは認められるが(商法56条、411条参照)、合名会社又は合資会社が組織変更を行って株式会社となることは認められていない。

しかし、例えば、合資会社がその無限責任社員の死亡により解散せざるを得ない状況にあるが、事業を継続したいというような場合に、あえて別の合資会

社又は合名会社と合併しなければ株式会社とはなれず、存続もできないとするのは迂遠であるという指摘がある。また、実質的にも、合名会社や合資会社から株式会社への組織変更をするのは、無限責任社員の責任を爾後有限責任とするにとどまるものであって、他の合資会社又は合名会社と合併する場合との比較において、既存の債権者に与える影響が著しく大きいとはいえない。

試案では、（注1）にあるとおり、合併により株式会社を設立する場合と同様の手続で、組織変更を認めることとしている。

なお、（注2）では、現在の合名会社・合資会社と株式会社との合併等に関する制度の見直しの要否については、なお検討することとしている。合名会社・合資会社から株式会社への組織変更が認められる場合には、現在の合名会社・合資会社と株式会社との合併等の在り方についても、組織変更後の株式会社と株式会社との合併という方向で整理をした上で、規定を明確化するということも考えられるところである。

第4部　株式会社・有限会社関係

試案第4部では、株式会社と有限会社に関する事項を取り上げている。

第1　総論

1　株式会社と有限会社の規律の一体化

我が国の会社法制においては、準則主義により設立が認められる社員の有限責任が保障された会社として、有限会社と株式会社が設けられている。このうち、有限会社は、中小企業に適する簡易な形態の会社類型を設けることを企図し、昭和13年に制定された有限会社法に基づき認められたものである。

そして、昭和25年の改正においては、株式会社について、英米法の考え方を導入し、より公開的な会社に適した会社類型とするべく、授権資本制度の導入等による資金調達の円滑化、株主総会の権限の縮小、取締役会の権限の拡大等による経営機構の合理化、これらに伴う株主の地位の強化等を内容とする改正が行われた。また、同改正においては、有限会社については、その特質にかんがみ、資金調達の円滑化や経営機構の合理化に関する改正は行われず、社員の地位の強化が改正の重点となった。

このように、制定当初は、株式会社は公開的な会社として、有限会社は非公開的な会社として位置付けられ、それぞれに相応しい制度が設けられていた。

しかし、現実には、非公開的な株式会社が株式会社の大部分を占め、昭和41年の改正においては、こうした非公開的な株式会社の需要に応じて、定款で株式の譲渡を制限する制度が導入されるに至った。

また、昭和49年の改正においては、株式会社の監査役に業務監査の権限の付与等の改正が行われるとともに、商法特例法が制定され、資本の額が5億円を超える株式会社（大会社）には、上場会社に義務付けられている会計監査制度と同様の監査を義務付け、資本の額が1億円以下の株式会社（小会社）の監査役の権限は会計監査に限定するなど、資本の額を基準とした会社規模により会社類型を分類し、それぞれの会社類型に課せられる規制を区分する制度が導入された。

昭和49年の改正に係る国会審議においては、大小会社の区別、株式会社の機関及び株式などについて所要の改正を行うべき旨の附帯決議がなされ、これを受けて、法制審議会商法部会においては、その改正に係る審議を開始した。そして、この審議の結果を踏まえ、昭和56年には、まず主として大規模な株式会社を対象とする会社の機関、計算・公開に関する商法等の改正が行われた後、同部会は、これに引き続く作業として、昭和57年から、いわゆる「大小会社区分立法」を中心とした株式会社と有限会社の双方にまたがる改正の検討を開始し、昭和59年5月に、それまでの法制審議会の審議等において拾い上げられた問題点を法務省民事局参事官室において取りまとめた「大小（公開・非公開）会社区分立法及び合併に関する問題点」（以下「昭和59年問題点」という。）が公表され、昭和61年5月には、昭和61年試案が取りまとめられた

「大小会社区分立法」とは、前述したように、我が国の株式会社の大多数が小規模かつ非公開的な会社で占められている現実があり、これらの会社が昭和25年の改正及び昭和49年の改正等にもみられるように大規模かつ公開的な株式会社を想定して厳格な規制を行うこととしている株式会社に関する商法の規律を遵守しておらず、実態と法規制との間の乖離が著しい状態をどのように解決するかという観点から検討されたものである。そして、昭和59年問題点においては、会社の資本の額、株主数等の規模に応じて株式会社等を区分するという観点からいくつかの案が示されるとともに、株式会社についても有限会社よりも高い金額の最低資本金額を設定し、株式会社と有限会社とを区分することも示されている。

これを受けた平成2年の改正においては、株式会社

につき1,000万円の最低資本金制度が導入されたが、これは、設立時において、それぞれの会社に法がふさわしいと考える額の財産を出資させることによって、小規模かつ非公開的な株式会社の設立を廃し、無秩序な会社形態の選択を防ぎ、ルール化するという効果を企図したものであって、前述した「大小会社区分立法」に関する重要な手当ての一つであったものということができる。

他方、昭和61年試案においては、資本の額等の形式的な基準による会社類型の区分を指向せず、株式会社に関する規定中に小規模かつ非公開的な会社に適した規定を設けることによって、実質的に法律の形骸化を解消しようとする案も示され、これに関連して小規模かつ非公開的な株式会社に適した規律の見直しについても多くの提言が行われていた。しかし、平成2年の改正においては、現に弊害が指摘され、また、要望が極めて強かった設立手続や譲渡制限会社における新株発行手続の見直しは行われたものの、小規模かつ非公開的な株式会社に適した経営管理（運営）機構の実現等多くの改正事項の実現は見送られた。

ところが、平成2年の改正から10年以上が経過している現時点においても、依然として昭和59年問題点で指摘された、株式会社の実態と法規制との間の著しい乖離、法規制の形骸化といった状況はほとんど改善されていないといわれている。株式会社の約8割は資本額が1,000万円であり、株式会社全体の9割以上が資本額2,000万円以下である。そして、多くの株式会社においては、名目的な監査役だけでなく名目的な取締役も選任され、取締役会の監督の形骸化等の経営管理（運営）機構に関わる問題、決算公告義務や附属明細書の作成義務の形骸化等の問題も指摘されている。

また、このような問題に加え、平成9年の私的独占の禁止及び公正取引の確保に関する法律の改正による持株会社の解禁、平成11年の改正による株式交換・株式移転制度の創設、平成12年の改正による会社分割法制の整備が行われることを通じて、大規模な完全子会社が一般的に設立され、かつ、存在することになったことも、非公開的な会社を巡る法規制の在り方を検討しなければならない新たな状況を生じさせる要因となっている。すなわち、近年の大規模子会社は、株主が一人しか存せず、かつ、株主が増加することも想定されない会社であって、典型的な非公開的な株式会社であるが、その規模は、従来非公開的な会社として考えられてきた少数の株主により構成される小規模・非公開的な株式会社とは比較にならないほど大きく、このような会社につき、そ の規模のみに着目して公開的な会社を念頭に置いた大規模会社に係る規制と同様の規制を課すことは、実際上も不合理な場合が少なくないということである。

このような状況を踏まえ、平成13年・14年の一連の改正においては、前述の大規模子会社を含む非公開的な株式会社からの要望に応え、会社の規模の大小ではなく、株式の譲渡制限という株主の非公開性に着目して、株式会社の規制中主として株主間の利害を調整するために設けられている制度について、有限会社と同様の規律、具体的には、譲渡制限株式会社における授権株式数に関する規制の緩和、種類株式制度の見直し、譲渡制限株式会社における株主総会招集通知の発出期間の短縮の許容、株主総会の書面決議の許容等を認める改正が行われた。

試案では、このような会社類型、会社区分に関するこれまでの取組みとその結果、さらには近年の経済情勢を背景とした会社の組織及び運営に関する選択肢の拡大等を主たる内容とする各種の要望等を踏まえ、基本的に規模による会社類型の区分及び区分された会社類型に対する画一的な規制の適用という考え方をとらず、株式会社に課せられている各種の規制を当該規制が課せられるべき実質的な理由に着目して分類した上で、強行的に課すべき規制につき、会社の構成員に係る公開性・非公開性、会社の規模等により区別して規制を講ずる方向で検討する方針をとっている。

試案第4部・第1・1においては、株式会社に関する規制については、我が国の株式会社の多数が小規模かつ非公開的な株式会社であること、そうした株式会社において形骸化し、又は必ずしも合理性があるとはいえない法規制の多くが有限会社には課せられていないものであることを踏まえて、取締役の人数規制や取締役会の設置義務が課せられない有限会社型の機関設計の採用の許容（試案第4部・第1・2参照）その他非公開的な会社類型を念頭においた有限会社に関する規制の採用を認めるとともに、有限会社に関する規制については、社債の発行の許容その他株式会社にのみ設けられている制度の採用を認めることとする方向で検討を行うものとし、株式会社と有限会社との規律の一体化を図るものとしている。

なお、試案第4部・第2以降においては、規律の一体化を図るために必要と考えられる株式会社、有限会社のそれぞれの制度の調整に関する事項も記載している。この点については、次の5点についての留意が必要である。まず、第一に、試案第4部・第1・2において、譲渡制限株式会社が有限会社型の

機関設計を選択することを認めることとしており，このような機関設計を採用した会社には，試案第4部・第2以降に特に記載がない限り，機関設計以外の制度についても，有限会社と同様の制度が適用されることを前提にしている。第二に，第一と関連して，試案中有限会社の制度につき見直しを行うものについては，見直し後の制度が有限会社型の機関設計を採用した譲渡制限株式会社（「取締役会」が設置されない譲渡制限株式会社）にも適用されることである。第三に，第一及び第二の点を前提に，株式会社と有限会社とで制度が異なっているものについて，現行の区分を実質的に維持しようとするものについては，「取締役会」の設置の有無を基準に制度の適用を異なるものとすることを確認的に記載するとともに，区分の在り方の見直しや（例えば，譲渡制限を基準としようとするもの等），付随する論点について意見を照会するための記載をしているものがある（例えば，試案第4部・第3・7等参照）。第四に，両会社類型の規律の一体化に併せて，現在の規制区分を見直そうとするもの（例えば，取締役の任期規制や会計監査人の設置）については，直截に新たな基準又は規制体系を示すものもある。第五に，有限会社の資本制度（試案第4部・第2・4(3)参照），増資制度（試案第4部・第3・12(2)参照），社債制度（第4部・第6・1参照）等については，試案において，会社の選択肢を拡大するという観点等から，株式会社に相当する制度を採用する旨を記載しているが，株式交換・株式移転に相当する制度，株式分割・併合等に相当する規律等試案に記載のない制度についても，有限会社において採用することを認めるものもあることである。

ところで，昭和59年問題点においても指摘されていた点であるが，このように株式会社に関する規律と有限会社に関する規律との一体化を図ることとし，結果として両者の規律に差異がなくなることとなれば，株式会社と有限会社の両会社類型について，これらを一つの会社類型として規律することが考えられる。特に，試案第1部の補足説明で述べたように，今回の会社法制の現代化においては，商法第2編，有限会社法，商法特例法等の各規定について，これらを単行法（会社法（仮称））としてまとめ，分りやすく再編成することとしており，規律に差異がない二つの会社類型を同一の法典中に残すということについては，法制的な観点からはもちろんのこと，会社関係者に対する分りやすさという点からも難点があるといえよう。したがって，試案では，両会社類型を一つの会社類型として規律する方向で検討することとしている（（注）参照）。

なお，この場合において留意すべき点は，これまで有限会社として設立・運営されてきて不都合がない会社について，そのまま有限会社という字句を商号中に用いることができるようにすることや，登記手続等において過度の負担が生じないようにすることであり，これらの点について所要の経過措置を講ずること等によって対処する必要があると考えられる。

（注）　従来，我が国の会社の実態を表す用語として，「閉鎖」会社という概念が用いられている。これは，アメリカのclose corporationの訳語であり，その構成員の流動性に着目した用語である。もっとも，「閉鎖」という用語にはマイナスのイメージが強いため，この補足説明では，便宜上「非公開」「公開」という用語を用いることとしている。これらの用語がいわゆる「上場」「店頭登録」等をしているか否かを示す用語として用いられてはいない点に留意されたい。

2 譲渡制限株式会社における有限会社型機関設計の選択的採用

株式会社に関する規律と有限会社に関する規律との一体化を図るものとする場合において，その象徴的ともいえる取扱いが，株式会社について，現行の有限会社の機関に関する規律に相当する規律の選択を認めるものとすることである。これは，昭和61年試案で取り上げられたものの平成2年の改正では見送られた経営管理（運営）機構の改正事項の実現を図ろうとするものともいい得る。

問題は，現行の株式会社のうち，いかなる範囲のものについて，そのような有限会社型機関設計を許容するかであるが，試案では，「譲渡制限株式会社」について認めるものとしている。譲渡制限の有無は，商法上，「非公開」という構成員の流動性の有無を画する基準として適当であり，また，実態としても，多くの譲渡制限株式会社の実態は，有限会社と異なるところがないと考えられるからである。

なお，株式の譲渡制限制度については，試案において，一部の種類の株式についての譲渡制限の定めを許容することとしていることから（試案第4部・第3・1(3)①参照），発行する全部の種類の株式について，その譲渡につき承認を要する旨の定款の定めのある株式会社を「譲渡制限株式会社」と位置付けることとし，このような株式会社について，現行の有限会社の機関に関する規律に相当する規律の選択を認めるものとしている。一部の種類の株式について譲渡制限の定めがない場合には，なお構成員の流動性があると評価し得るとともに，「譲渡制限株式会社」であるか否かは，株式会社の法規制上，機関

設計の自由度が大幅に広がるという重要な意味をもつものであるため、明確性に優れた基準である必要があると考えられるからである。

ところで、譲渡制限株式会社であっても、大規模なものが存在し得るが、現行法では、商法特例法上の大会社に相当するものについては、会計監査人の設置が一律に強制され、機関設計に関しても、委員会等設置会社又は監査役会設置会社の選択しか認められていない。

このような大会社に関する機関設計の特別な取扱いについては、大規模な会社においてはその数が多くなると思われる債権者等の利害関係人の保護という別個の観点に基づくものであるため、試案では、原則として譲渡制限株式会社であっても、会計監査人の設置を強制するものとした上で、現行法が、会計監査人を設置する場合の機関設計として委員会等設置会社又は監査役会設置会社のいずれかの選択しか認めていない点に関し、それ以外の機関設計の在り方を認めることの適否について検討することとしている（試案第4部・第4・11(3)参照）。

第2 設立等関係

1 最低資本金制度

最低資本金制度は、会社債権者の保護を主たる目的とし、株式会社・有限会社における出資者有限責任を担保するための制度として、平成2年の改正により、株式会社につき新たに導入され、有限会社につきその額の引上げが図られたものである（商法168条ノ4、有限会社法9条参照）。

しかし、バブル経済崩壊後、経済・雇用情勢が低迷する中、近年、我が国においては、廃業率が開業率を上回る状態が続き、新たな事業の創出・雇用の受け皿の確保による経済活動の活性化を図るため、創業の支援が喫緊の課題となっており、最低資本金制度についても、株式会社・有限会社を設立する際の障害となり、企業の新規創業の妨げになっているという指摘が強まっているところである。

また、インターネットを通じたビジネスや、高い技術を持った大学発ベンチャーなどの少額の手持ち資金でも創業が比較的容易な事業などにおいて、会社設立の簡素化・容易化を図るためには現行の最低資本金制度の見直しを図るべきという要望も強い。

また、現行の最低資本金制度は、当時のEC第2指令（現EU第2指令）やヨーロッパ諸国における最低資本規制をモデルとしたものであるが、EUの会社法制の現代化に係る検討グループは昨年11月4日に報告書を取りまとめており、その報告書の中では、EU第2指令中の最低資本規制について、「当グループは、最低資本規制の唯一の機能は個人が気軽に（lightheartedly）公開的有限責任会社（public limited company）を設立することを思いとどまらせることにあるとの結論に至った。当グループは、現行の最低資本がその他のいかなる有用な機能を果たしているという確信を得られないが、他方、それが、企業活動の障害となっているとの証拠もない。おそらく、現行制度をより有効なものに改正するために最低資本について多くの時間を費やすことは賢明でなく、より重要な問題点に精力を傾けることが賢明である。最低資本規制は、廃止されるべきでないが、増額されるべきでもない。」（「Report of the High Level Group of Company Law Experts on a Modern Regulatory Framework for Company Law in Europe」82頁）との記載がされている。

また、フランスでは、有限会社についての最低資本規制を廃止する法案が本年8月に成立したところであって、ヨーロッパ諸国においても、経済の活性化、創業の促進という観点から最低資本規制の見直しについての取組みが議論されているところである。

そして、我が国においても、平成14年の臨時国会で成立した中小企業挑戦支援法においては、新事業創出促進法の改正により、商法・有限会社法の最低資本金制度の特例が設けられ、一定の条件の下、株式会社・有限会社の設立に際し、設立後5年間は最低資本金に関する規制が課せられないこととされたところである（同法10条以下参照）。この新事業創出促進法における特例制度の適用を受けて設立された会社は、本年10月3日現在で約5,200社であって、施行後1年間で10,000社を超える見込みであるともいわれている。さらに、昨今の構造改革特区に係る地方公共団体からの要望においても、最低資本金制度の廃止又は引下げの要望が非常に強く出され、実務界からは、創業の促進という観点のほかにも、効率的な企業集団の形成のための分社化の容易化という観点からも、最低資本金制度の撤廃の要望が出されているところである。

そもそも、最低資本金制度は、債権者保護という観点から導入されたものといわれているが（大小会社区分立法との関係については、試案第4部・第1・1の補足説明参照）、我が国がその参考としたヨーロッパ諸国の最低資本規制とは異なり、我が国の最低資本金制度を含む資本制度は、資本額に相当する財産を会社債権者のために維持するという制度にはなっていない。すなわち、我が国の制度は、会社を設立する場合又は資本を増加する場合において、一

定の財産の出資を要求するものであるが、事業により損失が生ずることによって会社の財産が資本に満たない額しかない場合であっても、解散や増資を義務付けることとはしていないため、会社の資本として計上すべき額を一定の額以上として規制したとしても、その額に相当する財産が会社に存在することを保障するものではない。部会においては、こうした点にかんがみ、最低資本金制度の見直しをするための前提として、ヨーロッパ諸国のような資本規制を行うかどうか、すなわち、現行法上採用されていない会社成立後の純資産額保有規制としての意味での資本規制を採用するかどうかについても検討された。しかし、会社成立後の簿価純資産額については、例えば、簿価上債務超過であっても将来のキャッシュ・フロー等を考慮すれば債務の弁済は可能であり、債権者を害するおそれがない場合もあることから、資本額を基準として、会社の保有すべき純資産額を規制する必要はないということについて特段の異論はなかった（試案第4部・第2・1(3)(注)参照）。

このように、我が国の最低資本金制度が、ヨーロッパ諸国とは異なり、会社の保有すべき財産の額を規制するものではないものとした場合には、会社の資本の額と債権者に対する責任財産として会社が保有する財産の額との間には、法的にも関係がないこととなる。したがって、その見直しの検討に当たっては、現行法において最低資本金に関する規制がどのような機能を有しているのかについて、債権者保護という抽象的な議論ではなく、より具体的な法規制との関係での再検討が必要があると考えられる。

試案では、最低資本金に関する規制には、次の三つの機能があるものと捉えた上で、それぞれの機能ごとに見直しの検討を行っている。

第一に、最低資本金に関する規制は、その引下げの要望が極めて強い設立時の出資額の下限額に関する規制という機能を有している（（前注）①参照）。

第二に、利益配当等を行う場合における純資産額規制という機能を有している（（前注）②参照）。商法290条1項は、配当可能額につき純資産額から資本の額を控除した範囲内で行うべきこととしているので、純資産額が最低資本金額に満たない場合には、会社は配当をすることができず、会社が配当するためには、少なくとも純資産額が最低資本金額以上でなければならないこととなる。

第三に、資本の額として表示し得る額の下限規制という機能を果たしている面がある（（前注）③参照）。

(1) 設立時における払込価額規制

設立時における出資の下限額に関する規制としての最低資本金制度については、新規創業の促進という現在の喫緊の課題の重要性にかんがみると、その撤廃又は一定の引下げの検討は不可避ともいえる。もっとも、この点に関しては、部会においても様々な意見が出され、一定の結論を得ることができなかったため、試案では、以下のような三つの案を掲げている。

a案は、株式会社について、現行の有限会社と同額の300万円とする案である。今回の会社法制の現代化においては、株式会社に関する規律について、有限会社に関する規律との一体化を図るものとしているため、その結果として仮に株式会社と有限会社の両会社類型について、一つの会社類型として規律することとなれば、a案で掲げるような内容の引下げについては特段の異論はないものと思われる。

b案は、最低資本金に関する規制は維持するものの、a案の300万円よりもさらに引き下げた額とする案である。試案では、100万円という金額や、有限会社の最低資本金額が、かつて10万円とされていたことにかんがみ、10万円という金額が具体的に例示されている。

c案は、最低資本金に関する規制を撤廃する案であり、前述の新事業創出促進法の特例制度を一般化する意義を持つこととなる。同法の特例制度においては、実際にも、資本金を1円とする形で設立された会社が相当数存在するところである。

ところで、試案では、最低資本金に関する規制が有する3つの機能のうち、後述するとおり、剰余金分配規制については設立時の払込価額規制とは関係のない規制として整理し（(2)参照）、表示規制についてはこれを廃止する（(3)参照）こととしている。このため、上記a案からc案までの各案については、新たに出資者が有限責任となる会社を設立して、事業を行おうとする場合において、一定金額以上の財産を準備しなければ会社の設立を認めないものとするかどうかという、準則主義の下で有限責任を享受し得る会社の設立の許容基準の在り方という観点から検討することとなる。

そして、この点に関しては、前述したとおり、ヨーロッパ諸国でも最低資本規制の唯一の機能は会社設立に係る規制であるという認識・評価がされており、フランスにおいては新規創業の促進等の観点から有限会社についての規制が廃止され、我が国においても、現に会社を設立しようと考えている者を中心として、新規創業の促進、雇用の受け皿という観点から、相当額の資金を用意できない者に対して会社の設立を困難とする制度は廃止すべきであるという意見・要望が出され、限定的

に特例が認められているところである。そして，部会においても，設立に際して必要とされる資金の額は，事業の性格や関係者の求める信用力によって様々であるし，小規模な会社においては，設立時に一定財産を拠出させることが債権者の保護にとってそれほど重要な意義を果たしていないという意見も出され，設立時の規制を設けない案（ｃ案）を支持する意見が出されたところである。

他方，最低資本金に関する規制を廃止し，又は引き下げることについては，詐欺的な会社設立を防ぎ，不法行為債権者等の会社債権者を保護するために，会社を設立する際には一定の財産を出資させるべきである，平成２年に引き上げたものを拙速に見直すべきではないなどとして反対する意見も出されている。（注）では，ｂ案及びｃ案について，部会におけるこのような意見を踏まえ，設立の健全化という観点を重視し，法人格濫用を防止するため，これらの案を採用した場合には，例えば会社の不法行為に関する会社関係者の責任の強化等の措置を講ずるかどうかについて，なお検討するものとしている。

(2) 剰余金分配規制

剰余金分配規制は，株主よりも弁済順位が優先する会社債権者に一定額の財産を残しておかなければ，株主が会社財産の払戻しを受けることはできないとする趣旨の規制であるから，資本の額と会社財産の額との関係が切れている我が国の商法においては，資本の額を用いるよりも，端的に一定の純資産額が現実に確保されなければ利益配当等を不可とする措置を講ずる方が合理的であるといえる。

そして，このような株主と債権者との利害調整のための制度は，最低資本金制度を採用しない国の会社法制にもみられるものであり，これが一定の機能を果たしていると評価することができるため，(1)における設立時における払込価額規制の在り方とは別に，純資産額が一定の金額未満の場合には，剰余金があっても分配することができないものとする措置を講ずることが適当であると考えられる。

試案では，その一定の金額として，300万円を例示している。

(3) 表示規制

我が国の商法においては，前述したとおり，その保有する純資産額が資本の額に満たない会社の存続も認められているが，現行法では，仮に会社が最低資本金額に相当する財産を保有していない場合であっても，最低資本金額よりも低額には資本の額を減少してはならないこととされている。

しかし，資本の額が会社の規模を示す基準の一つとしての機能を有しているほか，資本の額と現に保有する会社財産の額との関係についての社会一般の期待感があるとすれば，現に保有する会社財産の額が資本の額に満たないような場合において，法律で解散や増資義務を課さないにもかかわらず，資本の額を一定額以上として表示し続けなければならないとする規制の在り方は，必ずしも合理性があるとはいえないところである。

試案では，(1)においてａ案又はｂ案を採用する場合であっても，会社成立後に資本として表示することができる額については，下限規制を設けないものとしている。

2 払込取扱機関

現行法では，株式の払込みについて，銀行又は信託会社による払込金の保管証明をしなければならないこととされている（商法189条，有限会社法12条３項）。

しかし，払込金保管証明については，新たに会社を設立しようとする場合に銀行等による取扱いにある程度の時間を要する等の実務上の事情があり，設立に時間を要する一つの要因となっているという指摘がされている。また，そもそも払込金については，払込みが行われたことが証明されれば足りるものと考えられる。

試案では，払込みがあることの証明手段について，残高証明等によれば足りるものとしている。

（注１）は，商法189条を準用しているその他の場面についても，同様の取扱いをしようとするものである（商法280条ノ14第１項，280条ノ37第４項，有限会社法57条参照）。

このような改正を行うことにより，払込みが一定の時期に行われたことが証明されれば足りることになるので，設立の日までその金銭を使用できないという規制もなくなることになる（最判昭和37年３月２日・民集16巻３号423頁参照）。

試案では，銀行又は信託会社以外に払込取扱機関の範囲を拡大するかどうかについてなお検討することとしているが（(注２)参照），部会においては，その候補として，例えば，郵政公社などを挙げる意見がみられた。

3 募集設立

現行法では，株式会社の設立手続として，発起設立（商法169条から173条ノ２まで）と募集設立（商法174条から187条まで）という２つの設立手続が設けられている。

発起設立は、平成2年の改正前は、株式の払込み及び現物出資の給付の有無についての検査役の調査が要求されていたこともあり、ほとんど利用されていなかったが、平成2年の改正によりこれらの検査役の調査が廃止されたため、改正以降は、発起設立が設立手続の大半を占め、株式の募集手続、創立総会等特別の手続を要する募集設立の利用が減少している。

　また、試案第4部・第1・1に掲げたとおり、募集設立に相当する設立手続がない有限会社と株式会社の規律を一体化するに当たり、両者の差異をどのように調整するかが問題となる。

　さらに、発起設立と募集設立という二つの設立手続に関する規定が設けられているため、株式会社の設立手続は極めて複雑で分かりにくい規定となっている。

　試案では、募集設立に対する利用のニーズが減少していること、会社法制の現代化に当たり規定の簡素化・明瞭化を図るべきであること等の点を踏まえ、募集設立という方法を廃止し、発起設立という方法に一元化することとしている。

　なお、募集設立を利用するニーズの主なものとして、設立手続における発起人と株式引受人との責任・義務・地位等の違いから、設立時点での株式会社に対する資金提供者とはなるものの、発起人としての責任を負わないことを望む者が存在するという指摘があるが、部会においては、このようなニーズに対しては、設立と同時に株式の譲渡を行うことにより対応が可能ではないかという意見が出された。また、部会においては、募集設立の場合には、創立総会の決議による定款の変更が認められている（商法187条）が、発起設立の場合には、設立手続中に定款を変更した場合には、再度定款の認証（商法167条）が必要となるという実務上の問題も指摘されたところである。試案では、実務上のニーズを踏まえて発起設立の設立手続につき見直すべき点があるかどうかについて、なお検討することとしている（(注)参照）。

　以上のほか、設立手続に関しては、有限会社との規律の一体化を図るという観点から、株式会社において原始定款により取締役等を選任した場合の規定を明確化し（有限会社法11条1項参照）、有限会社において定款に定めがない場合における取締役の選任と払込みとの順序（有限会社法11条、12条参照）を株式会社と同様のものとする等の整備を行うことが考えられる。

4　設立時の定款記載事項
(1)　株式会社の設立時の定款記載事項

　昭和25年の改正以降、株式会社においては、資本と株式との関係は原則として切り離され、その後も資本組入れに関する昭和56年の改正、額面株式制度を廃止した平成13年の改正を経て、現行商法では、資本と株式とは全く関連性のないものとなっている。

　試案では、株式の消却（試案第4部・第3・6参照）、資本の組入れ（試案第4部・第5・2(1)参照）等、現行商法の規定中、資本と株式との関係を前提としなければその制度の合理性を説明することができない制度について、原則として、それぞれ独立した制度としてもその合理性を説明し得るような制度とするための見直しを行うこととしている。

　試案は、このような観点から、設立時の定款記載事項について見直しを行おうとするものである。具体的には、「会社の設立に際して発行する株式の総数」を定款の絶対的記載事項としている商法166条1項6号について、出資者の有限責任を保障するために会社の設立要件を設立時の金銭その他の財産の出資があることとしている現行商法の制度を前提とするならば、定款で定めるべき事項は、出資とは直接関係のない株式の数よりも、「会社の設立に際して出資すべき額」とすることが適当であると考えられることから、このように改めようとするものである。

(2)　発起人の引き受ける株式に関する事項

　現行法では、会社が設立に際して発行する株式について、その株式の種類及び数等は、定款又は発起人全員の同意をもって定めることとされているが（商法168条ノ2）、発起人への株式の割当ての方法については特に規定がなく、発起人は書面又は電磁的方法により株式の引受けをしなければならない旨の規定が存在するのみである（商法169条）。実務では、定款に各発起人に割り当てられる株式の数を記載し、これに各発起人が署名することにより、株式の引受けが行われることが多いといわれている。

　試案第4部・第2・4(1)のように定款記載事項を見直すこととした場合には、定款作成時には株式の総数を決める必要がなくなることから、各発起人に割り当てる株式の数も、定款に記載することなく、発起人全員の同意によって定めることを可能とすることが望ましいと考えられる。

　試案では、各発起人に割り当てる株式に関する事項についても、現行の商法168条ノ2に掲げられて

る事項と同様、定款又は発起人全員の同意をもって定めることを認めることとしている。
　このように、株式の割当て等について、定款作成後発起人の合意により定めることを認めることとすることから、「会社が発行する株式の総数」についても株式の引受後設立前に発起人全員の同意をもって定めることを認めることとしている（（注）参照）。
　なお、これに伴い、株式数を基準に担保責任を定める商法192条等についても所要の整備を行うこととなる。

(3) 有限会社の定款記載事項
　現行法では、有限会社については、株式会社と異なり、出資口と資本とが連動する制度とされている。しかし、株式会社について、(1)で述べたとおり、資本と株式の関係については切り離す方向での改正がされてきており、同様の構造を有する有限会社についても、同じ考え方が妥当するものと考えられる。
　試案では、有限会社の資本と出資口の関係についても、株式会社の資本と株式との関係と同様の制度とする方向で整理を行うこととしている。
　①は、有限会社においても、株式会社と同様の資本制度、持分制度を採用し、資本の増加及び減少、出資口の分割、併合及び消却等につき株式会社と同様の手続等に関する規定を適用するため、資本の総額を定款記載事項とする現行制度を改めることとしている。また、額面制度に相当する「出資一口の金額」についても定款記載事項から削除し、廃止することとしている（有限会社法6条1項3号及び4号参照）。
　　（注1）は、株式会社と同様の資本の組入れ規定を採用することを明らかにしている（商法284条ノ2参照）。
　　（注2）は、現行法は自己持分の消却が資本の減少及び定款変更を伴うことを前提としているところ、有限会社について株式会社と同様の資本制度を採用する場合においては、持分の消却に関しても株式会社と同様の取扱い（商法212条）をすることを明らかにしている（有限会社法23条ノ3参照）。
　②は、設立手続について、株式会社の(2)で述べたと同様の見直しを行うという観点からの措置である（有限会社法6条1項6号参照）。

5　事後設立
(1) 検査役の調査
　会社成立後2年以内に資本の5パーセント以上に当たる対価をもって会社成立前から存在する営業用の財産を取得する事後設立の場合には、取得する財産の価額の評価が適切であることについて裁判所が選任する検査役の調査を受けなければならないこととされている（商法246条、有限会社法40条3項及び4項）。平成14年の改正により弁護士等の専門家による証明制度が導入されたものの、事後設立に係る検査役の制度については、証明制度の導入によっては事後設立制度が抱える問題は解消されず、そもそもこれを不要とすべきであるという意見が強い。
　事後設立に係る検査役の調査の問題点としては、調査コストとスケジュール等検査役調査一般について指摘される問題に加え、事後設立が会社成立後の一般的な取引を対象とする規制であるため、一旦売買等の交渉により成立した結果を更に事情を知らない検査役や専門家に調査させるのは合理的でないこと、会社成立後2年内には大規模な設備投資や物品購入を原則として禁止するような効果を生じさせるため事業の運営に著しい障害となること等の問題点が指摘されているほか、この規制を回避するために、売買契約等を分割して行うこと、賃貸借等を活用すること、あえて財産状態に問題がある可能性も否定できない会社成立後相当程度期間の経過した休眠会社等を買い取り、これを受け皿会社とすること等の実務上の工夫が行われているともいわれている。
　事後設立に係る検査役の調査は、平成2年の改正において、資本充実の観点から会社が取得する財産価格の適正性を確保するとの目的で導入されたものであるが、一般の取引によって会社財産が害されることは設立年数とは関係なく常に起きる問題であり、会社が事業活動に伴い取得する財産の価格の適正性の判断は、取締役等が会社の業務を行う上で最も基本的な判断であり、善管注意義務の範囲内で行われるべき事項であるといえる。仮に、取締役にはこのような評価が適切にできないことを前提に、会社の事情を知らないおそれもある第三者に価格を調査させることの必要性を説くのであれば、取締役が会社の業務を執行することは不可能となりかねない。また、設立後間もない時期は、利害関係人が少ないため、価格評価の適正性が確保されないおそれがあるという指摘がされる場合もあるが、利害関係人が多いか少ないかは、そもそも程度問題であって、設立年数とは関係がなく、また取締役等が取引価格の適正性に関して負っている義務については前述のとおりであるから、前述のような実務上の問題を惹起して

まで一律の規制を講ずる理由としては必ずしも十分ではない。

試案では、前述のとおり、事後設立に係る検査役の調査については、その制度自体を維持する合理性は乏しく、他方で、本規制により、事業の運営に障害が発生すること、実務において本規制回避のための種々の非合理な努力がなされていること等にかんがみて、事後設立に関する検査役の調査制度を廃止することとしている。

(2) 事後設立規制の適用範囲

①は、現物出資・財産引受けに課せられる厳重な規制を会社成立後にも及ぼそうとする現行規制の趣旨を、会社成立後の財産の買受けが一般的に取締役会又は代表取締役の権限として行われることとの調整を図るという観点から、規制が課せられる財産の取得の規模を、会社の基礎的な事項の変更に当たるが故に株主総会の決議を要するものとされる営業譲受けに関する規模に関する基準に合わせることとしている(商法245条1項3号、245条ノ5及び試案第4部・第7・2(1)参照)。

②は、事後設立につき株主総会の決議を要するものとしている規制の趣旨が、現物出資・財産引受けに課せられる厳重な規制を会社成立後にも及ぼすという点にあることにかんがみ、そのような事情が存しない組織再編行為により設立された会社については規制が課せられないことを明確化するものとしている。

6 現物出資・財産引受け

(1) 検査役の調査を要しない場合

① 少額特例

現行法では、会社設立時の現物出資・財産引受けについては、「資本の5分の1」かつ「500万円」を超えない場合に限り、検査役の調査を要しないものとされている(商法173条ノ2第1号及び有限会社法12条ノ2第2項)。しかし、少額特例の趣旨は、瑕疵があっても事後的なてん補責任で賄える程度のものであれば検査役の調査を要するまでもないことによるものであるところ、資本が小さい会社(現行法では、2,500万円以下)の取締役等であるからといって、てん補責任で賄える限度が変化すると考えるべき必然性は存しない。試案では、一律、一定金額(例えば「500万円」)以下の現物出資等には検査役調査を要しないこととしている。

なお、(注)では、「500万円」という額の要件については、設立時の払込価額規制の在り方との関係を含めて、なお検討することとしている

(試案第4部・第2・1(1)参照)。

これに関連して、部会においては、設立時の払込金額を引き下げることとするのであれば、設立時の「現物出資」や「財産引受け」を認める必要性も乏しいのではないか、また、設立時の払込金額の最低額については金銭出資のみを認めることとすべきではないかという意見も出された。

② 市場価格のある有価証券

現物出資・財産引受けに係る財産につき公正な価額が付されており、当該価額以下で出資等がされる限りは、評価の適正性に関し特段の問題は生じないものといえる。

試案では、このような観点から「市場価格のある」有価証券についても検査役の調査を要しないものとしている(商法173条ノ2第2号、280条ノ8第2項、有限会社法12条ノ2第3項、52条ノ3第2項参照)。

③ 会社に対する金銭債権

会社に対する金銭債権の現物出資は、平成2年の改正により導入・額の引上げがされた最低資本金制度に対応するため、中小会社のオーナーが会社に対して有する金銭債権を会社に対して出資することを認めたことから、一般的に許容されるようになり、近年では、会社の有利子負債の圧縮等、財務内容の再構築の手段としても利用されるようになっているが、会社に対する金銭債権の現物出資については、当該金銭債権をどのように評価するかについて説が分かれている。

試案では、少なくとも履行期が到来している金銭債権であれば、会社が弁済しなければならない価額は確定しており、評価の適正性に関し特段の問題は生じないことから、その債権額以下で出資をする場合には、検査役の調査を要しないものとしている。

ちなみに、現物出資の目的である金銭債権につき検査役の調査が義務付けられた場合には、その調査の結果、仮に、評価額が低く見積もられたとしても、当該評価額と債権額との差額は、直ちに利益となり配当可能なものとして株主に払い戻され得ることになる。試案は、このような、あえて費用をかけて検査役の調査をし、評価を見直したとしても、債権額の全額を資本又は資本準備金に充てた場合に比べて、債権者保護手続を経ずに処分できる財源を増やす効果となり、債権者にとっては不利益になるという効果を生じさせるのではないかという指摘にも対応しようとするものである。

(注1)は、相殺禁止に関する規定(商法200

条2項,有限会社法57条)についてその趣旨を明らかにする改正をすることを掲げている。このことと,金銭債権の現物出資との関係について検討すると,会社に対する金銭債権の現物出資を検査役の調査を経ずに認める実質的な趣旨については,次のように整理することができる。

第一に,一旦金銭で弁済して,再度同額を出資すれば金銭債権の現物出資と同様の効果が認められるが,債権者が出資しないというリスク等を負担しなければならず,また,他の債権者との関係でも望ましくない。

第二に,現物出資の目的となる金銭債権の債権者は,現物出資により株主というより弁済順位の低い資金提供者へとその地位を後退させるのであるから,他の債権者及び将来の債権者にとっては有利な行為である。

このように,会社が現物出資に同意している限り,金銭債権の現物出資によって,会社及びその債権者が害されることはない。そうではなく,(注1)に掲げたように,会社が金銭で払い込むべき,すなわち現実の払込みを行うべきものと定めたときに,引受人がその有する会社に対する債権を自働債権として相殺することを禁止するところに相殺禁止の規定の意義があるといえる。

なお,債権がそもそも不存在の場合には,このような取扱いが認められないので,これを証するための手当については,なお検討することとしている((注2)参照)。

(2) 現物出資等に関する関係者の責任

現行法では,現物出資等の財産価格てん補責任について,株式会社の発起人・取締役に無過失責任を課している(商法192条ノ2第1項,280条ノ13ノ2第1項)。この責任は,いわゆる"資本充実責任"に基づくものであるといわれるものである。そして,この責任の実質は,会社が金銭以外の財産を取得するときに支払った対価が,当該財産の価格よりも高すぎるという点にあり,この点が会社債権者を害するためと考えられている。

ところで,現行法では,会社が金銭をもって財産を取得する場合には,対価が不相当であっても,取締役に課せられるのは,一般の任務懈怠責任である。そして,金銭をもって財産を取得する場合には,不相当に支払った対価相当分の財産が現に流出し,結果として債権者の追及できる財産も減少するという事態が生ずる。これに対し,対価が株式である場合には,会社の財産は流出せず,むしろ当該出資された財産の実質的な価値が零でない限り少なくともその価額相当の財産が

増加し,また,その増加する財産の相手勘定は資本又は資本準備金とされていることから,ただちに配当財源には組み入れられない。仮に,当該財産につき適切な評価替えが行われ,帳簿上の価額を減少したときは,当該減少分に相当する利益を上げない限り株主に配当することはできないことなどから,財産価格を不当に高く評価したとしても,直ちに債権者を害するような状態は生じない(我が国の会社法制における資本と会社財産の関係及びこれを踏まえた資本等の額の機能につき試案第4部・第5・2の補足説明参照)。

このように,ある財産を会社が取得する場合においては,対価が株式である場合よりも金銭である場合の方が債権者に与える悪影響は大きいところ,この点に着目して,部会においても,例えば,株式交換の対価を柔軟化した場合には,完全親会社となる会社の株式以外のものを対価として交付することとなると債権者を害するおそれがあるとの観点から,債権者保護手続を要求すべきという意見も出されたところである(試案第4部・第7・1(注2)参照)。

したがって,現物出資等に係るてん補責任を対債権者との関係での責任として捉える場合には,一般の任務懈怠責任よりも責任を加重しなければならない必然的な理由は乏しいといえる。

他方,現物出資により株式を発行する場合には,引受人は当該株式の発行価額相当分の財産を払い込む義務を負い,取締役はこの義務が適切に履行されるよう努めなければならない。そして,一定の価値の株式に対して,当該価値に満たない財産しか出資がされないとすれば,他の株主との関係では,当該引受人に対して有利な条件で発行した場合と同様の利害状況が生ずる。この場合の取締役の義務違反,すなわち他の株主との平等という観点から引受人に適切な払込みをさせるべき義務に反する点で,責任の問題が生ずる。

以上の点から,試案では,一般の任務懈怠責任等との平仄も踏まえ,現物出資者等を除く発起人・取締役の現物出資等に関するてん補責任を,現行の無過失責任から過失責任化することとし,その任務を怠らなかったことについては,発起人・取締役に立証責任を負わせることとしている。

(注1)は,会社成立後の新株発行において,善意・無過失の現物出資者がてん補責任を負わされる場合について出資の取消権を認めるかどうかについては,なお検討することとしている。無過失責任を負う現物出資者について,出資の取消権を与えることにより,過酷な事態からの回避の機会

を保障するかどうかについての検討を行うこととするものである。
　（注2）は，有限会社についても，同様の措置を講ずることを明らかにしている（有限会社法14条1項，54条1項）。

第3　株式・持分関係

1　株式等の譲渡制限制度
(1) 株主・社員間の譲渡に係る取扱い
　株式会社においては，株式は原則として自由に譲渡することができるとされているが（商法204条1項本文），株主の人的関係を重視する株式会社が多数存在する実態にかんがみ，定款の定めにより株式の譲渡につき取締役会の承認を要する旨を定めることができるとされている（商法204条1項ただし書）。他方，有限会社においては，社員間の持分の譲渡は自由であるが，社員以外の者に持分を譲渡する場合には社員総会の承認を要することとされている（有限会社法19条1項，2項）。このように，株式会社における譲渡制限制度は株主間の譲渡であっても承認を要するものとしているのに対し，有限会社における譲渡制限制度は社員間の譲渡については承認を要しないものとしている点において両制度は異なっている。
　有限会社の社員間の人的関係と譲渡制限株式会社の株主間の人的関係とを比較すると，有限会社の方がより緊密である場合もあり，株式会社の譲渡制限制度の方が厳格であることについては，均衡を失するという指摘がある。また，有限会社においても，譲渡制限株式会社と同様，新たに社員となる者が誰かということに加えて，社員間の持分割合の変動も重要な社員の関心事項であることにかんがみ，有限会社の社員間の持分譲渡についても会社の承認を要することを原則とすることが合理的ではないかという意見がある。
　試案の①は，このような考え方から，有限会社における社員間の持分の譲渡については，株式会社の株式と同様，会社の承認を要することを原則としようとするものである。また，株式会社においても，現行の有限会社の譲渡制限制度と同様，株主間の持分割合の変動に留まる株主間の株式の譲渡については，会社の承認を不要とする扱いも可能としたほうが，会社の実態に合った譲渡制限制度を採用することが可能であり，便宜であると考えられる。試案の②では，このような考え方及び有限会社についても現行の制度を実質的に維持す

る観点から，定款をもって株主又は社員（①を前提とする）間の譲渡につき承認を要しない旨を定めることができるものとすることとしている。

(2) 譲渡制限に係る定款記載事項
　現行法の譲渡制限制度については，条文の文言上定款にどのような定めを設けることができるかが定かではなく，定款の記載によりどの程度自由な制度設計ができるかが不明確であり，実務上は，投下資本の回収の確保の見地から硬直的な解釈もなされている一方，先買権者をあらかじめ定款で指定すること，承認機関を株主総会にすること等については定款で定めることが可能であるとの解釈もなされているところである。試案は，現代化に当たり，柔軟な譲渡制限制度を採用することが認められることを明らかにするという趣旨から，譲渡制限制度につき定款で定め得る事項を明確化する等の措置を講ずるものとし，具体的に，①から④までの提案を行うものである。
　①は，特定の属性を有する者に対する譲渡については，定款の定めにより，承認権限を代表取締役等に委任し，又は承認を要しないこととすることを提案するものである。
　現行法においても，特定の者を譲受人とする譲渡の承認請求については取締役会の承認を要するものとするが，それ以外の者を譲受人とする譲渡の承認請求については取締役会があらかじめ一般的・包括的に代表取締役等に対して承認権限を委譲し，株主からの請求に適宜対処すべき旨の決議をし，この決議に基づき代表取締役等が譲渡承認を行うことも可能であると解されており，また，これを定款に記載することも可能であるとの解釈もあるところである。譲渡制限制度は，会社にとって好ましくない者が株主又は社員となることを防ぐため，株主又は社員になる者を取締役会又は社員総会において決定するという制度であることから，そのような趣旨に反しない一定の属性を有する者を譲受人とする譲渡については，常にこれを承認し（すなわち，具体的な会社の承認を要しない。），又はその承認権限を代表取締役等に委任するという取扱いをすることを，株主又は社員が定款をもって定めることにも合理性があると考えられる。
　試案は，このような観点から，定款の定めにより，特定の属性を有する者に対する譲渡については承認権限を代表取締役等に委任し，又は承認を要しないこととすることを許容しようとするものである。
　②は，相続や合併等，譲渡以外の事由による株

式・持分の移転についても、定款の定めにより、会社の承認を要するものの対象とすることを認めようとするものである。現行の譲渡制限制度においては、株式・持分が譲渡によって移転する場合のみを承認の対象としており、譲渡以外の事由による移転・持分の移転については譲渡承認の対象とすることはできず、相続や合併については包括承継により当然に移転するものとされている。しかし、相続や合併による株式・持分の移転であっても、会社にとって好ましくない者が株主・社員になるおそれがあることは譲渡による移転の場合と異なるところはなく、譲渡制限制度の趣旨からはこのような場合についても会社の承認を要するものとすることを可能とすべきではないかという意見があるところである。②は、このような意見を踏まえ、相続や合併等、譲渡以外の事由による株式・持分の移転であっても、定款の定めにより会社の承認を要することを認める規定を新設しようとするものである。

③は、会社が譲渡を承認しない場合において、先買権者の指定の請求があったときの先買権者をあらかじめ定款において指定しておくことができることを明確化するものである。現行法では、先買権者の指定の請求があった場合の先買権者については、株式会社にあっては取締役会、有限会社にあっては社員総会が、それぞれ決定することとされている（商法204条ノ2第5項・有限会社法19条5項）。現行法では、定款であらかじめ先買権者を指定しておくことができるかどうかは必ずしも明らかではないが、取締役会の決議であらかじめ特定の者を先買権者として指定することは許されると解され、その取扱いを定款に定めておくことができるとの解釈もあり得るところである。また、定款であらかじめ特定の者を先買権者として定めておくことについての実務上の要請があるという指摘もある。③は、このような観点から、定款で先買権者をあらかじめ定めることができることを明確化しようとするものである。

④は、株式会社において承認機関を株主総会とする旨を定款で定め得ることを明確化しようとするものである。株式会社における株式の譲渡についての承認機関は取締役会と定められており（商法204条1項ただし書）、承認機関を定款で株主総会とすることが認められるかどうかについては、株主総会の招集通知の発出時期との関係もあり、現行法は、株主総会を承認機関とすることは想定していないとの考え方も有力である。しかし、実質的には、株主を誰にするかについては株主自身が決定することにも合理性があり、現行法でも、株主総会が承認機関とすることができるとの解釈もされているところである（商法230条ノ10参照）。この点に関しては、平成14年の改正により、譲渡制限株式会社の株主総会の招集通知の発出期間を短縮することが認められたことにより、法制上の障害はなくなっていることも指摘することができる。④は、このような観点から、定款の定めにより、株式会社における株式の譲渡についての承認機関を株主総会とすることができる旨を法律上明確化しようとするものである。

(3) 一部の種類の株式についての譲渡制限の定め
① 譲渡制限種類株式

現行法では、株式の譲渡制限制度は、会社としてその株式の譲渡に制限をかけるかどうかという会社自身の性質を決する制度として規定されており（商法348条参照）、会社が複数の種類の株式を発行している場合にその一部の株式のみに譲渡制限をかけること、株式の内容等の一部として譲渡制限をかけることは想定されていない。

しかし、例えば、普通株式については市場において取引が行われているが、優先株式についてはその譲渡を制限したいなど、ある種類の株式についてのみ譲渡を制限することについての実務上の要請があるという指摘がされている。特に、平成13年の第128号改正により、種類株式の内容をより柔軟に定めることが認められるようになったことに伴い、このような要請が強まることが予想されるところである。

試案では、定款をもって、一部の種類の株式の譲渡についてのみ承認を要することを定めることを認めることとしている。

なお、これに関連して、いわゆる「譲渡制限株式会社」について異なる規律をしている商法上の規定について、このような株式の種類ごとの制限を設けることを許容した場合にどのように取り扱うかが問題となるが、これについては、試案では発行する全部の種類の株式についてその譲渡につき承認を要する旨の定款の定めのある株式会社を「譲渡制限株式会社」と位置付けることとしている（試案第4部・第1・2の補足説明参照）。

また、現行法では、譲渡制限株式会社については、新株発行手続につき特別の規定が設けられているが、一部の種類の株式について譲渡制限の定めがある場合についても、当該種類株式の株主間の利害関係の調整を図るために、新株発行手続について特別の手続を設ける必要があると考えられる。試案では、一部の種類の株式について譲渡制

限の定めがある会社の新株発行手続については，原則として，現行の譲渡制限の定めのない場合と同様，取締役会の決議で足りるものとし，各種類の株主の保護は拒否権の設定（商法222条9項参照）によることとして特段の保護の手続を要しないこととするが，発行される株式が譲渡制限種類株式である場合には，当該種類株式の株主に株式数に応じて割り当てるときを除き，当該種類株式に係る種類株主総会の決議を要することとしている（（注）参照）。これは，譲渡制限の定めがある種類株式の株主間においては，現行の譲渡制限株式会社の株主間の関係と同様，その種類株式の株主にどのような者がなるかという点及び当該種類株式の保有割合の変動についての利害関係を有すると考えられるため，種類株主総会の決議を要することとしたものである。

他方，発行される種類株式が譲渡制限種類株式以外の株式である場合に，前述のとおり，特段の保護手続を設けないものとしている理由は次のとおりである。すなわち，この場合には，譲渡制限の定めがない他の種類株式が定款で定められている以上，その株主が変動することは前提とされており，類型的に不利益が及ぶとも考えにくいこと，当該他の種類株式の株式数の増加により譲渡制限種類株式の株主の株式全体に対する持分割合が減少することとなるのは，各種類の株式につき譲渡制限の定めがあるかどうかにかかわらず，複数の種類株式を発行している会社に共通の問題であって，他の種類株式の発行による会社全体に対する持分割合の低下を特に保護したい場合には，拒否権の設定をすることにより対応することとしている現行法の考え方と整合的であること，仮に譲渡制限種類株主の保護手続を強行的に設けるとすると，本来譲渡制限株式会社ではない会社における円滑な資金調達の障害にもなり得ること等にかんがみたものである。

② **種類株式発行後の譲渡制限の定め方**

現行法では，定款に譲渡制限の定めがない会社が譲渡制限の定めを設ける場合には，商法348条により株主総会の特殊決議を必要とし，反対する株主には買取請求権が与えられている（商法349条）。また，行使することができる新株予約権（新株予約権付社債に付されたものを含む。）を発行している場合には，そもそも譲渡制限の定めをすることはできないこととされている。これらの点について，株式の種類ごとに譲渡制限を定めることを許容した場合にどのような規律とすべきかが問題となる。

試案では，種類株式について譲渡制限の定めを設ける場合には，定款変更のための株主総会の特別決議のほか，当該定めを設けることにより影響を受ける種類株主の総会の特殊決議を要するものとし，これに反対する種類株主につき株式買取請求権を認めることとしている。この場合，譲渡制限の定めを設ける種類株式の株主に加え，当該種類株式に転換する転換予約権付株式又は強制転換条項付株式の株主にとっても，転換されるべき株式が譲渡制限となることについて影響があるため，当該株式に係る種類株主総会の特殊決議を要するものとしている。また，それらの株式を目的とする新株予約権（新株予約権付社債に付されているものを含む。）を発行している場合には，現行法では，行使することができる新株予約権がある場合には譲渡制限の定めを設けることはできないこととされているが，その発行が障害となって譲渡制限種類株式を導入できないこととならないよう，当該新株予約権を有する新株予約権者に買取請求権を与えることにより，譲渡制限制度を導入することを可能としようとしている（（注2）参照）。

なお，種類株主総会の決議として特殊決議を要するものとするという点については，譲渡制限種類株式であっても先買権者の指定を請求することができることを考慮すると，投下資本の回収を著しく困難にさせるものではなく，また，上場廃止その他の事由により株式の流通が事実上なくなった株式を想定すると，譲渡による投下資本の回収が困難な株式の特質に応じた換価手段，新株発行手続が定められている譲渡制限種類株式とするほうが望ましい場合も考えられ，現行法のように，過去に上場されていた等の事情により株式が点在している場合には事実上設定が不可能となる特殊決議を要求する必要はないという指摘もあるところであり，なお検討することとしている（（注1）参照）。また，部会においては，有限会社の社員総会の特別決議の要件につき，試案第4部・第4・1(7) a のような見直しをする場合（すなわち，有限会社の社員総会の特別決議の要件を，原則として株主総会の特別決議の要件と同様とすることとする場合）には，有限会社の特別決議の要件に相当する要件となっている株主総会の特殊決議の要件についても検討する必要があるという意見があった。

(4) 取得者からの承認手続と名義書換手続

現行法では，譲渡制限の定めがある株式を譲り受けた者からの譲渡承認請求手続と名義書換請求手続とは連動していない。このため，譲渡制限の定

めがある株式を譲り受けた者からの請求により会社が当該譲渡を承認したとしても、名義書換請求がされず、名義書換えがされない場合には、会社は譲渡の承認をしたにもかかわらず、旧株主を株主として扱うこととなる。

試案では、取得者からの承認請求に係る手続と名義書換請求に係る手続とを融合させ、この点につき手当てをすることとしている。すなわち、譲渡につき会社の承認を要する株式・持分の取得者から会社に対して承認を請求する手続は、名義書換請求手続のために要求される手続と同様のものとし、承認なく株式を取得した者からの名義書換請求については、会社はその取得を承認せず名義書換を拒むことができるものとし、承認を拒否された取得者は、会社に対し、先買権者の指定を請求することができるものとしている。

なお、先買権者の指定等株主としての投下資本の回収機会も与えられる資格を有する者（すなわち、真の株式の権利者）かどうかを確認する手続が設けられていないため、特に株券がない場合には真の権利者が不当に害されるおそれがあるなど、承認手続に関連して種々の問題が生ずる可能性があることにも対応するものである。

2 市場取引等以外の方法による自己株式等の買受手続
(1) 買受手続

現行法では、自己株式の買受けを市場取引・公開買付け以外の方法によって行う場合には、いわゆる「相対取引」によるほかない（商法210条9項参照）。そして、相対取引による場合には、売主である株主以外の株主に対し、定時株主総会による授権決議の議案に自己を売渡人として追加するよう請求する権利が与えられている（同条7項）。これは、会社が特定の株主のみから株式を買い受け、他の株主が出資の払戻しを受けることができないとすることが株主平等に反すると考えられるため、他の株主に株式を売り渡す機会を与えようとする趣旨である。

しかし、現行法では、株主総会の決議の時に、買い受ける株式の種類、総数及び取得価額の総額は決議することとされているが、1株当たりの買受価格等の具体的な条件を定める必要はないため（商法210条2項1号参照）、株主にとっては売主に追加すべき旨の請求をするかどうかの判断をすることが困難である。論理的には、株主は、株主総会でのすべての授権決議の際に自己を売渡人に加えるように請求しておかないと、実際の買付け時に特に有利な価格が定められた場合であっても

その有する株式を売り渡すことができないという不都合が生じる。また、売主となることができるのは株主総会の際に自己を売主として追加する請求をした株主のみであることから、その後に株式を譲り受けて株主となった譲受人は、実際に自己株式の買受けが行われる際に売渡人となることはできない。

これらの問題点にかんがみ、試案では、市場取引・公開買付け以外の方法による自己株式の買受けについて、①から③までに掲げるように、株主総会の授権決議の際ではなく、会社による自己株式の買受け時に、株主に株式を売り渡す機会を与える手続に改善することとしている。

手続の具体的内容は、次のとおりである。

まず、株主総会の決議において、買い受けるべき株式の種類、総数及び総額並びに1年を超えない範囲内の買受期間を定めて取締役会に具体的な買受けを授権することとしており、この手続の場合には、株主に対して、平等に売渡しの機会が与えられることになることから（②、③、（注1）参照）、決議の要件としては普通決議でよいものとしている（①）。

この際、具体的な買受けにおける買受株式の数等について条件を付すか等、株主総会で定めるべき事項については、なお検討することとしている（①（注））。これは、各買受けにおける具体的な事項は取締役会で定めることとなるため、株主の保護の観点から、株主総会で一定の条件を定めておく必要性等について、なお検討する必要があることによるものである。

次に、取締役会は、買受期間内の適切な時期に、買い受ける株式の種類、一株当たりの買受価額、買受請求期間のほか、買い受ける株式の総数又は価額の総額を定める場合にはその内容についても決定し、決議した具体的内容を株主に対して通知又は公告をするものとしている（②）。株主は、請求期間内に、買受けを請求する株式の種類及び数を会社に通知して株式の買受けを請求することとし、会社は、請求した株主の株式を買い受けるものとしている（③）。

このような方法により、株主は会社が行う各買受けの際に、条件等を見た上で自己の株式を売り渡すかどうかを判断して請求をすることができる。

この場合において、会社が請求を受けた株式の数・価額の合計額が株主総会又は取締役会で定めた総数又は総額を超える場合には、当該定めた総数又は総額まで買い受けることとし、各株主からの買受数又は買受価額については按分することと

している((注1)参照)。按分することにより,希望する株主について平等な取扱いを確保することができることとなる。

また,現行の商法210条1項では,定時総会においてのみ自己株式の買受けのための授権決議を行うことができることとされている。これは,自己株式の買受けが利益処分と同様の性質を有するからであると説明されているが,現行法においても中間配当のように剰余金の範囲内で一定の場合に期中に会社財産を株主に還元することは可能であり,自己株式の買受けについてもその決議を定時総会に限らなければならない合理的な理由はない。このため,試案では,取得の方法のいかんにかかわらず,自己株式の買受けの授権決議一般について,この規制を廃止するものとしている((注2)参照)。

なお,部会においては,このような制度を採用する場合においても現行の制度を維持すべきではないかという意見も出された。現行の制度は,上記のうち,取締役会の決議による各買受けの際に応募ができる株主を株主総会の授権決議時に会社が定めた者と売主に追加請求した者に限定しておくものと整理することができる。このような限定を維持するかどうかについては,その必要性,合理性を見極めながら,なお検討することとしている((注3)参照)。

(2) 特定の場合における手続の特例

現行法では,特定の株主から自己株式を買い受ける場合には,他の株主との平等という観点から,原則として,株主総会に売主追加請求を認めることとしている。この制度を(1)のような制度に変更するとしても,株主平等の観点から,会社が自己株式を買い受ける場合には株主全てに売渡しの機会を提供することとなる点は同様である。しかし,一定の場合には,会社が特定の株主のみから自己株式を買い受けることを認める必要性があり,かつ,それを認めることが不合理でない場合があると考えられる。現行法においても,反対株主の買取請求など一定の場合について「別段ノ定」(商法210条1項)が設けられ,会社が特定の株主のみから自己株式を買い受けることができることとされているが,これらの場合以外にも,特定の株主からのみ自己株式を買い受けることができる場合を規定する必要があるという指摘がある。試案は,その点について次のような提案を行うものである。

① 合併等の場合

現行法では,合併,会社分割,営業の全部譲受けにより相手方の保有する自己株式を取得する場合については,特定の者のみからの自己株式の取得を認める「別段ノ定」は明文の規定としては存在しない。しかし,合併,会社分割,営業の全部譲受けといった組織再編行為により自己株式を取得する場合については,これらの組織再編行為を円滑に行うためには特定の者からの自己株式の取得を許容することが必要であり,また,自己株式を取得することとなる会社の株主は反対株主の買取請求権の行使によって出資の払戻しを受ける権利が保障されていることから,例外として特定の者からのみの自己株式の取得を認めることに合理性がある。現行法においても,やむをえない場合としてこれが許容されるとの解釈もされているところであり,自己株式の取得が限定的にしか認められていなかった平成13年の第79号改正前にも,自己株式の取得が認められる例外的な場合として合併,営業全部の分割及び営業全部の譲受けが規定され(旧商法210条2号参照),これらの場合には特定の者のみからの取得が明文により許容されていたこともあり,現代化に当たってもその点について明確に規定することが望ましいという指摘もされているところである。

試案では,このような点にかんがみ,合併,会社分割,営業の全部譲受けにより自己株式を取得する場合には,(1)の手続によらずに自己株式を取得することができることを明確化することとしている。

なお,営業の一部の譲受けの場合についても,当該営業中に譲受会社の株式が含まれる場合には,当該譲渡人のみからの自己株式の取得を認めることが円滑な営業譲受けに資するとも考えられる。しかし,営業の一部の譲受けについては反対株主の買取請求権が規定されていないこと,譲渡人のみからの自己株式の取得を認めなくても必ずしも営業譲渡の円滑な遂行を阻害するともいえないこと,営業の「一部」の範囲が恣意的に画される可能性があることなどから,これを認めるべきではないとの考え方もあり得る。そこで,(注)では,営業の一部の譲受けの場合についてはなお検討することとしている。

② 譲渡制限株式会社における先買権者の指定

現行法では,譲渡制限株式会社が株式の譲渡承認を拒否し,先買権者として会社自身を指定した場合には,譲渡人を除いた株主による株主総会の特別決議によって買受けを承認することとされている(商法204条ノ2第5項,204条ノ3ノ2第1項)。この場合,会社は特定の者のみから自己株式を買い受けることができ,自己株式の買受け

の際には株主に平等に売主追加請求権を与えるという規制の例外となっている（商法210条１項の「別段ノ定」）。この規定については、会社の非公開性の維持と株式の譲渡性の維持との調整を図った譲渡制限制度の実効性を確保する観点から、会社自身を先買権者として指定することができるものとしているものであるから、この場合において、他の株主についても会社への売渡しを認めることとすると、先買権者の指定の請求をした株主の有する株式の全部を会社が買い受けられない場合があり、結果としてその譲渡を一部承認せざるを得ない状況になり、譲渡制限制度の実効性を確保することが困難になる。

試案では、この特例については現代化に当たっても維持することとしている。

ただし、譲渡制限株式会社において会社が先買権者となり株式を買い受ける場合には、現行法では、配当可能利益の限度内であれば、売主と会社の合意により買取価格をどのように定めることも可能であり、株主総会において価格まで定めることとはされていないため、特に売主に有利な価格により買い受けられる可能性もある。（注）は、このような問題点にかんがみ、買取価格の上限を株主総会で定めることとし、株主総会により一定の歯止めをかけることを提案するものである。

③ 譲渡制限株式会社における相続又は合併

現行法では相続や合併により株式が移転する場合には株式の「譲渡」には当たらないが（試案第４部・第３・１(2)の補足説明参照）、譲渡制限制度は、会社の非公開性を維持するための制度であるから、相続や合併により会社にとって好ましくない者が株主になった場合にも、その者が株主とならないようにするため、会社がその者から株式を買い受けることを認めてもよいと考えられる。

また、相続や合併により株式を承継することとなった者にとっても、株主たる地位を相続や合併により取得するよりは金銭に換価したいと考える場合があり得る。

試案では、このような観点から、譲渡制限株式会社においては、相続や合併により株式を承継した者から会社が自己株式を買い受ける場合には、株主総会の特別決議によって当該特定の者から買い受けることを認めることとしている。なお、この場合においては、利害関係人の参加により決議が不当に影響されることのないよう、譲受人の議決権の行使は認めないこととしている（平成13年の第79号改正前の商法210条ノ３参照）。

④ 市場価格のある株式を市場価格で買い受ける場合

現行法では、特定者からの自己株式の買受けのためには他の株主の売渡請求権を認めなくてはならず、売主追加請求権の制度を(1)のような制度に改めた場合にも、特定者のみからの買受けは特定の場合にしか認められないこととなる。

ところで、特定者のみからの買受けを一般的に認めない趣旨は、特定者のみに出資の払戻しを受けさせることが不公平である点及び当該特定者に有利な価格で自己株式を買い受ける場合には他の株主に経済的損害を与える点にあるところ、市場価格ある株式については全ての株主が市場において株式を売却することにより出資の払戻しを受けるのと同様の効果を得られることから、会社に対して売却する権利を認めなくても必ずしも他の株主に不公平とはならないものと考えられる。また、会社が特定者から買い受ける価格を市場価格にすることにより、他の株主に経済的損害を与えることも防止することができると考えられる。

試案では、このような観点から、会社が、市場価格のある自己の株式を市場価格で買い受ける場合には、(1)の手続によらずに特定者のみから買い受けることを認めることとしている。

なお、この場合に特定の者から買い受ける手続については、当該譲渡人を除いた株主総会による特別決議によって、その買受けを承認しなくてはならないこととし、利害関係人の参加により不当な決議がなされることを防止することとしている。

このような提案については、市場価格の操作により結局は不公平な取扱いを認めることになるのではないかという指摘や、特定の者から買う株式が大量である場合には市場価格はそれによって影響されるため他の株主の出資の払戻しを受ける権利は平等に保障されない場合があるという指摘もあるところである。

⑤ その他の場合における特例

部会においては、現行法において認められている場合（商法211条ノ３第１項１号、220条２項、221条６項、224条ノ５第２項、245条ノ２等）及び上記①から④までに掲げる場合以外にも、会社が自己株式を取得する場合に売主を限定する特例を認めるべき場合があるのではないかという意見があった。そのため、試案では、そのような場合があるかどうか及びこれを認める場合における要件・手続の在り方等について、なお検討することとしている。

3 自己株式に係る株主の権利の内容

現行法では、会社が保有している自己株式の権利の内容については、議決権（商法241条2項）や利益配当請求権（商法293条）等のように規定が設けられているものもあるが、必ずしも規定が明確ではないものもある。したがって、これらを現代化に当ってどのように規律すべきかが問題となる。

この点については、自己株式をあたかもその取得により株式が消却されたかのように扱い、全ての共益権、自益権を有しないものとすることも考えられるところである。

しかし、定款変更によりある種類の株式の権利内容を変更する場合には当該種類の自己株式の権利内容も当然に変更することとの平仄から、ある種類の株式が強制転換により他の種類の株式となってその権利内容が変更する場合については、自己株式にも強制転換の効果を及ぼすべきであると考えられる。また、株式併合、株式分割についても、強制転換において株式数が変更する場合と取扱いを異にする理由がなく、同様に、自己株式にも効果を及ぼすことが適当であると考えられる。また、消却については、試案第4部・第3・6(2)②において一律に効力が生ずべき場合について整理しているが、その場合には自己株式も含めた全ての株式についてある種類の株式を一律に消滅させる趣旨であると考えられるので、自己株式についても消却の効力を及ぼすべきである。

このように、ある種類の株式の内容及び数につき一律に、かつ当然に効力が生ずべき場合には、自己株式についてもその効力が生ずるものとすることが適当であると考えられる。試案は、この点について提案するものである。このような取扱いは、実務における取扱いにも整合的であるといえる。

また、試案では、自己株式について、配当請求権のほか、残余財産分配請求権、新株の引受権、合併等の場合における株式の割当てを受ける権利等の自益権を認めないことを規定し、又は明確化することを提案している（注 参照）。

まず、残余財産分配請求権については、現行法上明文の規定はないが性質上当然に有しないものと説明されている。

次に、新株引受権については、自己に対する新株発行が認められないと考えられていることとの平仄から、自己株式にも発生しないものと考えられる。この点、新株引受権を他人に譲渡すればよいという意見もあるが、新株引受権を自己に割り当て、それを他人に譲渡することができることとすることは、新株発行規制の潜脱になり、認められるべきではないものと考えられる。そして、このような手当てをすることに併せて、株主割当て等により自己株式の処分を行う制度を整備することも考えられる（商法211条参照）。

さらに、合併等の場合における存続会社等が有する消滅会社等の株式に対する存続会社等株式の割当てについても、自己に対する新株発行が認められないこととの平仄から、認められないものと考えられる。また、合併の際に消滅会社等が有する自己株式に対する存続会社等株式の割当てについても、自己株式につき残余財産分配請求権（合併の場合）、配当請求権（分割の場合）が認められないこととの平仄から、認められないものと考えられる。ただし、完全子会社となる会社の有する自己株式につき、完全親会社となる会社の株式を割り当てるかどうかは、株式交換等の定義（完全子会社となる会社の発行済株式の全部が完全親会社となる会社に移転することである。）との関係等が問題であり、なお検討を要する。

なお、自己株式に係る株主の権利の内容に関連して、現行法では、端株等の買取請求権が行使された場合における買取価格の一定の基準となる額の計算方法につき、最終の貸借対照表によって会社に現存する純資産額を発行済株式総数で除することとしている（商法220条ノ6第4項参照）。しかし、この規定によれば発行済株式総数には自己株式も含まれることとなってしまうため、買取価格の計算としては、発行済株式総数から自己株式を引いた数で除した価格を売買価格とすべきものと考えられる。

4 子会社による親会社株式の取得

現行法では、子会社がその親会社の株式を取得することは、原則として禁止されており（商法211条ノ2第1項柱書）、その例外として取得が許容されているのは、①株式交換、株式移転、会社の分割、合併又は他の会社の営業全部の譲受けによるとき（商法211条ノ2第1項1号）及び②子会社の権利の実行に当たりその目的達成のため必要なとき（商法211条ノ2第1項2号）である。

会社法の現代化に当たり、組織再編行為時の対価の柔軟化（試案第4部・第7・1参照）が行われることに関連し、試案では、子会社による親会社株式の取得が例外的に許容される場合について、二つの場合を追加することとしている。

まず、試案の①においては、子会社が他の会社の株式を保有している場合に、当該他の会社が組織再編行為を行うことにより親会社株式の割当てを受ける場合を掲げている。例えば、親会社Pの子会社Sが他の会社Aの株式を保有している場合において、

会社Aが消滅会社となる合併を行い（存続会社が親会社Pである場合と，それ以外の会社Xである場合とがある。），当該合併において消滅会社の株主に対して親会社株式が交付される場合には，子会社による親会社株式取得禁止の例外として許容されることになる。

このような態様による親会社株式の取得のうち，上記の例において，存続会社が親会社Pである場合については，現行法においても商法211条ノ2第1項1号として想定されているところである。組織再編行為の対価柔軟化（試案第4部・第7・1参照）により，上記の例において存続会社が親会社P以外の会社である場合にも，組織再編行為の対価として，親会社Pの株式が消滅会社の株主に交付されることが可能となる。試案では，このような場合における親会社株式取得も許容されることを「他の会社の組織再編行為により」という表現により表している。

なお関連する問題として，子会社Sが，他の会社Aの株式を保有している場合に，会社Aが現物配当（試案第4部・第5・1(2)参照）として親会社Pの株式を交付した場合に，これを子会社による親会社株式取得禁止の例外として許容するという取扱いが考えられる。

次に，試案の②においては，子会社が行う組織再編行為に際して，当該子会社が親会社株式の割当てをするために親会社株式を取得する場合を掲げている。これは，組織再編行為の対価柔軟化（試案第4部・第7・1参照）に伴い，組織再編時に，子会社がその親会社株式を交付することを可能とするため，親会社株式取得禁止の例外を規定しようとするものである。例えば，子会社Sが存続会社となり会社Aが消滅会社となる合併が行われる場合に，会社Aの株主に対して，子会社Sの親会社Pの株式を交付するために，子会社Sが親会社Pの株式を取得することを許容することになる。

このような場合における子会社による親会社株式の取得は，産業活力再生特別措置法12条の9第4項において，同法上の認定事業者が同法上の認定計画に従って組織再編行為を行う場合には許容されているところであるが，試案の②は，これを，会社法（仮称）上の一般的な取扱いとするものである。

なお，現行法では，会社自身による自己株式の買受けについては，財源規制及び手続規制等の制約を課した上でこれが認められている（商法210条）のに対し，子会社による親会社株式の取得については，一定の例外を設けた上での禁止規定のみとなっている（商法211条ノ2）。この点については，子会社による親会社株式取得についても，禁止規定自体を見直し，財源規制及び手続規制等の制約を課した上で，これを認めるべきであるという意見もあるところである。

子会社による親会社株式取得について財源規制を設けることとした場合には，子会社が親会社株式の取得の可否を決する際に子会社とは別法人である親会社（及び兄弟会社）による当該親会社株式の取得状況を把握することを要求するという実務的な困難さ，財源規制を計算する際の技術的な困難さ等の問題が存在することから，引き続き，その実現可能性について検討することとしている（(注)参照）。

5　自己株式の市場取引による売却

現行法では，自己株式を処分する際には新株発行類似の手続を経ることとされている（商法211条）。平成13年の第79号改正前には，自己株式の処分方法について特段の規定は設けられていなかったが，これは，自己株式の取得が例外的にしか認められていなかったために，大量の自己株式の処分が必要になる場合が想定されていなかったこと，また，取得した自己株式については，原則として，相当の時期に処分すべきこととされていたことから，その処分方法について制限をかけることが適当でないと考えられていたためである。しかし，平成13年の第79号改正前においても，その処分が他の株主の利害に影響を与えることが考えられ，自己株式の処分価格の適正性の確保等，新株発行と同様の考慮が必要であるという指摘もされており，平成13年の第79号改正により，自己株式を会社が大量に取得し，それを一度に処分することが想定されることとなったため，その処分に際して既存株主との利害関係を調整する必要があると考えられ，新株発行の手続類似の手続が定められたものである。

しかし，既存株主との利害関係の調整のためであるとしても，全ての自己株式の処分について新株発行類似の規制をかける必要があるかどうかについては別途考慮する必要がある。この点については，市場価格を有する自己株式については，自己株式を市場取引により売却することを認めてもよいのではないかという指摘がされている。これは，市場価格を有する株式を市場価格で売却するのであれば，会社財産を害することはなく他の株主の有する株式の価値に影響を与えることが少ないと考えられること，市場取引により売却するのであれば株主に対し不公平な取扱いがなされることを防止することができるものと考えられることによる。

しかし，インサイダー取引に利用される可能性があることなどから，不公正な取引を防ぐために更に

検討が必要であるという指摘や，新株発行と自己株式の処分とで手続に差異を設けるには合理的な理由がなければならず，自己株式の処分に関する規定を変更する場合には新株発行と合わせて慎重な検討をすることが必要であるという指摘もされているところである。そこで，試案では，この点についてなお検討することとしている。

6 株式の消却
(1) 消却に関する定款規定の設定手続等
　株式の消却については，現行法では，自己株式の消却（商法212条）といわゆる強制消却（商法213条）とがある。後者は，定款の規定に基づく利益による消却と減資の際に行う消却とに分けられているが，試案では，株主に対する払戻しについての規制を剰余金分配の規制として統一的に行うこと（試案第4部・第5・1参照）に関連して，消却の規律を整備することとしている。

　(1)は，定款の定めに基づいて行う消却についての整理である。現行法では，定款の定めに基づいて行う消却については，定款の規定に基づいて株主に配当すべき利益をもってするものと規定されているが，試案では，その旨の定款規定の新設又は変更については総株主の同意によらなければならないこととしている。これは，当該定款の定めは，消却時に当該株主の意思に反しても当該株主に係る株式を消却することができる定めであることから，その定めを置くためには株主全員の同意を必要とすると考えるものである。この点については，従来から，利益による消却を定める定款規定の新設又は変更には株主全員の同意を要することとすべきであるという解釈が一般にされており，本提案は，その解釈を明確化しようとするものである。

　このこととの整合性から，償還株式（商法222条1項4号参照）の償還に関する定款規定を新設又は変更する場合には，当該種類株式の株主全員の同意が必要と考えられるため，この点についても明確化するものとしている（（注1）参照）。

　また，定款の定めに基づいて行う利益による消却は，従来から株主の持株数に応じない方法によっても行われているが，株主全員の同意で定められた定款の規定に基づいて行われるものであることにかんがみ，そのような方法を認めるものとしている。持株数に応じない方法には，抽選で消却する株式を決定するもの，客観的事由に基づくもの等があるが，株主平等に反するような扱いも，株主全員の同意で定められた定款の規定に基づいて行う利益による消却の場合であれば認められると考えてよいものと思われる（（注2）参照）。

　（注3）では，自己株式の買受け手続及びその特例と，定款の定めに基づく有償消却との関係の整理について，なお検討することとしている。

　まず，債権者との関係では，両者はいずれも株主に対する会社財産の払戻しに当たることから区別する実益はなく，等しく財源規制が課せられることとなる。

　次に，手続との関係では，定款の定めに基づく有償消却の場合には，株主の意思にかかわらず，金銭その他の財産を交付して株式を消滅させることができる点において，売主たる株主の同意が前提となる自己株式の買受け手続とは異なる。しかし，定款の定めに基づく有償消却は，従来から株主の意思に反してでも行われる場合に限られていたわけではなく，例えば，償還株式であれば，定款の定めに従い，売主たる株主の同意を前提として消却する株式や義務償還株式のように株主の意思のみで消却が可能となる株式も含まれる。そして，これらの具体的な消却手続は，定款の定めによるところとなるので，自己株式を買い受ける場合のような他の株主の売主追加請求権等の規定は適用されない。

　ところで，有償消却と自己株式の買受けとは，株主との関係においても，差異はないものと考えられる。すなわち，消却される株式を有する株主と売り渡す株主とは，いずれもその有する株式に相当する価格の金銭その他の財産の交付を受け，爾後株主ではなくなり，他の株主にとっては，特定の株主に対して金銭その他の財産の払戻しが行われることとなるのであるから，両者の利害状況は同一であるといってよい。なお，株式が消滅するか，自己株式となるかの差異は生じるが，自己株式に係る株主の権利の内容について試案第4部・第3・3のような見直しをすることとした場合には消却と自己株式の買受けとを区別する意味は乏しい。

　このようにして見ると，定款の定めに基づく有償消却及び自己株式の買受けに関する制度について，株主の利益保護という観点から設けられる制度につき差異を設けるべき合理的な理由は乏しいといえる。そこで，（注3）では，両者の関係の整理につき検討することとしているものである。

(2) 定款に基づかない強制消却
① 株主の持株数に応じた株式の一部の強制消却
　定款に基づかない強制消却については，現行法では，減資に伴う場合のみが規定されている。し

かし，資本と株式との関係が切り離された現在においては，株式の一部を持株数に応じて消却する場合，有償であっても無償であっても，これを減資とは別々の手続として考えることができる。

試案では，株式の一部を持株数に応じて消却する場合について，各株主の持分割合を変動させずに株式数を減少させる効果が発生し，株式併合と同様の効果を有するので，株式併合と同一のものとして整理することとしている。この場合において，有償消却による対価の交付と同様のことを行おうとするときは，株式併合の際に，持株数に応じて株主に剰余金を分配することとなる。また，減資を同時に行うことにより分配すべき剰余金を捻出することもできる。このように，現行法上の有償消却・無償消却のいずれについても，株式の一部を持株数に応じて消却することは，株式併合と整理することができる。なお，複数の種類の株式を発行している場合において，ある種類の株式の一部を持株数に応じて強制的に消却する場合も同様に考えられる。

② 定款に基づかない株主の多数決による強制消却

①で株式の一部を持株数に応じて消却することを株式併合として整理すると，定款に基づかない強制消却は，株式の一部の持株数に応じない消却又は一若しくは二以上の種類の株式の全部の消却に区分されることとなる。このうち，株式の一部の持株数に応じない強制消却については，全員が同意して定めた定款の定めに基づく場合にのみこれを認めることとしている（試案第4部・第3・6(1)参照）。これは，株式の一部を持株数に応じないで強制消却することは，一部の株主のみがその出資を強制的に払い戻されることになるため，定款の定めなく多数決によりこれを認めると，一部の株主のみが当該株主の予測に反して払戻しを強制される結果となるおそれがあると考えられるからである。場合によっては，少数派株主が多数派株主による決議により不当な価格での払戻しを強制されることになる可能性もある。したがって，株式の一部を持株数に応じないで強制消却することができる場合を総株主が同意して定めた定款の定めに基づく場合に限定することが妥当であるものと考えられる。

次に，一又は二以上の種類の株式の全部の消却の場合について，試案では，会社が債務超過である場合に限り，株主の多数決によりその全部の無償での強制消却を認める方向で検討することとしている。

一又は二以上の種類の株式の全部を強制消却する場合は，当該種類の株式にかかる全ての株主にとって平等に消却されるため，一定の要件を満たせばこれを認めることも可能であると考えられる。現行法の下では，株主の全員一致によらない株式の全部の消却は，法的倒産手続においてのみ認められており（東京高決昭和54年8月24日判時947号113頁参照），法的倒産手続によらない場合において株式の全部を消却するには株主の全員の承諾を要すると解されており，登記実務でもそのように扱われている（昭和56年6月5日・民四第3466号民事局第四課長回答参照）。しかし，法的手続によらない私的整理の場合において，一又は二以上の種類の株式の全部を消却して新たな出資を受け入れる際に，迅速にこれを実行するために多数決による消却を認めるべきであるという実務上の要請があり，この提案はこのような要請に応えようとするものである。

一又は二以上の種類の株式にかかるすべての株主に平等に消却される場合として，有償消却と無償消却の両方が考えられるが，有償消却を認める場合には，その対価の算定が困難であるという問題が生じる。したがって，試案では，債務超過の場合に限り，株主の多数決により，無償で株式全部を強制消却することを認める方向で検討することとしている。

この点については，債務超過か否かを判断するにあたってどのような資料・算定方法を用いるべきかという問題や，そもそも会社が債務超過であっても株式には価値がなく，無償での消却を多数決で全員に強制することは問題であるという指摘もある。また，逆に，公正な対価であっても株式全部の有償消却を認めないとする扱いは，多数決により決議される組織再編において対価を柔軟化した場合に株主が払戻しを受けることを認めること（試案第4部・第7・1参照）と不整合ではないかという指摘もある。

なお，多数決による一又は二以上の種類の株式全部の消却を認めないこととする場合には，法的倒産手続においてのみ定款に基づかない株主の多数決による強制消却を認めるものとしている（（注）参照）。

(3) 授権株式数の変更の取扱い

現行法では，定款に「会社ガ発行スル株式ノ総数」（以下「授権株式数」という。）を定めることとされており（商法166条1項3号），譲渡制限株式会社を除き，設立時の発行済株式総数は授権株式数の4分の1以上でなければならず（商法166

条4項），設立後に授権株式数を増加する場合には発行済株式総数の4倍を超えてはならない（商法347条）ものとされている。

このような現行法の下で株式の消却がされた場合について，現行の登記実務の取扱では，以下のように授権株式数も変更すべきこととされており，上記の規定との関連をどのように考えるかが問題となる。

すなわち，現行の登記実務は，株式数を減少する方法により資本を減少した場合には，会社が発行する株式の総数の減少の決議がなされなくとも減資の決議はその減少決議を含むものと解し変更登記をなすべきであるとされている（昭和27年3月28日・民事甲第227号民事局長通達）。これは，授権株式数は会社が発行することができる株式数として一定の数を定めるものであり，消却により株式数が減少する場合には，既に発行済みの数として，授権株式数も減少しなければならないものと考えるものと思われる。この扱いをする場合には，授権株式数が発行済株式総数の4倍を超えることとなる事態も起こり得る。これについては，商法347条は会社が積極的に授権株式数を増加する時における制限と解するべきであり，適法な株式消却の手続の結果として，その比率に変動を生じることをも禁ずる趣旨ではないという見解が示されている。

他方，株式の併合決議に際し会社の発行する株式の総数の変更決議がされなかった場合でも，当該併合決議には，会社の発行する株式の総数が株式の併合比率に比例して減少する旨の決議を含むものと解して差し支えないものとされている（昭和57年11月13日・民四第6854民事局第四課長回答）。これは，商法166条4項，347条の規定について，授権株式数を常に発行済株式総数の4倍に留めておくべきものとする趣旨の規律であると解し，それを株式併合の場合にも及ぼすものと思われる。

上記のような登記実務の取扱は，株式と資本との関係が切断されている現在においては必ずしも整合的ではなく，また，明文の規定に基づくものでもないため，この点について，現代化に当ってどのように規律すべきかが問題となる。

仮に，商法166条4項，347条の規定について，授権株式数を常に発行済株式総数の4倍に留めておくものとする趣旨の規律であると理解して，株式の消却に伴い比例的に授権株式数を変動させようとすると，例えば，種類株式が発行されている場合において一部の種類の株式の一部のみが消却されたときの取扱いが非常に複雑になる可能性がある。

試案では，株式の消却がされた場合における授権株式数については，定款又は株主総会の決議により減少することを定めた場合にのみ減少するものとする方向で検討することとし，株式の併合がされた場合についても，同様とするものとしている。この場合，商法347条の規定については，定款変更により授権株式数を増加する場合のみの規律と捉えることとなる。

平成13年の第79号改正により，数量・保有期間等の制限なく自己株式を買い受けることができることとされた際に，買い受けた自己株式の数に応じて授権株式数を減少させるという規律が設けられておらず，取締役は自己株式の買受けとその処分によりいわば授権株式数を何度でも利用することができるものと考えられることとの平仄という点からも，株式の消却・併合について前述のように考えることが整合的である。

部会においては，試案のような扱いとすると，譲渡制限株式会社以外の会社において株式の消却・併合により授権株式数が発行済株式総数の4倍を超える事態が容易に生ずることとなり，授権株式数に係る現行の規律を，授権株式数は発行済株式総数の4倍以内に留まるべきものであると解する場合には，問題ではないかという指摘があった。この点については，株式の消却・併合にあたって株主総会の特別決議等が行われ，株主が了承しているのであれば，必ずしも授権株式数が発行済株式総数の4倍を超えること自体が不合理とはいえないとも考えられる。現に，現行の登記実務上も上述のように既にそのような結果となる扱いが許容されているところである。また，株主の保護については，株式の消却・併合の際に株主総会の決議により授権株式数を変更する機会が与えられることで足りるものと考えられることから，試案では，上記のような方向で検討することとしているものである。

7 種類株式

(1) 有限会社における種類株式に相当する制度

現行法では，有限会社においては，議決権の行使，利益配当及び残余財産の分配について定款で別段の定めができる旨が定められているものの（有限会社法39条，44条，73条），株式会社における種類株式のような（種類）持分，すなわち一定の権利内容につき内容の異なる持分制度に係る規定は設けられていない。この点，持分につき種類株式と同様のものを観念し，種類株主総会の制度等を

- 25 -

含む種類株式と同様の制度を採用することができるという見解もあるが、そのような見解を明確化するため、又は有限会社における持分の在り方を多様化するため等の観点から、規定を整備することが望ましいといえる。また、試案第4部・第1・1において掲げられている有限会社法制と株式会社法制の一体化を行うに当たっては、株式会社における種類株式の制度を維持する限り、これを有限会社にも導入することが必要となる。

試案では、このような観点から、有限会社においても種類株式に相当する制度を認めるものとしている。

(2) 剰余金分配・議決権等に関する別段の定め

現行法上の有限会社においては、出資一口の金額は均一であり（有限会社法10条）、社員は原則として出資の口数に応じて権利を有するが、定款をもって、議決権の数又は議決権を行使することができる事項について別段の定めをすることができることとされている（有限会社法39条1項ただし書）ほか、利益配当・残余財産分配について、定款で別段の定めをすることが認められている（有限会社法44条、73条）。このような有限会社における制度は、株式会社における種類株式の制度と異なり、社員の属性に基づく定めも認められる点において、より定款自治の範囲が広いとされている。この有限会社の制度は、例えば合弁会社において出資者の特性に応じて損益分配をすることが合理的であるような場合に有用であるとされる。

会社法の現代化に当たり取締役会が設置されない譲渡制限株式会社が認められるとすれば、その法制及び実体は現行法上の有限会社と同様に考えることができるので、この類型の株式会社については定款自治の範囲がより広い現行の有限会社法上の制度を導入することが現行法とも整合性があり、適当であるものと考えられる。

この場合、別段の定めをした場合における株主・社員の保護の在り方については、現行の有限会社法上には種類株主総会のような制度が設けられていないため、その手当てについて検討する必要がある。（注1）では、株式会社における種類株主の保護のための制度と同様の措置を講ずる方向で、なお検討することとしている。

なお、このような定款の定めを、取締役会の有無に関わらず譲渡制限株式会社一般について認めてはどうかという指摘もある。譲渡制限株式会社においては原則として株主の移動がないことが前提とされており、このような定款の定めを設けたとしても株主となる者に不測の損害を与えることは少なく、また、このような定款の定めは、株主間の人的な関係の緊密さに関連するものであり、会社の機関設計として取締役会を設けるかどうかという点と論理必然的に関連するものではないとも考えられるからである。もっとも、これを認めると、現行有限会社と同様の規律を有する会社以外の会社についてもこのような扱いを認めることとなるため、その必要性等についても検討する必要がある。したがって、（注2）ではこの指摘についてなお検討することとしている。

(3) 議決権制限株式等の発行限度

現行法では、株式会社においては、議決権制限株式は発行済株式総数の2分の1を超えて発行することができないこととされている（商法222条5項）。他方、有限会社においては、上記(2)に述べたように、議決権等について定款で別段の定めをすることができることとされており、この定めについては特段の割合である制限がない。これは、社員間の人的なつながりが強く、社員の個性を重視する有限会社においては、持分の流通性を阻害することがないよう持分の均一性を一定程度保つべきであるという要請や少数者による会社支配の弊害に対する配慮の必要性は株式会社より低く、社員間で自由に決めることを認めることが合理的であるからであると考えられる。この点にかんがみると、有限会社において種類株式を認めることとした場合には（試案第4部・第3・7(1)参照）、議決権制限株式を発行済株式総数の2分の1に制限することはむしろ適切ではないものと考えられる。同様に、有限会社と同様の特質を有する取締役会が設置されない譲渡制限株式会社が認められることとなった場合には、このような会社についても議決権制限株式を発行済株式総数の2分の1に制限することは適切ではないこととなる。試案では、有限会社及び取締役会の設置されない株式会社について、この規制を撤廃するものとしている。

この点については、上記(2)と同様の理由により、取締役会の有無にかかわらず、譲渡制限株式会社一般について規制を撤廃すべきであるという指摘があり、現行の有限会社と同様の規律を有する会社以外の一定の範囲の会社についてこのような取扱いを認めるかどうかについては、なお検討することとしている（(注)参照）。

(4) 強制転換条項付株式

① 定款の定めによる転換

現行法では、強制転換条項付株式を転換するときには、取締役会において転換の決議をし、転換

の決議をした旨その他一定の事項を公告し，かつ株主へ通知することが必要とされている（商法222条ノ9第2項）。しかし，一定の事由の発生により強制転換される場合などについては必ずしもそのような手続をとる必要はないという指摘がされている。

試案では，このような指摘を踏まえ，取締役会の決議を経ずに，定款の定めに従って当然に強制転換される場合を認め，そのような場合には，公告・通知等の手続も要しないものとすることとしている。

なお，平成13年の第128号改正により強制転換条項付株式が明文で認められる以前から，実務上，一斉転換条項を付した種類株式として同様の効果を有するものが設計され，解釈上も有効であるとされており，一斉転換条項付の種類株式の転換に際しては，取締役会の決議や公告・通知等は行われていなかった。他，現行法において，強制転換条項付株式の転換について取締役会において転換を決議し，公告・通知等の手続をとることが必要とされたことから，従来のような扱いが許容されないこととなったのかどうかという点が解釈上の論点となっている。試案のように，定款で一定の条項を定めてそれに従って当然に転換がなされる強制転換条項付株式についての規定を設け，その場合の転換には公告・通知等の手続も不要とすることにより，そのような疑義も解消されることとなる。

② **転換の条件**

強制転換条項付株式の転換の条件は，定款で定めることとされている（商法222条ノ8後段）。これに対し，転換予約権付株式については，転換の条件について定款に定めがない場合には，会社の成立後は，株主総会又は取締役会により定めることができることとされている（商法222条ノ2第2項後段）。強制転換条項付株式においても，発行の際に株主総会又は取締役会により転換の条件を定めることとしても，株主となろうとする者はどのような条件で転換されるのかを知ることができるため，これを認めることに特段の支障はないものと考えられる。

試案は，このような扱いを認めようとするものである。

(5) 種類株式の内容に係る定款変更

現行法では，種類株式の内容については定款で定めることとされているが（商法222条2項），例えば，転換予約権付株式における転換の条件等，株式の内容の一定の細目については，取締役会等で定めることとなる場合がある（商法222条ノ2第2項後段参照）。そのような場合においては，当該取締役会等の決議によっては定款の定めは変更されないものとする扱いも考えられるが，株主に対する開示という観点からは，そのような細目についても，株式の内容として定款に規定されているものとしておくことが望ましい。試案では，このような観点から，種類株式の内容のうち，その決定を取締役会等の決議に委ねた事項については，当該取締役会等の決議が行われた際に定款が変更されたものとみなすものとすることを提案している。

8 法定種類株主総会

(1) 商法345条1項の要件

商法345条1項は，会社が数種の株式を発行している場合において，定款の変更が，ある種類の株主に損害を及ぼすべきときは，株主総会の決議（商法221条2項の規定により定款を変更する場合には，同項の取締役会の決議）のほか，当該種類の株主の総会の決議を要する旨規定している。

しかし，実務上，定款の変更については，法律上その事項・内容に制限・限定がなく多種多様のものがあり得るため，ある種類の株主に損害を及ぼし得るかどうかの判断が困難であることが多い。そのため，同項の適用範囲を明確化すべきであるという指摘があるところであるが，平成13年の第128号改正及び平成14年の改正により種類株式の多様化が図られ，今後より深刻な問題となる可能性があると考えられる。

試案では，同項についての従来の解釈論を踏まえて，同項に規定する定款の変更は，①当該種類株式の内容を変更する場合及び②新たな種類株式の定めを置き，又は他の種類株式の内容を変更し，若しくは他の種類株式を発行することができる数を引き上げる場合に限るものとして，同項の適用範囲を明確化することとしている。これにより，①又は②の定款の変更が当該種類株主に損害を及ぼすべき場合に限り，当該種類の株主の総会の決議を要することとなる。

(2) 商法346条の規定による種類株主総会

商法346条は，商法222条11項の規定により株式の種類に従い格別の定めをする場合及び会社の株式交換，株式移転，分割又は合併によってある種類の株主に損害を及ぼすべき場合には，当該種類の株主の総会の決議を要する旨規定している。

商法346条については，合併等の組織再編行為に際し，消滅会社等が数種の株式を発行している場

合において、いずれかの種類の株式に市場価格がないようなときは、合併等の条件がある種類の株主に損害を及ぼすかどうかの判断に嘱し、当該種類の株主の総会の決議なしに当該組織再編行為を行うことは事実上困難なことが多いことから、円滑な組織再編行為の実施の障害となっているとの指摘がなされている。この点についても、平成13年の第128号改正及び平成14年の改正により種類株式の多様化が図られたことから、今後より深刻な問題となる可能性があるものと考えられる。

そこで、平成13年の第128号改正により、株主総会又は取締役会において決議すべき事項の全部又は一部につきその決議のほか、定款をもってある種類の株主の総会の決議を要する旨を定めることが認められたこと（商法222条9項）をも踏まえ、試案では、ある種類の株式につき、あらかじめ定款をもって、商法346条の規定による種類の株主の総会を要しない旨を定めることもできるものとしている。

そして、（注1）において当該種類の株式の発行後にこの定款の定めを設けるときは、当該種類の総株主の同意を要するものとすることとし、（注2）においてこの定款の定めがある種類の株主は、合併等の際に際して買取請求権を行使することができることとしている。これらは、商法222条11項の格別の定め又は組織再編行為の条件をあらかじめ予想することが困難であることにかんがみ、当該種類の株主の利益を保護するための措置を要するものと考えられることによるものである。

また、（注3）では、商法346条後半部分に掲げる事項の見直しの要否については、なお検討することとしている。その趣旨は、以下のとおりである。

すなわち、同条前半部分には、合併等の組織再編行為による株式の割当てに関し株式の種類に従い格別の定めをする場合（商法222条11項参照）が含まれているが、これと後半部分の関係が不明確であるという指摘がある。文言上、両者の違いは、①前半部分には「ある種類の株主に損害を及ぼす」との要件がないが、後半部分にはある、②前半部分は組織再編行為による株式の割当てのみを対象としているのに対し、後半部分には何ら限定はない、③前半部分は「格別の定め」をする場合にのみ適用があるが、後半部分には何ら限定はないという点にある。①については、前半部分についても「ある種類の株主に損害を及ぼす」という要件を要するものと一般的に解されていることから、両者の相違はないものと考えられる。そして、②につき後半部分の対象もまた組織再編行為による株式の割当てのみであると解する見解、さらに、③につき「格別の定め」の意義にかかわらず、その要件に実質的意味はなく、「ある種類の株主に損害を及ぼす」かどうかが種類の株主の総会を要するかどうかを決するものと解する見解も有力であり（優先株式制度改正試案（平成元年2月2日・商法改正研究会）2(2)の理由(ii)参照）、これらの見解によれば、前半部分と後半部分との相違は全くないということになる。そうであれば、法制上、後半部分の規定の存在意義はないこととなり、これを廃止するということになるものと思われる。これに対し、②又は③につき、文言上の差異どおりに規定の実質も異なるものと解すれば、両者はその適用範囲が異なることとなり、後半部分の規定を維持することになると思われる。この場合には、商法222条11項に規定する事項のうち、組織再編行為のみが後半部分の対象とされていることを含め、その対象範囲が妥当かどうか（例えば、新株の有利発行等も対象に加えるべきかどうか）等について検討する必要があるように思われる。

(3) 議決権制限株主の買取請求権

現行法上、(i)組織再編行為に係る株主総会の決議につき議決権を有しない種類の株式（以下(3)において「議決権制限株式」という。商法222条1項5号参照）については、株主総会の決議に反対の議決権行使を要件とする株式買取請求権（商法355条1項）が認められるかどうかについて解釈上争いがあり、また、(ii)株主総会が開催されない簡易組織再編行為（商法358条等）の際の株式買取請求権については、反対の議決権行使が要件とはされていないが、これが議決権制限株式にも認められるのかどうか、さらに、(iii)種類の株主の総会の決議に反対の議決権を行使した当該種類の株主に株式買取請求権が認められるかどうか（商法345条3項、346条参照）についても、不明確であるという指摘がなされている。

この点に関し、組織再編行為の際の株主の株式買取請求権は、株主が投資した会社の基礎に変更が生ずる場合に、その変更に反対する株主に投下資本を回収して経済的救済を得る道を与えるものであり、必ずしも議決権を前提とした権利として規律する必要はないと考えることができる。また、議決権制限株式の株主に買取請求権を認めないものとすると、当該種類の個々の株主には、議決権を有する株主（普通株主等）による議決権濫用に

- 28 -

対抗する有効な手段がないこととなる。
　試案では、組織再編行為の際には、議決権制限株式の株主も含むすべての株主に対し、原則として株式買取請求権を与えるものとしつつ、①組織再編行為に係る株主総会又は種類の株主の総会（任意種類株主総会（商法222条9項）も含む趣旨である。以下(3)において「株主総会等」という。）における議決権を有する株主については、その開催前に反対の意思の通知を怠るか、又は当該株主総会等において反対しなかったとき、②組織再編行為に係る株主総会等において議決権を行使する機会のない株主（株主総会等がそもそも開かれない簡易組織再編行為の際のすべての株主、株主総会等は開催されるが当該株主総会等における議決権を有しない株主（議決権制限株式の株主等）等）については、会社が指定する期間（公告・通知後2週間）内に反対の意思の通知を怠るときには、株式買取請求権を行使できないこととしている。試案①及び②は、以上の内容を整理して表現したものである。
　なお、試案の取扱いをすることとすれば、すべての株主に原則として株式買取請求権が与えられることから、試案第4部・第3・8(2)の（注2）の措置は要しないこととなる。

9　端株・単元株

　現行法では、株式の一株に満たない端数を端株とすることができる端株制度が設けられている（商法220条ノ2から220条ノ7まで）。端株主の権利については、株主管理コストの節減の観点から限定されており、議決権や少数株主権は認められていない。他方、現行法では、同様に株主管理コストの節減の観点から設けられた制度として、単元株制度が存在する（商法221条、221条ノ2）。単元株制度は、一定数の株式を一単元の株式と定め一単元につき一議決権を与えることとするものである（商法241条1項ただし書参照）。
　これらの制度は、一株に満たない株式に関する制度であるか、一株以上で一定数に満たない株式に関する制度であるかという点において異なり、また、端株主の有する権利と単元未満株主の有する権利の内容も異なっている。
　しかし、両制度は、一定の規模に満たない出資について会社の管理コストを削減するための制度であるという点では共通であり、会社が発行している株式の一株の単位が大きい場合には端株制度が、小さい場合には単元株制度が利用されるべきものと整理することも可能である。そして、現行法では、株式の大きさについては、会社がその会社に合った適切な大きさに変更することができることからすると（商法220条ノ2第3項、221条1項参照）、両制度を並存させておかず、一つの制度として整理することができるものと考えられる。端株制度と単元株制度とを並存させておくと規定が複雑になり、分かりやすさという点において、会社法制の現代化の方針に反することとなるという指摘もある。
　試案では、端株制度と単元株制度とを一本化することを提案している。
　両制度を一本化する場合は、現行法上の端株制度と単元未満株制度との相違点について、どのような調整を図ることとするかが問題となる。（注1）では、その調整の在り方としてa案とb案の2案を提案している。
　a案は、制度を一本化するに際し、端株主・単元未満株主が有する権利内容を同一にすることを指向するものである。その権利内容については、3つの案を提案している。①は、自益権については定款の定めによる制限を認め、共益権については与えないこととし、現行法上の端株制度に近いものとするもの、②は、自益権については定款の定めによる制限を認めず、共益権については定款の定めによる制限を認めるもの、③は、自益権のほか、議決権に関するもの以外の共益権を与えることとするものである。
　b案は、部会において、a案のような権利内容の同一化を行う場合の権利内容の在り方についての意見の調整が困難であったことにかんがみ、現行の端株主が有する権利と単元未満株主が有する権利との実質的な内容をいずれも維持し、現行法において株主総会の特別決議により両制度間の移行ができる点をも維持しようとするものである。すなわち、現行法では、端株制度をとる株式会社が単元株制度を採用するためには、株式分割（取締役会決議）（商法218条）と単元の設定（株主総会特別決議）（商法221条1項、342条、343条）とが必要であり、単元株制度をとる株式会社が端株制度を採用するためには、株式併合（株主総会特別決議）（商法214条）と端株の割合の決定（株主総会特別決議）（商法220条ノ2第3項、342条、343条）とをすることが必要であることから、両制度間の移行は株主総会の特別決議により可能であると捉えることができる。この点を維持しつつ、両制度間の移行には株式自体の大きさを変更するための株式の分割又は併合を要するものとする現行制度を改め、株式自体の大きさとはかかわりなく、両制度間の移行を認め、端株・単元未満株の法制的な概念のみの一本化を図ろうとするのがb案である。

なお、法制的な整理の仕方としては、制度の実質的な内容にふさわしい制度となるよう今後検討することとなるが、株式とは別個の端株という概念を規定するよりは、単元未満株式という概念を規定するほうが法制的に簡便であると考えられるため、端株制度を廃止する方向で検討することとしている。また、仮に、端株制度を廃止する場合においても、端株制度を採用している会社に負担がかからないよう所要の手当をすることとしている。（（注2）参照）。

10 議決権制限株主その他の株主の少数・単独株主権等

(1) 議決権基準・株式数基準

平成13年の第79号改正により自己株式の取得が原則として自由化されたこと、単元数を種類株式ごとに設定することが認められた。本来種々の権利が認められるべきではない性質を有する自己株式を相当数会社が保有することに伴い、発行済株式総数が現に会社に対して権利を行使することができる株式の数よりも多くなり、少数株主の権利が希薄化することになる。また、種類株式ごとに単元数を設定することも認められたことから、各種類の一株当たりの大きさを相当程度異なるものとした上で、単元数の大きさを異ならせることにより、種類間の各種の権利内容を均衡させるような調整をすることも可能となる。このため、各株主の有する株式数が、端的に会社に対する持分割合を表象したものとして捉えることが適当ではない場合が従来よりも生じやすい状況となり、この点にかんがみて、議決権については、一単元の数の株式につき一個の議決権を与えることとする規定（商法241条1項）が新たに設けられて、株式数を一単元の株式の数で除して得た数、すなわち単元数を基準として持分割合を評価するものとされた。そして、少数株主権の行使要件については、以上のような状況を踏まえるとともに、少数株主権が共益権的性質を有するものであることをも踏まえ、議決権数を基準としているものである。

そして、平成13年の第128号改正により、議決権制限株式を有する株主の少数株主権について、定款をもってこれを制限することができるものとする改正（商法222条4項）が行われた。

しかし、少数株主権の中には、株主であれば当然に認めるべき権利も含まれており、議決権の有無や定款の定めにより、これを制限することが適当ではない権利もあり、そのような少数株主権については、株式数を基準とするべきではないかという指摘がされている。例えば、議決権を有しない株主であっても、配当その他の自益権を有しており、会社の財産状況等を知るために帳簿閲覧をしようとする場合を考えると、議決権がないからといってその帳簿閲覧請求権を否定することは合理的ではないといえる。

試案は、こうした観点から、帳簿閲覧請求権（商法293条ノ6）、業務財産調査のための検査役選任請求権（商法294条）等会社の財産状況等の調査に係る少数株主権については、行使要件を株式数・単元数基準に改めるものとしている。

また、解散判決を裁判所に求める解散請求権（商法406条ノ2第1項）については、解散の決議（商法405条）とは別に、会社の運営上重大な問題が生じている等やむを得ない事由があるときに認められる請求権であることから、議決権がない株主であっても、一定程度の持分割合を有する株主であれば、認められるべきものであると考えられる。このため、解散請求についても、行使要件を株式数・単元数基準に改めるものとしている。

（注）では、株式数・単元数基準に改めるものとした場合に、その分母となる株式数に含めない株式として、自己株式、相互保有株式、単元未満株式を挙げている。まず、自己株式・相互保有株式は、支配の平等の観点から、会社自身がその権利の行使をし、又はその権利の行使に影響を与え得る株式であるものとして、株式の種類にかかわらず、議決権を有しないものとされているものであり、これらの数を計算の基礎に含めることとすると、自己株式や相互保有株式の割合が大きい場合には、他の株主による少数株主権の行使を不当に制限する可能性があることから、これらの数については、計算の基礎から外すこととしている。次に、単元未満株式については、これを有する者が少数株主権の行使をすることはないことから、制度上行使することができない者の有する株式数を計算の基礎に含めることにより他の株主による少数株主権の行使を不当に制限することがないよう、計算の基礎から外すものである。

なお、平成13年の第79号改正前とは異なり、単元を設定している会社においては、株式数ではなく単元数を基準とすることとしているが、この理由は、前述のとおりである。

(2) 株主総会に関連する少数・単独株主権等

現行法では、前述のとおり、議決権制限株式の株主に対しては、定款をもって、少数株主権を与えないこととすることができることとされている（商法222条4項）。しかし、株主提案権、総会招集権、総会検査役選任請求権、議決権行使書面・

代理権を証する書面等の閲覧・謄写請求権については、ある事項について議決権を行使することができる議決権制限株式の株主の固有の権利として認められるべきものであって、当該事項に関するこれらの権利を定款で奪うものとすることには問題があるという指摘がされている。

他方で、現行法においても、議決権制限株式の株主が議決権を行使することができない事項については、定款によりその権利を行使することができない旨を定めなくても、当該株主には当該事項に関する株主提案権等の少数株主権は認められないものと解されている。

試案では、この点について、議決権を行使することができる事項に係る権利についてはその行使を法律で保障することとし、議決権を行使することができない事項に係る権利についてはその行使をすることができないものとすることを提案している。これにより、一方で、議決権を行使することができる事項に係る権利については、定款をもっても少数株主権を奪うことはできないこととなり、他方で、議決権を行使することができない事項に係る権利についてはその行使をすることができないことが明確化されることとなる。

なお、試案に掲げるような取扱いについては、試案に掲げた権利に限り、これを認めるものである。例えば、株主総会の決議取消しの訴えの提起権については、当該決議につき議決権を行使することができない株主であっても、当該決議の内容が定款に違反するような場合（商法247条1項2号）には訴えの提起が認められるべきであり、このような権利をも制限しようとするものではない。

(3) 特定の決議事項に関連する少数株主権等
① 取締役・監査役・清算人の解任請求

現行法では、取締役・監査役・清算人の解任請求権を行使することができる株主の要件としては、議決権基準が用いられている（総株主の議決権の100分の3）（商法257条3項，280条1項，426条2項参照）。

取締役・監査役の解任請求権は、解任決議が否決された場合にはじめて行使できるものであること等から、当該取締役・監査役・清算人の解任決議について行使することができる議決権を一定の割合以上の議決権数有する株主のみが行使することができることとすべきではないかとも考えられる。この考え方に基づくものがa案である。

他方、解任請求をすることができる場合は、取締役の「職務遂行ニ関シ不正ノ行為又ハ法令若ハ定款ニ違反スル重大ナル事実アリタル」場合又は「重要ナル事由アルトキ」（商法257条3項，426条2項参照）とされていることにかんがみると、必ずしも解任決議において議決権を行使することができない株主であっても、解任決議がされない場合において解任請求をすることができることとすべきであると考えることができる。このような考え方に基づけば、議決権の有無に関わらず一定の割合の株式数・単元数を有する株主にも解任請求権を認めるべきであるということになり、b案はその旨を提案するものである。

なお、現行法上、種類株主が選任した取締役等の解任請求権については、当該種類株主総会において解任決議がされなかった場合に当該種類の総株主の議決権のうち100分の3以上を有する株主がその請求をすることができるほか、総株主の議決権の100分の3以上の議決権を有する株主もその請求をすることができる（商法257条ノ4第4項参照）。したがって、現行法上、種類株主が選任した取締役等の解任請求権については、b案に近い取扱いがされているといえる。（注）では、種類株主が選任した取締役等の解任請求権について、それ以外の場合につきいずれの案が採用されるか等も踏まえ、なお検討することとしている。

② 取締役等の定款授権による免責に対する異議の申出をする権利

現行法では、取締役等の定款授権による責任の一部免除（商法266条12項）に対する異議の申出権は、総株主の議決権の100分の3以上を有する株主においてすることができることとされている（商法266条15項）。定款授権による免責制度においては、具体的な免責の決議は取締役会においてなされるものであって株主が議決権を行使すべき事項ではない。しかし、取締役等の定款授権による責任の一部免除に対する株主の異議の制度は、取締役会限りでの一部免除を認めない株主が異議を述べ、その数が一定数を超えたときには、会社は、株主総会の決議によらなければその責任の一部免除をすることができないこととなる（商法266条7項）。このことにかんがみると、取締役会により責任の一部免除が決議された場合に株主がそのチェックをする制度としての異議の申出の制度においてその申出をする権利を有する株主は、株主総会による取締役等の責任の一部免除の決議において議決権を行使することができる株主とすることが適当であると考えられる。試案は、この点につき提案するものである。

なお、部会においては、取締役等の定款授権による免責に対する異議の申出をする権利を行使す

ることができる株主が免責の対象となる取締役のみとなる場合において、異議申出の適正性を確保する何らかの措置を検討すべきであるとの意見も出された。

また、簡易組織再編行為における反対株主の異議の申出の制度についても、同様の考え方を採用することが可能であり、組織再編行為につき議決権を行使することができない場合における買取請求等の制度につき整備を行うとともに（試案第4部・第3・8(3)参照）、異議の申出の制度についても、上記と同様の見直しを行うことが考えられる。

(4) 少数株主権と少数社員権の行使要件

現行法では、有限会社の少数社員権の行使要件は、総社員の議決権の10分の1とされているが、株式会社については、少数株主権ごとにそれとは異なる行使要件が定められている場合がある。試案第4部・第1・1で掲げている株式会社と有限会社の規律の一体化を図ろうとした場合、有限会社における少数社員権の行使要件と取締役会の設置されない譲渡制限株式会社における少数株主権の行使要件との差異について、その調整が必要となる。

試案では、まず、有限会社の少数社員権の行使要件について、定款に別段の定めがない限り、現行の株式会社の少数株主権と同様にすることとしている。また、有限会社と取締役会を置かない譲渡制限株式会社において、要件が「総株主（総社員）の議決権の10分の1以上」よりも緩やかな要件のものについては、定款をもって、「10分の1」までの範囲内で要件を引き上げることができることとし、両者の調整を図ることとしている。

有限会社の少数社員権について、定款に別段の定めがない場合に株式会社と同様の要件とすると、現行法より緩やかな要件による少数社員権の行使を認めることとなる。しかし、そもそも有限会社において株式会社より少数社員権の行使要件が厳格になっているのは、株式会社における少数株主権の行使要件よりも厳格にすべき積極的な意図によるものではなく、当初は同一の要件であったものを、株式会社について、大企業化に伴う株式の分散に対応するとともに取締役の権限拡大に対する株主の地位の強化を図るために、少数株主権の行使要件を緩和したことによるものである。他方、有限会社については、持分の売却が容易ではなく、社員の意思がより経営に反映されるべきであると考えられることや、少数社員権が任意機関とされている監査役の役割を代替すべき場合があり得ること等から、むしろより緩やかな要件で少数社員権の行使を認めてもよいとの考え方もある。

このような考え方からは、定款に別段の定めがない場合には、有限会社における少数社員権の行使要件を現行法の株式会社と同様の要件とすることにも十分合理性があるといえる。試案は、このような考え方に立つとともに、現行制度を踏まえ、定款の定めにより、現行の有限会社におけると同様の要件までは、少数社員権の行使要件を厳格化することができることとしたものである。

試案によれば、取締役会の設置されない譲渡制限株式会社においては、定款に特段の定めがない限り、他の機関設計を有する株式会社と同様の規律となるが、取締役会が設置されない譲渡制限株式会社が法制的に有限会社と近似の機関設計となるものであることから、定款の定めにより、有限会社と同様の要件まで少数株主権の行使要件を厳格化することができることになる。

この点、取締役会の設置されない譲渡制限株式会社のみならず、譲渡制限株式会社一般について、定款による少数株主権の行使要件の厳格化を認めてもよいのではないかという意見もある。しかし、取締役会が設置される譲渡制限株式会社は、現行法上の有限会社とは異なる会社形態であること等から、同様の厳格化を認めるかどうかについてはなお検討することとしている（(注1)参照）。

また、株式会社における単独株主権及び少数株主権の行使要件については、議決権数の要件（少数株主権のみ）以外に、6か月間の保有期間制限が課せられているものがある。これは、もっぱら少数株主権の行使のために株式を取得して少数株主権を濫用することを防止するために設けられているものである。しかし、譲渡制限株式会社においては、通常、株主は人的信頼関係のある者に限られる場合が多く、新たに株主になろうとする者が株式を譲り受けるためには、会社の承認を得る必要があることにかんがみると、このような6か月の保有要件を課す必要性は低いと考えられる。したがって、譲渡制限株式会社については、一般的に単独株主権及び少数株主権における6か月間の保有期間制限は課さないものとすることを提案している（(注2)参照）。

さらに、一般に、定款をもって、少数株主権とされている権利について、その行使要件を引き下げ、又は単独株主権とすることを認めることは、現行法の解釈においても認められるのではないかという指摘があったところである。（注3）は、この点を明らかにするものである。

- 32 -

(5) 株主名簿等の閲覧・謄写請求権

現行法では、株主名簿については、株主及び会社の債権者が営業時間内いつでもその閲覧・謄写を求めることができることとされている（商法263条）。しかし、これについては、いわゆる名簿屋が名簿の入手により経済的な利益を得るために利用しているという弊害が指摘されるほか、プライバシー保護の観点からの問題点も指摘されているところである。判例においても、株主名簿の閲覧・謄写請求が不当な意図・目的に基づくなど濫用的なものであることを立証した場合には、会社はその請求を拒むことができることとされている。

試案は、このような点にかんがみ、株主名簿の閲覧・謄写請求権について、一定の拒絶事由を定めようとするものである。その事由として、①株主の権利の確保又は行使のための請求でないとき、②株主が書類の閲覧・謄写によって知り得た事実を利益を得て他人に通報するために請求をしたとき、③請求の日の前2年内においてその会社又は他の会社の書類の閲覧・謄写によって知り得た事実を利益を得て他人に通報した者が請求したとき、の3つを提案している。

①は、株主名簿の閲覧・謄写請求権の趣旨を株主の権利の確保又は行使のためのものと捉え、それ以外の目的による請求を認めないこととするものである。②は、利益を得るための不当な意図に基づく閲覧・謄写請求を認めないこととするものである。③は、②については請求の時点において会社がその目的を知ること及びその証明をすることが困難であることにかんがみ、過去に濫用的な閲覧・謄写請求をした者の閲覧・謄写請求については、これを認めないこととして、実際の運用に配慮したものである。

なお、社債原簿、新株予約権原簿についても、同様の問題があるため、同様の措置を講ずることとしている（(注)参照）。

11 基準日
(1) 基準日後の株主の議決権

現行法では、議決権を行使する株主を定めるための基準日の制度が設けられているが（商法224条ノ3）、これについては、当該基準日後に生じた株主であっても議決権を行使することができるようにすべきであるとの実務上の要請がある。例えば、基準日後における組織再編行為により新たに株主になった者が、取締役の選任などについて株主総会で議決権を行使することができるようにすべきであるとの要請である。

試案では、このような要請にかんがみ、基準日後に生じた株主につき、会社の判断により議決権を行使することができる株主を定めることを認めるものとしている。

この点については、平成13年の第128号改正前の通説的な解釈として、基準日は会社の便宜のために認められた制度であることから、基準日後であっても新株発行により新たに株主になった者については、これを把握している立場にある会社からその議決権行使を認めることは構わないとの解釈がなされていた。条文上も、同改正前は、基準日後に転換社債の転換請求により発行された株式、新株引受権付社債の新株引受権の行使によって発行された株式及び新株引受権の行使によって発行された株式については株主は議決権を有しない旨が規定されていた（旧商法341条ノ6第2項、341条ノ18、280条ノ22第4項）が、基準日後に新株の発行がされた場合については明文の規定がなかったことから、新株の発行により新たに株主になった者は議決権を行使することができるのではないか、又は議決権を行使させるべきであるという解釈がされていた。しかし、平成13年の第128号改正においては、基準日後に新たに株主となる者は、新株の発行のほか、自己株式の処分によっても生ずるが、自己株式の処分は新株の発行に類似する側面と株式の譲渡に類似する側面の双方を有する（仮に、新株の発行と整理すれば従来の解釈により議決権を有することとなるが、譲渡と整理すれば有しないことになる）ため、その取扱いをどうすべきかが問題となるほか、組織再編行為や新株予約権の行使の際にも新株の発行のほか、自己株式の処分も認められたこと等に鑑み、新株発行手続により発行された新株のみを特別に取り扱うことに合理性があるかどうか疑問があったため、基準日の制度について、基準日に株主名簿に記載されている株主のみが議決権を行使することができる株主であるとの整理がされ、基準日後に新株予約権又は新株引受権の行使により株主となったものについては、当然議決権を有しないものとされた。その結果、その旨の規定を設けるまでもないとして、これらの規定が削除されたところである。

しかし、上記のような実務上の要請があることから、基準日の制度についての見直しの提案をしようとするものである。

なお、これに関連して、前述のとおり譲渡の性質を有する自己株式の処分と新株発行との区別が困難であり（組織再編の場合には、一部を代用自己株式とすることにより両者が混在することにな

る),譲渡により株主となった者と新株発行により株主となった者を区別することに合理性があるかどうかが問題となるが,仮に会社の判断により定めることとなれば,この問題は,会社において適切に処理すべき問題となる。

また,会社の判断により基準日後の株主にも議決権を認めることとなると,同じように基準日後に株主となった者であっても会社の判断により議決権が認められる者と認められない者とが存在し得ることになるなど,株主平等の原則に反するような扱いがなされるおそれがあるという指摘もある。この点については,部会における議論の中で,そのような扱いは当然に違法となり,仮にそのような扱いがされた場合は一般原則違反として争うことができるので,会社の判断に任せるべきであるという意見が出されている。更に,部会では,本来,基準日後に株主となったものも含めて株主総会の日に株主である者が当該基準日に係る株主総会において議決権を有し得るものであること(例えば,基準日を定めた後,再度基準日を定めることもできる)から,仮に会社の裁量で基準日後に株主となったものに議決権行使を認めないことを許容した場合にも,株主平等に反する扱いをしたときは違法になるとの意見も出された。

なお,議決権を行使すべき株主を確定する制度として,現行法上,基準日制度の他に株主名簿閉鎖の制度があるが,平成15年9月10日に法制審議会総会で決定された「株券不発行制度の導入に関する要綱」においては,この制度は廃止することとされている。

(2) 新株主の配当起算日

現行法の下では,実務上,新株発行の場合における配当の取扱いについて,これを日割配当とする扱いが行われることがある。これは,投下資本の稼動期間に比例して配当が生ずるべきだとの考えに基づく取扱いであり,新株主の配当起算日に関する商法280条ノ20第2項11号の規定がこのような解釈の根拠とされている。しかし,利益配当額は,必ずしも一営業年度の利益を基準に決定されるわけではないことから,日割配当を行うべき論理的必然性はないという指摘がされている。また,仮に,日割配当を行う場合においては,配当起算日の異なる同一の種類の株式が存在することとなり,その法律関係をどのように整理するかは必ずしも明らかではない。

試案では,このような点を踏まえ,「日割配当」という考え方を採用せず,基準日等における株主が,その有する株式の発行時期にかかわらず同一に配当を受けるものとし,新株主の配当起算日に関する規定(商法280条ノ20第2項11号)については,削除するものとしている。

なお,現行法上,基準日制度(商法224条ノ3)と,株式の割当日の制度(商法219条1項,280条ノ4第3項等)とは別の制度として規定されているが,一定の日における株主に対して一定の権利を付与するという観点からは,同趣旨の制度であると捉えることができることから,現代化に当っては,両制度を同一の制度として整理することとしている((注1)参照)。

また,(注2)では,試案の(1)の措置を配当等の基準日等へ適用することについて,なお検討することとしている。この点については,議決権に関する基準日から議決権行使までの期間が長くなり得ることや,組織再編行為等により基準日後に株主になった者にも,将来の会社の経営に関わる事項(取締役の選任等)については,議決権を行使させる必要性があること等,議決権については,基準日後の株主に行使を認めるべき理由が存する点で,配当や割当とは異なる特殊性もあり,統一的に考えることが難しい可能性もあり,なお検討を要する。

12 新株発行及び増資の手続

(1) 譲渡制限株式会社の新株発行手続

① 第三者に対する発行手続

現行法では,譲渡制限株式会社においては,新株を株主割当て以外の方法で発行する場合には,株主総会の特別決議が必要とされている(商法280条ノ5ノ2)。この株主総会の特別決議は有利発行のための株主総会の特別決議とは別個の概念であり,有利発行を行う場合には,別途,有利発行に関する株主総会の特別決議が必要とされている(商法280条ノ2第2項等)。

しかし,譲渡制限株式会社においては,株式の価値の把握が困難であり有利発行の判断が難しい上,第三者に対する発行につき株主総会の決議を要するのであるから,その決議に際してあわせて価格に関する事項も決議することとした方が,株主の保護に厚いということができる。また,これらはいずれも1年以内に行われる新株発行についての決議であって,手続的な負担が著しく増加するわけではないことから,両手続を一本化することにも合理性があると考えられる。

試案では,現行法上の第三者に対する発行についての決議(商法280条ノ5ノ2参照)において決議事項とされている株式の種類及び数のほかに,

当該決議において発行価額の下限をも定めることにより、有利発行手続との一体化を図ることとしている。

この点については、部会において、発行価額の下限ではなく確定した発行価額を定めるべきではないかという意見があったが、現行の有利発行規制が下限を定めることとしていること、譲渡制限株式会社においても、引受人との交渉等により発行価額が変動する可能性があり、下限のみを定めておくべきニーズがあることから、試案では、下限を定めれば足りることとしている。

現行法では、自己株式の処分につきこの点において新株発行と同様の規律があり、また、新株予約権及び新株予約権付社債についても、譲渡制限株式会社においては、第三者に対する発行のための株主総会の特別決議と有利発行決議とが別の手続となっているが、これらについて上記と同様の考え方を採用することが可能であり、(注) では、自己株式の処分、新株予約権についても同様の措置を講ずるものとしている。

② **株主割当て**

現行法では、株主割当ての場合において、一株に満たない部分及び申込期日までに引受権者から申込みがされなかった部分については、公示・通知の手続を経ずに新株発行をすることができる旨規定されている（商法280ノ3ノ3第2項）。これは、このような部分は数も少なく株主に与える不利益は小さいものと考えられたこと、日程的に法定の手続を履践することが困難であること等の理由によるものである。

しかし、この規定による当該部分の再募集を行うことにより、株主に平等に割り当てるべきであるとする規制を潜脱し、有利発行決議を経ることなく安価な発行価額を設定する等の実務慣行があることが指摘されている。

試案では、このような問題点の指摘を踏まえるとともに、当該部分が必ずしも僅少であると限らず、株主に影響を与える可能性もあることから、公告・通知の手続を経ないこのような再募集を認めないこととするものである。すなわち、再募集のための特別の制度は設けずに、再募集に相当するものであっても、通常の新株発行と同様、所要の手続をとるべきものとすることを提案しているものである。

(2) 有限会社の増資手続

① **第三者割当て**

現行法では、有限会社の定款には資本の総額を定めることとされているため（有限会社法6条1項3号）、増資をする場合には定款変更のための社員総会の特別決議が必要となる（有限会社法47条、48条）。そして、資本の増加は必ず定款変更を伴うことになるので、各増資ごとに決議を行う必要がある。

また、有限会社の社員は出資の引受権を有することとされており（有限会社法51条）、第三者割当てを行う場合には、増資のための社員総会の特別決議において別段の定めをするか（有限会社法49条3号）、特定の者に対して将来の増資の際の出資引受権を付与することについての社員総会の特別決議を経ること（有限会社法50条）が必要とされている。

これらの点につき、まず、試案第4部・第2・4(3)において、有限会社の定款の記載事項から資本の総額を削除することとしているため、(社員割当てを含めた) 各増資ごとに定款変更のための社員総会の特別決議を必要とするという制約はなくなることになる。次に、第三者割当てを行う場合においては、有限会社法49条3号又は50条のいずれかの規定に基づく社員総会の特別決議が必要とされるという規律については、有限会社における資金調達を円滑化するという観点から、一定の合理化が必要ではないかと考えられるところである。

すなわち、増資に係る規制は、新たな社員の加入と持分割合の変動に関して既存の社員の利益をどのように保護するかという問題に関わるが、譲渡制限株式会社の株主間の関係と有限会社の社員間の関係とは大きく異なるところはないことから、有限会社と譲渡制限会社との増資又は新株発行に伴う既存の社員又は株主の保護に関する制度を大きく異なるものとして維持しておく合理性は乏しいのではないかと考えられる。

試案では、有限会社についても、試案第4部・第3・1 2(1)①の譲渡制限株式会社と同様、出資の口数、種類（種類株式と同様のものを認める場合（試案第4部・第3・7(1)参照））、払込金額の下限を社員総会の特別決議で定めることにより、決議後1年以内に払込みが行われるものに限り、具体的な出資の口数、払込金額等の決定については、取締役に委任することを認めることを提案している。

なお、割当者の決定については、譲渡制限制度における承認機関の在り方との平仄（譲渡の承認が社員総会決議によるときは、割当者も社員総会が定めることとなる。）を合わせつつ、所要の措置を講ずることとなる（商法280条ノ2第1項9

号参照)。

また,有限会社についても新株予約権及び新株予約権付社債の発行を許容すること(試案第4部・第6・1参照)とした場合の新株予約権及び新株予約権付社債の発行手続についても,上記と同様の考え方を採用することが可能であり,同様の措置を講ずることとなる。

② 社員割当て

上記①で述べたように,現行法では,社員割当てか第三者割当てかにかかわらず,有限会社が増資を行う際には定款変更のための社員総会の特別決議が必要とされているが,定款に資本の総額を記載しないこととした場合には,定款変更のための社員総会の決議は不要となることから,社員割当てによる増資についてどのような手続を必要とするかが問題となる。この点,社員割当てにより増資を行う場合には,社員の持分割合の維持について一定の保護があり,また,新たに社員となる者がいないことから誰を新たな株主とすべきかについての判断は必要とされない。このような観点から,有限会社においては,社員割当ての場合には取締役の判断により増資を行うことを認めても弊害は少ないものと考えられる。他方,社員が出資を引き受けるためには一定の経済的出資を伴うため,出資の引受けに応じられない社員の持分割合が維持されなくなることにかんがみ,取締役に社員割当てを行う権限を与えるためには,定款による授権を要するものとすべきであると考えられる。

試案では,以上のような観点から,社員割当てにつき,定款に定めがあるときは,社員総会の決議を経ずに,取締役が増資に関する事項を決定することを認めるものとしている。

なお,ここでいう「定款の定め」と,現在の譲渡制限株式会社の授権株式数(その数について発行済株式総数との関係において規制されないもの)との関係についても検討が必要となる。上記のような観点からすると,譲渡制限株式会社における授権株式数及び有限会社における「定款の定め」は,株主割当て又は社員割当てにより取締役会又は取締役限りの判断で発行することができる株式数の上限を画する意味を有するものとなることから,端的にそのような制度に改めることも考えられる。また,仮に,このような見直しを行う場合には,定款で定められる種類株式の発行可能株式数と授権株式数等との関係についても,見直しが必要となる。

また,有限会社についても新株予約権及び新株予約権付社債の発行を許容すること(試案第4部・第6・1参照)とした場合の新株予約権及び新株予約権付社債の発行手続についても,上記と同様の考え方を採用することが可能であり,同様の措置を講ずることとなる。

(3) 株式申込証の用紙

現行法では,株式の引受けの申込みは,原則として株式申込証により行うこととされている(商法175条,280条ノ6)。具体的には,株式会社は,一定の事項を記載した株式申込証の用紙を株式の引受けの申込みをしようとする者に交付し,株式の引受けの申込みをしようとする者はこれに必要事項を記入して株式申込証を会社に交付することにより株式の引受けを申し込むこととなる。このように,株式申込証の機能としては,第一に,株式の引受けの申込みをしようとする者がその意思表示を株式申込証という書面をもって行うこと,第二に,株式の引受けの申込みをしようとする者に対して会社が一定の事項を株式申込証の用紙への記載によって書面により通知することの2点が含まれていると考えることができる。

試案では,第二の点に関連して,株式会社が株式の引受けの申込みをしようとする者に対して行う通知については株式申込証の用紙への記載によるという形式を強制しないこととするとともに,通知すべき内容及び通知すべき場合についても合理化を図ることを提案するものである。

試案の①では,まず,株主割当ての場合には,株主が株式を引き受けるかどうかを判断する資料を提供するため,引受権を有する株式の内容等に関する事項を株主に通知する制度を維持することを提案している。これは,株式会社において株式申込証の用紙で行われている通知の実質をほぼ維持するが,通知の方法としては,株式申込証の用紙に記載するという方法ではなく,特段の方式を定めないこととするものである。通知義務さえ課しておけば,必ずしも方式を法律で強制する必要はないと考えられるからである。なお,現行法では,株式申込証の用紙の記載事項には会社に関する情報も含まれているが,株主割当ての場合においては,既に株主である者に対する通知であるため,試案の①においては,会社に関する情報を通知する必要はないものと考えられる。

試案の②では,会社が割当者を定め,当該割当者が発行しようとする株式の総数を引き受ける場合には,法律上特別の開示制度を設けないこととしている。これは,割当者を定める場合には引受契約等によって会社と株式に関する情報が開示さ

れていることが期待されること等により，会社法（仮称）上の制度としての開示による保護は要しないものと考えられるためである。

試案の③では，会社が割当者を定めずに引受人を募集する場合であって，証券取引法の規定により目論見書等が交付されないときには，株式を引き受けようとする者に対し，現行の株式申込証の用紙に記載すべき事項を通知することを要するものとしている。これは，目論見書等により会社と株式に関する事項が株式を引き受けようとする者に開示されるのであれば，重ねて通知による開示をする必要はないと考えられる一方，目論見書等による開示がされない場合には，引受人の募集に当たって申込者に一定の情報を知らせる必要があるためである。

この点について，有限会社においては，現行法では，条文上は決議すべき事項が定められてはいないものの，増資ごとに社員総会が開催されるため，一定の事項が社員に対して通知されることとなっているが，試案第4部・第3．12⑵の制度により取締役の決定で増資を行い得ることとした場合には，増資時に社員総会の決議がされないこととなり，一定の事項が通知されなくなる。そこで，通知の制度を実質的に維持するため，上記のような制度を有限会社にも導入することとなる。

なお，前述した株式申込証の用紙の機能のうち，株式の引受けを書面により行うという点については，その制度を維持するものとしており，（注1）はその点を明らかにするものである。

また，新株発行における申込者に対する開示の制度趣旨は，申込みをしようとする者に対して情報を提供することであるから，（注2）では，新株予約権，社債，新株予約権付社債についても同様の措置を講ずるものとしている。

(4) 新株発行の際の公告・通知

現行法では，新株発行の際には，一定の事項につき公告・通知を行うこととされている（商法280条ノ3ノ2）。これは，新株発行についての情報を事前に株主に知らせることにより，それが法令・定款に違反する場合又は不公正な方法によるものである場合には，損害を受けるおそれのある株主が発行差止め等の措置を講ずることができるようにするためである。そのための期間は2週間とされていることから，株主が払込期日の2週間前までにこれらの情報を受領することができれば，会社法（仮称）による公告・通知を重ねて行う必要はないものと考えられる。

試案では，証券取引法に基づく届出書等において商法の規定により公告等をすべき事項が払込期日2週間前までに開示されている場合には，商法の規定による公告等を不要とするものとしている。

なお，この提案は，会社法（仮称）に基づく公告等に係るコストの削減と会社法（仮称）と証券取引法との開示規制の差異による実務上の負担及びスケジュールその他の調整を容易にしようとすることをも企図するものであるが，部会においては，後者の点については，平成13年の第79号改正により，市場価格ある株式を公正な価額で発行する場合における発行価額についてはその具体的な価額まで決定・公告等をする必要はなく，その決定の方法を公告等すれば足りることとされたため，発行スケジュールの阻害要因になるという事態が解消されており，前者の点については，法制審議会総会において平成15年9月10日に決定された「電子公告制度の導入に関する要綱」により電子公告制度を導入することとされていることから，電子公告制度が導入されれば公告費用の縮減の要請はそれほど強いものではなくなることが予想されるという意見が出されたところである。したがって，（注）では，電子公告制度導入後の本措置の必要性については，なお検討することとしている。

13 新株発行無効の訴え等
(1) 提訴期間

現行法では，株式会社における新株発行無効の訴え及び有限会社における資本増加無効の訴えの提訴期間は6か月とされている（商法280条ノ15第1項，有限会社法56条1項）。

しかし，譲渡制限株式会社の新株発行における第三者発行決議と有利発行決議とを一体化させることとした場合（試案第4部・第3．12⑴①参照）には，譲渡制限株式会社における新株発行においては，株主割当ての場合及び第三者割当ての場合とも，具体的な発行事項の公告・通知は省略されることとなるため（商法280条ノ3ノ3第1項参照），新株発行の実態が株主にとって必ずしも自明とはならない。そして，株主が新株発行があったことを知る機会は，事実上，他の株主の状況を知り得る株主総会開催時に限定されるため，新株発行後，提訴期間である6か月の間に株主総会が開かれない場合には，株主がその新株発行の事実を知らないまま提訴期間を徒過してしまうという事態が生じ得るという問題点も指摘されている。これらの点は，有限会社の増資無効の訴えについても同様に考えられる。

また，譲渡制限株式会社については，株主の移動

- 37 -

が頻繁ではないことが多く、株主の拡散が起こりにくいとも考えられることから、提訴期間を延長したとしても、新株発行無効の訴えの提訴期間を延長することによる弊害が大きくないといえる。

このような観点から、試案では、定時総会が毎年一回は開催しなければならないとされていることを踏まえ、譲渡制限株式会社における新株無効の訴え及び有限会社における資本増加無効の訴えの提訴期間を1年に延長することとしている。

この点に関連して、部会においては、合併その他の会社の行為の無効の訴えの提訴期間についても伸張すべきではないかという意見が出された。しかし、合併、分割等の場合には、新株発行に比べ利害関係人が多く、無効の効果が資本減少と同程度のものに留まる新株発行無効の訴えと、合併その他の無効の訴えとを同様に考えてよいかどうかは問題である。したがって、合併その他の会社の行為の無効の訴えの提訴期間については、なお検討することとしている（(注)参照）。

(2) 提訴可能期間中の口頭弁論の開始

現行法では、新株発行無効の訴え等につき、提訴可能期間中は口頭弁論を開始することができないものとされている（商法280条ノ16、105条2項、有限会社法56条3項）。これは、ドイツ法に倣って導入された規定であるが、その趣旨については、他の原告適格者に参加の機会を与えるため、訴えを併合するため等の説明がされている。

しかし、この点については、原告の訴えにつき口頭弁論が開始され、原告が敗訴したとしてもその効果が他の原告適格者に及ぶわけではなく、この規定を廃止しても、他の原告適格者に不当な事態をもたらすことはないものと考えられる。他方、この規定により提訴可能期間中は口頭弁論を開始することができないため、裁判により迅速な解決を図ることが阻害されるおそれがある。特に、上記(1)で提訴期間を1年とした場合には、口頭弁論開始までの期間がより長くなることとなる。

なお、この点に関連して、法制審議会総会において平成15年9月10日に決定された「電子公告制度の導入に関する要綱」においては、会社に係る訴えが提起された場合における公告の制度を廃止するものとされていることから、この期間中は、提訴権を有する株主の提訴が出揃うのを待って口頭弁論を一体として開始しなければならないという要請をより小さくするものということができる。

このような観点から、試案では、新株発行無効の訴え等につき、提訴可能期間中は口頭弁論を開始することができないとの規制を廃止することとしている。

なお、新株発行無効の訴え等についてこのような措置を講じた場合には、その他の商法等に規定のある各種の訴えについても同様に考えられることから、同様の措置を講ずることとしている（(注)参照）。

14 株主に対する通知又は公告の在り方

現行法では、株式会社が株主に対して新株の発行事項や取締役の責任限定に関する事項など一定の事項を知らせるべき場合には、公告又は株主に対する通知を行うこととされている。

しかし、官報又は日刊新聞紙による公告は、不特定多数の株主が存する公開的な会社において、株主を特定することが困難であることや広く情報を周知すべき必要性があることにかんがみて設けられている制度であり、必ずしも株主に対して情報が伝達されることまで保障するものではない。そこで、譲渡制限株式会社においては、通知すべき対象となる株主の把握が容易であることから、通知対象が把握しにくいことに配慮した情報伝達手段である公告による方法を許容せずに通知のみによるべきものとすることも考えられる。特に、譲渡制限株式会社における新株発行においては、新株発行事項の伝達について公告のみで足りるとされている現行法の規定を悪用し、取締役等が、株主に知られないうちに不公正な方法により新株発行等を行うことによって会社の支配権に影響を与えるような事態が生じているという指摘もされているところである。

また、譲渡制限株式会社と有限会社との規律の一体化という観点からは、現行の有限会社には株主に対する公告という制度が存在しないこととの調整をどのように図るかが問題となる。

部会において以上のような観点からの意見が出されたところであり、試案では、なお検討することとしている。

第4 機関関係

前述（試案第4部・第1の補足説明参照）のとおり、試案では、株式会社と有限会社の規律の一体化を図ることとし、譲渡制限株式会社について、現行の有限会社の機関に関する規律に相当する規律の選択を認めるものとしている。

(前注)は、そのような選択を行う譲渡制限株式会社（取締役会が設置されない譲渡制限株式会社）については、特記しない限り、基本的に有限会社と同様の取扱いをする趣旨であることを総論的に明らかにするものである。

1 株主総会・社員総会

(1) 株主提案権の行使期限

現行法では、株主提案権の行使は、総会会日の「8週間前」までに行わなければならないとされている（商法232条ノ2第1項）。従前、この期間は「6週間前」とされていたが、平成14年の改正において、行使期限の繰上げを望む実務界からの要望に応え、2週間の伸長が行われている。

この株主提案権の行使期限については、定款をもって短縮することにより株主の権利行使の機会を拡充することを認めるべきであるという意見があるところであり、試案は、そのような取扱いを認めようとするものである。

なお、部会においては、現行法においても、定款をもって行使期限を短縮することは、株主の権利行使の機会を拡充する取扱いである以上、定款自治の範囲として可能であるとの解釈が許されるという意見も出されており、法制上いかなる措置を講ずる必要があるかについては、なお検討する必要があるものと考えられる。

また、平成14年の改正では、少数株主の株主総会招集請求に関し、招集請求があった日から「6週間内」の日を会日とする株主総会の招集通知が発せられなかったときとの要件（商法237条3項後段）について、同じく実務界からの要望に応え、2週間の期間の延長が行われ、「8週間」とされたが、これについても、株主提案権と同様の定款による短縮を認めるべきであるとの意見がある（(注)参照）。

(2) 招集地

現行法では、株主総会は、定款に別段の定めがある場合を除き、本店の所在地又はそれに隣接する地に招集することを要するものとされている（商法233条）。

近年、株主総会の開催場所として、株主の利便性を考慮するなどの観点から、本店所在地外の借会場を総会の開催場所として用いる会社が増えているとの実態が報告されており（商事法務1647号・株主総会白書・2002年度版・28頁等）、現行法の招集地に関する規定については、格別定款に定めを置かない場合には、招集地が限定されてしまうということの不都合が指摘されているところである。

試案では、このような指摘を踏まえ、招集地に関する規定である商法233条を削除するものとしている。もっとも、定款に招集地に関する定めを置くことは妨げられるものではなく（(注)参照）、また、特定の株主の議決権を行使することを妨げることを意図した招集に関する定めを設けた場合の当該定款規定の効力や、そのような招集地内の場所を開催場所として総会を開催した場合においてそのことが当該株主総会決議の取消事由となるかどうか等についての実務上の取扱いに変更を加えようとするものではない。

(3) 総会検査役

① 会社からの選任請求

現行法では、株式会社においては、株主総会招集の手続及び決議の方法を調査させるため、一定の株主は、総会に先立ち検査役の選任を裁判所に請求することができるものとされている（商法237条ノ2第1項）。これは、昭和56年の改正により導入された制度であり、特に会社の経営権をめぐる紛争が存在する場合に実際上の必要があるほか、票差が接近していて決議の成否が微妙である場合に意味のある制度であると説明されている。

この検査役の選任請求権が株主のみに認められ、会社が除外されているのは、会社が、他からの監視を待つまでもなく、自ら総会の手続を公正に行うべきことは当然であると考えられたためであるとされている。

しかし、総会手続の公正らしさを客観的にも担保するために会社が総会検査役の関与を求めることは意味のあることであり、そのためには、会社にも総会検査役の選任請求権を認めることが適当であるという意見が主張されている。昭和61年試案においても、同様の提案がされていたところである。

試案では、会社も総会検査役の選任を請求することができるものとしている。

② 有限会社における総会検査役制度

現行法では、有限会社には総会検査役制度は設けられていない。これは、有限会社においては社員数も少なく、総会検査役によって社員総会の手続及び決議の方法を調査する必要は大きくないことなどを理由とするものなのようである。

しかし、有限会社においても、会社の経営権をめぐる紛争が存在する場合などに総会検査役を選任することが有益である場合も想定し得るところであり、株式会社との間に現行法のような差異を維持する合理性は乏しいものと考えられる。

試案では、有限会社についても、総会検査役制度を設けるものとしている。

③ 裁判所による総会招集命令

現行法では、裁判所によって選任された総会検査役が調査を行った場合には、検査役は、調査の

結果を裁判所に報告しなければならず（商法237条ノ2第2項），裁判所は，必要があると認めたときは，職権により取締役に対し総会を招集すべきことを命ずることができ，検査役の報告書は，その総会に提出されることとなる（商法237条ノ2第3項）。このように，現行法では，総会検査役の調査結果は，総会招集命令の制度を通じてのみ株主に開示されることとされている。

しかし，この総会招集命令の制度による検査役の調査結果の開示については，実際上，公開会社のような株主数が多数にのぼる会社においては，総会招集に多大な費用や時間がかかることから，利用される例が少ないと言われており，そのため，総会招集命令の制度に加え，総会の招集を行わずに検査役の調査結果を開示する制度を認める必要があるという指摘がされてきたところである。

試案では，現行の総会招集命令の制度に加え，検査役の調査結果の報告を受けた裁判所は，必要があると認めるときは，会社に対し，その内容を全株主に対して通知するよう命ずることができるものとする制度を導入することとしている。

この通知による調査結果開示制度による場合，仮に会社が検査役が調査した総会の決議について再決議が必要と判断したときは，取締役会決議（商法231条）を経て総会を招集することとなり，また，検査役の調査結果の通知を受けて決議の瑕疵ありと判断した株主は，決議取消の訴えの提起等の手段によって総会決議の瑕疵を争うこととなる。

なお，（注）では，業務財産調査検査役に関しても，同様の取扱いをする方向で検討することとしている（商法294条3項参照）。

(4) 書面投票・電子投票
① 書面投票制度と電子投票制度

平成13年の第128号改正において，電磁的方法によって株主総会における株主の議決権行使を行うこと（いわゆる「電子投票制度」）が認められた（商法239条ノ3）。電子投票制度については，株主の権利行使の機会が拡大されるほか，会社にとっても，コストの削減や定足数の確保が容易になるなどのメリットがあり，創設後，すでに相当数の会社によって採用されていると言われている。

ところで，現行法では，商法特例法上の大会社であって議決権を有する株主の数が1,000人以上のものについては，いわゆる書面投票制度の採用が義務付けられている（商法特例法21条の2）。この書面投票制度の採用義務については，電子投票制度を採用した会社であっても，免れることは

できないことから，議決権を有する株主数が1,000人以上の大会社は，電子投票制度を採用し，議決権行使書面に記載すべき事項を電磁的方法により提供したとしても，それとは別に議決権行使書面を株主に交付しなければならないこととされている。

これは，一般の株主の中には，電磁的方法による議決権の行使に対応することができない者が存することが想定され，電子投票制度のみでは，すべての株主に株主総会に出席しないで議決権の行使をする機会を与えるという趣旨を達成することができないため，すでに書面投票制度の義務付けられている会社については，当該義務を維持することとしたものであると説明されている（原田晃治編著・「平成13年改正商法Q&A 株式制度の改善・会社運営の電子化」・商事法務・2002・127頁）。

しかし，このように電子投票制度を採用した場合であっても書面投票制度の義務付けを免れないというのでは，会社にとっては，郵送料や印刷費等の株主総会招集コストの軽減を図ることができず，電子投票制度導入のインセンティブが相当程度失われることとなる。その結果，株主にとっても，簡便な方法での議決権行使という権利行使の拡大の機会が損なわれることになりかねないという指摘がされている。また，議決権行使書面の株主への交付が義務付けられる結果，書面投票と電子投票とによる議決権の重複行使の問題が発生しやすいという指摘もされているところである。

この点，現行の電子投票制度においては，取締役会決議によって電子投票制度を採用した会社は，招集通知を電磁的方法により受けることを承諾した株主に対し，議決権行使書面に記載すべき事項を電磁的方法によって提供しなければならないとされており（商法239条ノ3第3項），招集通知を電磁的方法により受けることを承諾した株主について，あえて議決権行使書面の交付を一律に義務付けるまでの必要はないものと考えられる。

試案では，書面投票制度が義務付けられる会社が電子投票制度を採用した場合においては，招集通知を電磁的方法により受領することを承諾した株主に対しては，議決権行使書面の交付を要しないものとすることとして，両制度間の調整を図ることとしている。

なお，この場合においては，招集通知を電磁的方法により受領することを承諾した株主であっても，議決権行使については書面によることを希望する株主が存することも考えられるが，このよ

うな株主から請求があったときには議決権行使書面の交付を要するものとするかどうかについては，現行法において，参考書類の送付等につき電磁的方法により提供することができる場合であっても，株主からの請求があれば書面である参考書類を交付しなければならないこととされていること（商法239条ノ2第3項ただし書，239条ノ3第2項，商法特例法21条の2第2項ただし書）との平仄を考慮する必要があるものと考えられる（（注）参照）。

また，現行の電子投票制度においては，招集通知を電磁的方法により受領することを承諾していない株主から株主総会の会日の1週間前までに請求があった場合にも，議決権行使書面に記載すべき事項を電磁的方法によって提供しなければならないとされており（商法239条ノ3第4項），少なくとも，招集通知の発出よりも前にこのような株主からの請求がされた場合には，議決権行使書面の交付を不要とする措置を講ずることが適当であると考えられる。

なお，書面投票制度と電子投票制度との調整に関しては，前述のように，書面投票と電子投票とによる議決権の重複行使の場合において，どちらの議決権行使を有効なものとして取り扱えばよいのかという問題があるほか，電子投票による議決権の行使を受け付けるべき期間について，現行法では，総会の会日の前日までとされているところ（商法239条ノ3第5項前段），集計作業上の実務上の負担を考慮し，例えば「前日の営業時間の終了まで」といった制限をすることの可否等の問題が指摘されているところであり，何らかの立法上の措置を講ずるかどうかについても検討する必要があるものと考えられる（（注）参照）。

② **書面投票制度の義務付けの範囲**

現行法では，商法特例法上の大会社であって議決権を有する株主の数が1,000人以上のものについては，招集通知の際の参考書類の交付及び書面投票の採用が義務付けられている（商法特例法21条の2，21条の3）。これは，株主の数が多い会社では，通常，株主が分散していることが多く，直接株主総会に出席できない株主も多いとみられることから，そのような株主にも議決権行使の機会を与え，できるだけ多くの株主の意思を株主総会の決議に反映させることを目的とするものである。このような趣旨にかんがみると，大会社ではないとしても，株主数が1,000人を超えるような会社であれば，書面投票を採用するべき必要性は大きく，大会社に限ってその採用を義務付けることとしている現行の取扱いを維持すべき合理性は乏しいものと考えられる。

試案では，大会社以外の株式会社であっても，議決権を有する株主数が1,000人以上のものについては，書面投票制度を義務付けるものとしている。

(5) **議決権の不統一行使・代理人の数**

株式会社については，昭和41年の改正において，信託の受託者である株主のように他人のために株式を有する者には，その他人の意向を反映するために議決権の不統一行使を可能とする必要があるとして，議決権の不統一行使に関する規定が設けられ（現行の商法239条ノ4），それに併せて，株主総会の運営の円滑に配慮し，会社は株主が二人以上の代理人を総会に出席させることを拒むことができることとされている（商法239条5項）。

有限会社については，このような制度は設けられていないが，有限会社であっても，議決権の不統一行使を認めるべき必要性がある場合がないとはいえず，また，株式会社について，有限会社に関する規律との一体化を図り，株式会社と有限会社の両会社類型について，一つの会社類型として規律する方向で検討するとの方針（試案第4部・第1・1参照）にかんがみると，この点について両者の間に差異を維持しておくべき必要性は乏しいものと考えられる。

試案では，有限会社についても，株式会社と同様，議決権の不統一行使及び代理人の数の制限を認めるものとしている。

ところで，現行法では，議決権の不統一行使をしようとする株主は，会日の3日前までに会社に対し書面等をもって，その旨及び理由を通知しなければならないとされているが（商法239条ノ4第1項後段），これは，議決権の不統一行使が行われる場合には，会社においてあらかじめそのような事態に対処する準備を整える必要があるからであるとの説明がされている。この点について，部会においては，議決権の不統一行使の事前通知をしていた株主が実際には会日当日に議決権の統一行使をすることは何ら差し支えないものとされている以上，不統一行使をしようとする場合に限って事前の通知を要求する必要性は乏しいのではないかという意見が出された。試案では，3日前までの議決権の不統一行使の通知義務に係る現行の規定を廃止するかどうかについて，なお検討することとしている（（注）参照）。

また，現行法では，有限会社の社員総会の招集通知には，会議の目的事項の記載・記録が要求さ

れていない。したがって，特別に招集通知への議案の要領の記載等をすべきことが要求されている場合（有限会社法40条2項等）を除き，社員には，総会当日まで会議の目的事項が何であるかが分らない場合があり得るため，議決権の不統一行使に関しても，事前の通知を要求することは適当ではないものと考えられる。したがって，有限会社及び基本的に有限会社と同様の取扱いをするものとしている取締役会が設置されない譲渡制限株式会社（試案第4部・第4（前注）参照）については，議決権の不統一行使に関する事前の通知は不要としている（（注）参照）。

(6) 書面決議

現行法では，有限会社には，二つの類型の書面決議が認められている。第1は，株式会社（商法253条）と同様の，総社員が取締役・社員からの提案内容に書面又は電磁的記録をもって同意する方式のものであり（有限会社法41条，商法253条），第2は，社員総会の決議事項につき，総社員が，会議を省略して書面又は電磁的方法による決議をすることを承諾した場合（有限会社法42条1項），すなわち，提案内容に対する総社員の同意はないが，書面決議の方法によることには総社員が同意したという場合のものである。

この第2の類型の書面決議については，実際に行われることは稀であるといわれており，有限会社に限ってこのような異なる書面決議の方式を維持する必要性は乏しいものと考えられる。

試案では，有限会社法42条の類型の書面決議は廃止するものとしている。

(7) 特別決議の決議要件

現行法では，株主総会の特別決議の要件は，「出席株主（定足数について総株主の議決権の過半数又は定款に定める議決権数（総株主の議決権の3分の1未満と定めることは不可）との制限あり）の議決権の3分の2以上」とされており（商法343条），社員総会の特別決議については，「総社員の半数以上かつ総社員の議決権の4分の3以上」とされている（有限会社法48条1項）。その他，株式会社については，譲渡制限の定めを設ける場合又は有限会社への組織変更をする場合等には，特殊決議として，「総株主の過半数かつ総株主の議決権の3分の2以上」との要件が課せられる場合がある（商法348条1項等）。

株式会社について，有限会社に関する規律との一体化を図り，株式会社と有限会社の両会社類型について，一つの会社類型として規律する方向で検討するとの方針に立つ場合，このような決議要件をどのように調整するかが問題となるが，部会においては，以下のような二つの案について，それぞれ支持する意見が出されたため，試案においても両案を提示することとしている。

a案は，有限会社の特別決議の決議要件についても，原則として，現行の株式会社の特別決議の決議要件である「出席株主の議決権の3分の2以上」と同様とし，定款の定めによって，その決議要件を引き上げることを認めるものとする案である。その際，決議要件の引上げの方法として，社員総会の特別決議要件と同様の人数要件，総数要件等を定款で定めることも妨げないこととしている（（注）参照）。

なお，a案については，部会において，特別決議要件が緩和されすぎることとなるという意見が出されたほか，このような定款による総会決議要件の加重については，原則として有効であると解すべきであるため，あえて規定を設ける必要はないという意見も示された。

b案は，株式会社の特別決議の決議要件について，原則として，「総株主の半数以上，かつ，総株主の議決権の4分の3以上」という現行の有限会社と同様のものとした上で，取締役会が設置される株式会社，すなわち現行の株式会社と同様の機関設計を採用する株式会社については，その決議要件を現行の株式会社の特別決議の決議要件である「出席株主の議決権の3分の2以上」にまで引き下げることを認めるものとする案である。

ところで，このような株式会社と有限会社の両会社類型について一つの会社類型として規律する方向で両会社の特別決議要件の調整を行うこととする場合，a案であれば既存の有限会社，b案であれば既存の株式会社について，所要の経過措置を設け，移行に伴う実務上の混乱が生じないよう手当てをすることが必要であると考えられる（（注）参照）。

また，前述のように，現行の株式会社については，譲渡制限の定めをする場合又は有限会社へ組織変更する場合等において特殊決議が要求されている。この特殊決議については，試案第4部・第3・1(3)において，一部の種類株式についての譲渡制限の定めをすることを許容することとし，発行後の種類株式について譲渡制限の定めをするための種類株主総会の決議要件として特殊決議を要するものとするかどうかについては，なお検討することとしているところである。したがって，特殊決議の取扱いにつき検討すべき点として残るものは，現行法上，株式会社から有限会社への組織

変更において特殊決議が要求されていることとの関係で、譲渡制限株式会社において、取締役会が設置される機関設計を採用する定款変更を行う場合に特殊決議を要求するものとすべきかどうかについてである。

この点については、取締役会が設置されない機関設計を採用した場合には、有限会社と同様の取扱いがされる結果、現行の株主総会のように法令又は定款に定められた事項に限り決議することができるという制限（商法230条ノ10）がなくなり、株主総会は強行規定に反しない限りいかなる事項についても決議することができることとなる以上、株主による経営関与の度合いが強くなるのであるから、あえて特別決議よりも厳格な決議要件を維持する必要はないとも考えられる。

2 取締役の資格

(1) 資格制限

現行法では、株式会社の取締役については、定款によっても、資格を株主に限ることはできないこととされている（商法254条2項）。これは、昭和25年の改正で設けられた規定であり、株式会社について公開会社を念頭に置き、取締役には広く適材を求めることが株式会社制度の理念と認識された結果であると説明されている。他方、有限会社については、このような規定は設けられていない。

株式会社に関する規律について、有限会社に関する規律との一体化を図り、株式会社と有限会社の両会社類型について、一つの会社類型として規律する方向で検討しようとする場合、商法254条2項についてどのように取り扱うかが問題となるが、試案では、譲渡制限株式会社については、取締役会の設置の有無にかかわらず、適用しないものとする方向で検討することとしている。

部会においては、商法254条2項について、多分に理念的な規定という側面があることから、株式会社全般についてその廃止をすることも考えられるという指摘もあったところである。もっとも、商法254条2項については、定款による取締役の資格制限に係る各種の定めの有効性を判断する際の解釈基準として有用であるという指摘もあるところであり、仮に、このような指摘にかんがみてこの規定を維持することとする場合には、取締役会の設置の有無という区分よりも、会社の非公開性を示す重要な指標である譲渡制限の有無によりその適用の有無を画する方が、より本条の趣旨に合致するものと考えることもできる。

(2) 欠格事由

①について

現行法では、破産宣告を受けて復権しない者は、取締役となることができないものとされている（商法254条ノ2第2号）。これは、昭和56年の改正において、従来の最高裁判例（最判昭和42年3月9日・民集21巻2号274頁）における、破産者は資力の点において取締役が会社や第三者に対して負うべき重大な責任を果たすのに適さず、かつ、破産財団の所属財産について管理処分権を有しないにもかかわらず、会社の代表取締役となって会社財産の管理処分権を有するようになることは是認できないとの考え方を明文化したものであるとされている。

しかし、この規定については、昨今の経済情勢の下、債務者に再度の経済的再生の機会をできるだけ早期に与えることが国民経済上有益であるとの観点から、免責を得て復権しなければ一律に取締役となることができないものとされる点については酷に過ぎるという指摘がされているところである。特に、実務界からは、中小企業の破産の場合には、経営者が会社の債務について個人保証をしている結果、経営者自身も破産に追い込まれるケースが多く、このような場合、経営者に不動産等のある程度の資産があることも理由となって、免責決定を得るまでに相当の期間を要していることも少なくないため、早期に会社の取締役として経済的再生の機会を得させる必要性が大きいとして、本規定の削除を求める要望も強まっている。

試案では、このような実務界からの要望をも踏まえ、「破産の宣告を受け復権していない者」を取締役の欠格事由から外すこととし、そのような者を取締役に選任することの適否については、当該会社における株主総会の判断に委ねることとしている。

②について

現行法では、罪を犯した者に関する取締役の欠格事由については、罪の種類によって異なる取扱いがされている。すなわち、商法、商法特例法、有限会社法又は中間法人法上の罪を犯した者（商法254条ノ2第3号）については、罰金刑であっても欠格事由となり、また、執行猶予中及び刑の執行が終わり又は刑の時効が完成した後2年経過するまでも欠格者となる点において、それ以外の罪を犯した者（商法254条ノ2第4号）より厳しい取扱いを受けることとされている。

これは、会社法秩序を直接に規制する法律に定める罪により刑に処せられた者については、より

取締役にふさわしくないものとして，厳しい取扱いをすることが適当であるとの理由に基づくものであると説明されている。

このような現行法の取扱いについては，我が国の証券取引の基本法であり，公開会社に関する秩序と密接不可分である証券取引法に定める罪を加えるべきであるという意見や，破産法等の倒産法に定める罪についても，倒産法制が会社法秩序と密接不可分の関係にある以上，厳しい取扱いをすべきであるという指摘がされている。平成13年に，会社法秩序を直接に規律するものではない中間法人法に定める罪が加えられたこととの平仄からも，そのような指摘には合理性があるものと考えられる。

試案では，商法254条ノ2第3号の罪に，証券取引法や各種倒産法制等に定める罪を加えるものとしている。もっとも，証券取引法に定める罪には，有価証券報告書の虚偽記載の罪（証券取引法197条1号）等の発行者を対象としたものだけではなく，業態変更の認可違反の罪（証券取引法205条の2第1号）のような証券会社のみを対象としたものまで様々であり，すべての罪に関して取締役の欠格事由について厳しい取扱いとすべきかどうかについては，なお検討する必要がある。また，倒産法制に関しても，現在，破産法の全面改正作業と併せて，倒産犯罪全般に関する見直し作業が行われており（破産法等の見直しに関する要綱・平成15年9月10日法制審議会総会決定），その結果を踏まえる必要があるものと考えられる。なお，試案では，商法254条ノ2第3号の罪に他にも加えるべき罪があるか等についても，なお検討することとしている（（注）参照）。

3 取締役の任期

現行法では，株式会社の取締役の任期は，原則として2年を超えることができないものとされている（商法256条1項）（委員会等設置会社については，商法特例法21条の6第1項において異なる取扱いがされている。）。このような取締役の任期に関する法定の制限は，株主総会の権限が法令又は定款に定められた事項を決議することに限られ（商法230条ノ10），その業務執行が原則として取締役会の決定に委ねられているため，定期的に取締役としての適否について株主の信任を問う必要があることを理由として設けられているものである。

この点に関しては，実務界から，登記に関するコストの軽減等を理由として，実態として所有と経営とが一致していることが多い譲渡制限株式会社については，一律にその法定の期間を伸長し，又は法定の期間に係る規制を廃止すべきであるという要望がされているところである。

試案では，このような要望をも踏まえ，譲渡制限株式会社（委員会等設置会社及び取締役会が設置されないものを除く。）の取締役の法定の任期について，伸長する方向で検討することとしている。その具体的な伸長期間については，部会においては，これに関する有力な意見が存しなかったこともあり，なお検討することとしている（（注2）参照）。

なお，社員総会の権限について株式会社のような限定がない有限会社においては，取締役の任期の法定の制限が設けられていない。したがって，基本的に有限会社と同様の取扱いをすることとなる取締役会が設置されない譲渡制限株式会社についても，任期の法定の制限は課さない取扱いとすることとなる（（注1）参照）。

また，監査役についても，取締役と同様，譲渡制限株式会社（取締役会が設置されないものを除く。）に限り法定の任期を伸長するかどうかも問題となり得るところである（（注3）参照）。

ところで，取締役の任期については，前述のとおり，譲渡制限株式会社について取締役会の設置の有無にかかわらず一律にその法定の期間に係る規制の廃止を求める意見もあり，部会においても，同様の意見が出されたところである。

しかし，前述のように，取締役の任期に関する法定の制限に関する現行の株式会社と有限会社との差異は，株主総会と社員総会との権限の差異という両会社の基本的な機関構造の差異に基づくものであって，仮に実態としては所有と経営が一致しているものとみられる譲渡制限株式会社についても，その差異を一律に廃止することには慎重であるべきであるとも考えられるため，試案では，この点についてなお検討することとしている（（注4）参照）。

4 取締役の選解任

(1) 累積投票制度

現行法では，株式会社においては，2名以上の取締役を同じ株主総会で選任する場合，定款に別段の定めがない限り，各株主は累積投票によるべきことを請求することができるものとされている（商法256条ノ3）。他方，有限会社においては，特に定款で認めた場合に限り，累積投票によることができるものとされている（有限会社法25条ノ2）。

株式会社について，有限会社に関する規律との一体化を図り，株式会社と有限会社の両会社類型

について、一つの会社類型として規律する方向で検討する場合、このような差異を維持しておくべき必要性は乏しいものと考えられる。この点について、部会においては、現行の株式会社における累積投票に関する規律の方が、会社設立に当たっていわゆるジョイント・ベンチャーのような形態を取る場合の制度設計上有用であるという指摘がされたところであり、試案では、そのような取扱いをするものとしている。

(2) 解任決議の決議要件

現行法では、取締役の解任の決議要件については、株式会社の場合には特別決議とされているが（商法257条2項、257条ノ3第2項）、有限会社の場合には普通決議で足りるものとされている（有限会社法32条参照）。これは、株式会社の取締役の地位の安定に配慮した差異であると説明されているが、平成14年の改正において、委員会等設置会社における利益処分案等の取締役会権限化に併せて取締役の任期の短縮措置が講じられるなど、昨今、株主総会による取締役の選解任を通じた取締役に対するコントロールを重視すべきであるという指摘が強まっていることにかんがみ、試案では、株式会社全般について、取締役の解任決議の要件を普通決議にするものとしている。なお、試案では、一定の範囲の会社について、取締役会決議をもって、いつでも株主に対する剰余金の分配をすることを可能とするものとしているが（試案第4部・第5・4参照）、そのような取扱いをも踏まえた提案である。

なお、累積投票制度によって選任された取締役については、累積投票制度の趣旨に照らすと、これを普通決議によって解任することを認めることについては疑問が存するところである。試案においても、このような取締役の解任決議の要件について特別決議を維持することとするかどうかについては、なお検討することとしている（（注1）参照）。

また、有限会社の監査役も含め、監査役については、その独立性を重視する立場から、解任決議の要件を特別決議にすべきであるという指摘も存するところである。試案においても、監査役の解任決議の要件については、なお検討することとしている（（注2）参照）。

5 取締役会の書面決議

取締役会の会議は、個人的な信頼に基づき選任された取締役が相互の協議・意見交換を通じて意思決定を行う場であって、取締役会がその会議を省略して書面決議（持ち回り決議）を行うことは認められないと解するのが一般的な見解である。この点について、テレビ会議方式については、法務省において、一定の要件の下では許容するとの解釈が示され（「規制緩和等に関する意見・要望のうち、現行制度・運用を維持するものの理由等の公表について（抜粋）」・平成8年4月19日法務省・商事法務1426号）、また、電話会議方式についても、テレビ会議方式と同様、会議参加者が一堂に会するのと同等の相互に十分な議論を行うことができるものであれば、現行法上も許容されるものと解釈されている（平成14年12月18日・民商第3044号民事局商事課長回答参照）が、これらのいずれの方式も、取締役会の会議自体は現実に開催される場合に、会場に物理的に出席することができない取締役についての取扱いに関するものであって、会議の開催自体を完全に省略して行う書面決議による方式を認めるものではない。

取締役会の書面決議に関しては、実務界から、企業活動の国際化に伴って外国に居住する取締役も増加している状況等から、機動的な会社経営の実現のため、これを認めるべき必要性が高い場合があるとして、かねてより立法上の手当てを望む意見が強かったところである。部会においても、実務上の必要性について一定の理解を示す意見が多数を占めた。

試案では、定款をもって、取締役会の決議の目的である事項につき、各取締役が同意をし、かつ、各監査役が特に意見を述べることがないときは、書面による決議をすることができるものとしている。定款の定めを必要としたのは、受託者たる立場の取締役がいかなる方法により会社経営上の意思決定を行うかは、株主にとっても重大な関心事であり、会社経営上の基本的事項であると考えられるからである。他の要件については、基本的に、株主総会における書面決議（商法253条）と同様のものであり、決議の目的である事項についての各取締役の同意等を記載した書面の備置き等について、所要の措置を講ずる必要があるものと考えられる。

なお、部会においては、取締役会の形骸化を防ぐとの観点から、取締役会の書面決議を認める場合であっても、すべての取締役会決議を書面決議により行うことを認めるべきではなく、一定の歯止めを設けることが必要であるという意見が出された。試案においても、現行法上の代表取締役等による取締役会への定期的な業務執行状況の報告に関する取締役会（商法260条4項、商法特例法21条の14第1項）については、現に開催することを要するものとする等の措置を講ずるかどうかについて、なお検討するこ

6 取締役に係る登記

(1) 共同代表取締役

現行法では、株式会社においては取締役会の決議により（商法261条2項）、有限会社においては定款又は社員総会の決議により（有限会社法27条3項）、それぞれ数人の（代表）取締役が共同して会社を代表すべき旨を定めることができ、この定めは登記しなければならないこととされている（商法188条2項9号、有限会社法13条2項6号）。

このような共同代表取締役の制度は、代表権の濫用を権限行使の方法の面から相互に牽制させるための制度であるとされているが、これにどの程度の必要性があるかは疑問であるとの指摘がされてきた。現実にも共同代表取締役の登記がされている例は稀であって、それだけに、たまたまこの制度が採用されていると、取引上のトラブルの原因になることが多いという指摘もされているところである。そして、そのような場合であっても、取引の相手方は表見代表取締役の規定（商法262条）の類推適用により保護されることが通常であり（最判昭和42年4月28日・民集21巻3号796頁等）、不動産登記の申請手続等の場合を除けば、共同代表取締役の制度が実際に機能する場合は少ないものと考えられる。

試案では、共同代表取締役の制度は廃止するものとしている。この点については、昭和61年試案においても同様の提言がされていたところである。

また、試案では、共同代表執行役、共同支配人についても、同様の取扱いとするものとしている（(注)参照）。

(2) 社外取締役

現行法では、取締役が社外取締役であるときはその旨を登記しなければならないこととされている（商法188条2項7号ノ2）。平成13年の第149号改正において、社外取締役については、それ以外の取締役とは異なる、定款の定めに基づく契約の方法による責任制限等が認められたことに伴い、社外取締役である旨が登記事項とされたものであるが、株主に対し、責任追及の対象となる取締役が社外取締役であるか否かを開示する方法としては、株主総会における選任決議の際の参考書類における記載や、営業報告書における記載等によることも可能であって（(注1)参照）、社外取締役である旨について一律に登記事項とする必要性は乏しいという指摘がされているところである。また、会社や当事者に当該取締役が形式的に社外取締役の要件に該当するとの意識がない場合であっても登記義務が課せられる結果、特に中小企業において登記懈怠の状態となっている例が少なくないという指摘もされている。

試案では、社外取締役である旨については、登記事項から削除するものとしている。

なお、現行法上の社外取締役の要件は、①現在、その会社又は子会社の代表取締役・業務担当取締役・使用人でなく（委員会等設置会社である子会社の執行役であってもならない）、かつ、②過去に、その会社又は子会社の代表取締役・業務担当取締役・執行役・使用人となったことがないこととされているが（商法188条2項7号ノ2）、これについては、米国における動向等を受けて、単なる社外性だけではなく、経営者からの独立性をも要求すべきであり、例えば、一定の親族関係や取引関係にある者を排除するような要件とすべきであるという意見があるところである。他方、現行法が、過去一切その会社又は子会社の業務執行に従事したことがないことを社外取締役の要件としていることについては、適切な社外取締役を確保する上で支障になっているとして、一定の緩和を求める意見も存するところである。部会においては、社外取締役の要件の見直しについて様々な意見が出されたが、一定の方向性を得るには至らなかったところである。また、仮に現行の社外取締役の要件について見直すべき点があるとしても、法令で一律に規定することは適当ではなく、むしろ証券取引所の規則等による自主的な取組みが先行すべきであるという意見や、社外取締役に関する規定（商法188条2項7号ノ2等）は平成13年の第149号改正で設けられたばかりであり、また、同改正において行われた社外監査役の要件（商法特例法18条1項参照）の見直しについては、未だ改正規定が施行されておらず（平成17年5月1日施行予定）、今後の実務の運用の状況を踏まえるべきであるという意見等、見直しの手段・アプローチに関する意見も出されたところである。

試案では、このような部会における議論の状況にかんがみ、社外取締役・社外監査役の要件の見直しについて、なお検討することとしている（(注2)参照）。

(3) 代表取締役等の住所

現行法では、代表取締役・代表執行役については、他の取締役・執行役とは異なり、その住所が氏名とともに登記事項とされている（商法188条2項8号、商法特例法21条の34第5号）。この点については、実務界から、代表取締役等のプライバ

- 46 -

シー保護等の関係から、見直しを行うべきであるという要望が出されているところである。しかし、代表取締役等の住所は、代表取締役を特定するための情報として重要であるほか、裁判実務上、普通裁判籍の決定及び送達の場面において重要な役割を果たしており（民事訴訟法4条4項、103条等）、これを登記事項から削除することについては、実際の取引や裁判実務等に多大な影響を与える可能性が否定できず、その取扱いについてはなお慎重な検討を要するものと考えられる。

試案では、会社の登記に係る代表取締役等の住所の取扱いについては、なお検討することとしている。

7 取締役の責任

現行の商法266条1項においては、委員会等設置会社以外の株式会社の取締役の会社に対する責任について、①違法配当（1号）、②違法な利益供与（2号）、③金銭貸付（3号）、④利益相反取引（4号）、⑤法令・定款違反（5号）についての各責任規定が設けられている。これらの責任については、⑤の法令・定款違反に係る損害賠償責任は過失責任であるが、①から④までの責任は無過失責任であると解するのが一般的である。

これに対し、平成14年の改正で導入された委員会等設置会社においては、取締役及び執行役の①、③及び④の責任に相当する責任について、過失責任とする規定が設けられている。

この両会社類型上の取扱いの差異については、平成14年の改正に係る国会審議の際の衆議院法務委員会において「取締役会の利益処分に関する権限及び取締役の責任の在り方については、施行後の実績をふまえつつ、委員会等設置会社を選択した会社と委員会等設置会社を選択しなかった会社との整合性に留意しつつ、引き続き検討すること。」という附帯決議が、参議院法務委員会において「取締役会の利益処分に関する権限及び取締役の責任についての委員会等設置会社を選択した会社とそれ以外の会社との差異に関しては、施行後の実績を踏まえ、その合理性に留意しつつ引き続き検討すること。」という附帯決議が、それぞれされており、その差異をどのように取り扱うかは、会社法制の現代化における重要な課題の一つであるといえる。なお、利益処分に関しては、試案第4部・第5・4を参照されたい。

この点について、近代私法の過失責任主義の例外と考えられる商法266条1項中の無過失責任規定については、これまでも、厳格に過ぎ、過酷な結果を招く場合があるとの批判がされてきたところであり、部会においても、取締役等の事後的な責任の在り方として、委員会等設置会社か委員会等設置会社以外の会社かというガバナンスの在り方と結び付けて考える必要はないという意見も出された。

試案では、取締役の会社に対する各種の責任について、委員会等設置会社の場合とそれ以外の会社の場合との間における規定の調整を図るものとすることとし（（前注）参照）、以下のとおり、委員会等設置会社以外の取締役の会社に対する責任について、現行の無過失責任規定を見直し、原則として過失責任として構成するとともに、委員会等設置会社の取締役等の会社に対する責任についても必要な調整を行うこととしている。

(1) 任務懈怠責任

① 商法266条2項・3項に相当する規定の取扱い

現行法では、委員会等設置会社以外の会社における前述⑤の法令・定款違反の責任について、取締役の行為が取締役会の決議に基づいてされたときは、その決議に賛成した取締役がその行為をしたものとみなされ（商法266条2項）、かつ、取締役会の決議に参加した取締役が議事録に異議をとどめなければその決議に賛成したものと推定されるものとされている（同条3項）。これに対し、委員会等設置会社においては、商法266条1項5号に相当する取締役の会社に対する一般的な任務懈怠責任（商法特例法21条の17第1項）について、商法266条2項・3項に相当する規定は設けられていない。

商法266条2項・3項は、取締役の職務の重要性にかんがみ、取締役会に出席した取締役について、その決議の対象となった違法行為を阻止しなかったことにつき厳格な責任を課すべきであるとの趣旨で設けられた規定であると言われている。

しかし、商法266条2項・3項については、責任を負うべき取締役の範囲を拡大しすぎているという指摘がある上、そもそも、商法266条2項については、商法266条1項5号のような過失責任とされる責任の存否が問題となる場面における法的意義に疑問があるという指摘がされてきたところである。すなわち、商法266条1項柱書において「行為ヲ為シタル取締役」が責任を負うべきものとされているため、前述①から④までのような無過失責任規定については、商法266条2項によって取締役会決議に賛成した取締役について「行為ヲ為シタルモノト看做ス」ことによって、そのような無過失責任を負わせるべき者の範囲を客観的に拡大して画する機能があるものと考えられるが、商法266条1項5号のような過失責任規定につい

- 47 -

ては，商法266条2項により「行為ヲ為シタルモノト看做ス」こととされても，当該取締役の故意・過失の存否をいかなる行為につき問題とすべきかが明らかではなく，「行為ヲ為シタルモノト看做ス」ことの法定意義がはなはだ不分明である。

このような点を考慮し，また，委員会等設置会社と委員会等設置会社以外の会社との間で取扱いを異にする必要性は乏しいと考えられることから，試案では，委員会等設置会社以外の会社についても，一般的な任務懈怠責任を定める規定を設けるに当たって，委員会等設置会社の場合と同様，商法266条2項・3項に相当する規定は設けないものとしている。

もっとも，このような取扱いについて，部会においては，取締役会決議に参加した取締役の責任の厳格化を図るべきであるとの観点から，取締役会決議に基づいて行われた行為について，当該決議に関与した取締役の任務懈怠責任につき因果関係の立証の容易化等の何らかの特別の取扱いをすべきであるという意見も出されたため，試案では，その適否について，意見照会の結果も踏まえ，なお検討することとしている（（注）参照）。

ところで，商法266条1項5号においては，法令・定款違反の責任として規定が設けられているのに対し，委員会等設置会社に係る商法特例法21条の17第1項においては，昭和25年の改正前の商法と同様，任務懈怠の責任として規定が設けられている。

この点に関し，伝統的な解釈論においては，任務懈怠とは善管注意義務違反を意味すると解することが一般的であったことや，判例（最判平成12年7月7日・民集54巻6号1767頁）（下記（参考1）を参照）において，商法266条1項5号の「法令」違反による取締役の責任の不完全履行責任としての判断の枠組みに関し，取締役の受任者としての義務を一般的に定める商法254条3項（民法644条），商法254条ノ3の規定（以下「一般規定」という。）の定める取締役の義務に違反する場合と，一般規定以外の規定に違反する場合とで，不完全履行責任における履行不完全の要件（下記（参考2）を参照）の充足の仕方が異なるとの判断が示されたこともあって，委員会等設置会社と委員会等設置会社以外の会社との間で，責任の内容に相違が生じているとの解釈が主張されている。

しかし，判例においても，商法266条1項5号の「法令」には，一般規定及びこれを具体化する形で取締役がその職務遂行に際して遵守すべき義務を個別的に定める規定のほか，商法その他の法令中の，会社を名宛人とし，会社がその業務を行うに際して遵守すべきすべての規定も含まれるとされ，取締役が，その職務遂行に際して会社を名宛人とする規定を遵守することも，取締役の会社に対する職務上の義務に属するものとされている。

したがって，一般規定に違反する場合はもちろん，取締役がそれ以外の「法令」に違反する場合も任務懈怠に該当するといえ，委員会等設置会社と委員会等設置会社以外の会社との間に現行法上の責任の内容には差異はないと考えられることから，試案でも，商法266条1項5号に係る責任を「任務懈怠責任」として取り扱うこととしている。

責任規定の構成についても，平成14年の改正との連続性を重視し，委員会等設置会社以外の会社においても，商法特例法21条の17第1項と同様の取締役の任務懈怠の責任として規定を設けることが適当であると考えられる。

（参考1）

判例（最判平成12年7月7日・民集54巻6号1767頁）では，以下のような判断が示されている。

商法266条1項5号は，「法令に違反する行為をした取締役はそれによって会社の被った損害を賠償する責めに任ずる旨を定めるものであるところ，取締役を名あて人とし，取締役の受任者としての義務を一般的に定める商法254条3項（民法644条），商法254条ノ3の規定（以下，併せて「一般規定」という。）及びこれを具体化する形で取締役がその職務遂行に際して遵守すべき義務を個別的に定める規定が，本規定にいう「法令」に含まれることは明らかであるが，さらに，商法その他の法令中の，会社を名あて人とし，会社がその業務を行うに際して遵守すべきすべての規定もこれに含まれるものと解するのが相当である。けだし，会社が法令を遵守すべきことは当然であるところ，取締役が，会社の業務執行を決定し，その執行に当たる立場にあるものであることからすれば，会社をして法令に違反させることのないようにするため，その職務遂行に際して会社を名あて人とする右の規定を遵守することもまた，取締役の会社に対する職務上の義務に属するというべきだからである。したがって，取締役が右義務に違反し，会社をして右の規定に違反させることとなる行為をしたときには，取締役の右行為が一般規定の定める義務に違反することになるか否かを問うまでもなく，本規定にいう法令に違反する行為をしたときに該当することになるものと解す

- 48 -

べきである。」
(参考2)

取締役が会社に対して負う債務(任務)は、取締役会のメンバーとして、会社の業務執行に関する決定に参画するとともに、他の取締役の業務執行を監督するほか、一部の取締役については、取締役会決議によって代表取締役又は業務担当取締役として具体的な業務執行に関わるなど多岐に及ぶが、その性質は、いわゆる為す債務のうちの行為債務ないし手段債務に区分されるものであり、その不履行は、ほとんどの場合には給付義務の不完全履行の形を取ると解される。この場合には、取締役の責任を追及する側で、問題とされている取締役の行為(作為又は不作為)が会社に対する関係で取締役の受任者としての債務の本旨に従わざる履行(任務懈怠)であることを主張・立証しなければならない。

不完全履行に基づく損害賠償請求権発生の要件事実は、①基本債権の発生原因事実、②当該債権について不完全な履行がされたこと(履行不完全)、③当該不完全な履行について債務者の責めに帰すべき事由があること(帰責事由)、④当該不完全な履行が違法であること(違法性)、⑤債権者が当該不完全な履行によって損害を受けたこと(損害の発生、不完全な履行と損害との因果関係及び損害額)であるとされるところ、③④については、債務者側でその不存在ないし阻却事由の存在につき主張・立証責任を負うものとされている。不完全履行についても、履行遅滞や履行不能と同じように、②履行不完全=客観的事情と、③帰責事由=主観的事情とを別個独立の要件と捉えるのが通説的見解であるが、特に行為債務ないし手段債務にあっては、その履行の不完全を主張・立証するためには、債務発生原因(契約又は法令の規定)の解釈によって債務(給付義務)の具体的な内容を特定した上で、これと現実に行われた債務の履行の態様ないし結果との食い違いを指摘する必要があるため、履行不完全についての判断と帰責事由についての判断とが極めて密接な関係にあり、両者が交錯している点に留意する必要があるとされている(平井宜雄・債権総論59頁等)。

もっとも、手段債務における履行不完全は善管注意義務の違反に帰着し、債務者側の過失に該当する事実となり、不可抗力等の不存在を帰責事由と構成する徹底した立場(中野貞一郎・過失の推認89頁以下)もある。

② 有限会社の取締役の任務懈怠責任の一部免除

平成13年の第149号改正において、株式会社の取締役の任務懈怠責任(商法266条1項5号に係る責任)については、その取締役が職務を行うにつき善意・無重過失であったときは、賠償額の一部を免除することができることとされた。このような取締役の責任の一部免除制度は、取締役が軽微な過失により巨額の損害賠償責任を負担することを恐れて業務執行が萎縮することを防止しようとするなどの目的で導入されたものとされている(太田誠一=保岡興治=谷口隆義監修・「企業統治関係商法改正法Q&A」・商事法務1623号7頁)が、有限会社については、同様の責任の一部免除制度は設けられていないところである。

この点については、有限会社においても、企業規模が大きいものも存し、取締役が軽微な過失により巨額の損害賠償責任を負担する可能性が否定できない以上、株式会社の取締役と有限会社の取締役との間でこのような取扱いの差異を維持すべき必要性は乏しいものと考えられるため、試案では、有限会社の取締役の任務懈怠責任についても、一部免除制度を設けるものとしている。

ところで、株式会社の取締役の任務懈怠責任の一部免除の方法の一つとして、社外取締役(商法188条2項7号ノ2)の責任に関しては、定款の定めに基づき、会社と社外取締役とが事前に契約を締結することにより、責任限度額をあらかじめ定めておくことができることとされている(商法266条19項、商法特例法21条の17第5項)。このような制度が設けられたのは、社外取締役の人材確保のため、賠償責任に関する不安を除去するという目的によるとされているが、有限会社の取締役の対会社責任について一部免除制度を導入する場合、あるいは、譲渡制限株式会社における新たな機関類型として試案が掲げている(試案第4部・第1・2参照)取締役会が設置されない譲渡制限株式会社について、その取締役の任務懈怠責任を一部免除制度の対象とする場合、株式会社の社外取締役などの業務執行に関与しない取締役の法的位置付けや、社外取締役につき事前契約の方法による責任の一部免除制度を認めることの当否等が問題となる。

この点について、いわゆるベンチャー企業等においては、有限会社であったとしても、いわゆる社外取締役を設置することにより、経営の健全性を高め、投資家による信頼感を増すことが有益であるとして、社外取締役の人材確保のため、現行の株式会社の社外取締役と同様の事前契約の方法による責任の一部免除制度を設けるべきであると

いう意見もある。
　しかし，取締役会が設置される株式会社における取締役と，有限会社又は取締役会が設置されない譲渡制限株式会社の取締役とでは，その法的な位置付けは大きく異なっている。すなわち，現行の株式会社における取締役は，それ自体では機関としての性格を有さず，取締役会の構成メンバーの一人として位置付けられるにとどまり，業務執行権限を有するためには，取締役会において，代表取締役又は業務担当取締役（商法260条3項2号）として選任されることが必要であるのに対し，有限会社や，基本的にそれと同様の取扱いとされる取締役会が設置されない譲渡制限株式会社における取締役は，各取締役が業務執行権限を有し，原則として各自が会社を代表する権限を有している（有限会社法27条2項参照）。
　このような取締役の法的な位置付けの差異にかんがみると，有限会社及び取締役会が設置されない譲渡制限株式会社における業務執行権限を有しない取締役（又は社外取締役）に関する規律の在り方については，なお慎重な検討を要するものと考えられる（（注）参照）。

③ 株式会社の取締役の任務懈怠責任の一部免除

　平成13年の第149号改正において設けられた株式会社の取締役の任務懈怠責任の一部免除制度では，限度額の算定に当たって控除すべき報酬額について，代表取締役は6年分，社外取締役は2年分，その余の取締役は4年分と規定されている。同改正の際の法案の提出段階においては，すべての取締役について2年分とされていたが，衆議院法務委員会における審議の過程で，上記のような内容への修正がされたものである。その趣旨は，同じ取締役といっても，代表取締役，社外取締役，その余の取締役では，会社の経営に関わる度合いが異なり，その責任の程度にも濃淡があり，報酬等の額も異なる場合が多いこと等を考慮したものであるとされているが，実務界からは，限度額の算定に当たって控除すべき報酬が過大であるとして，社外取締役以外の取締役についてその額の引下げの要望がされているところである。
　もっとも，この点を含む株式会社の取締役の任務懈怠責任の一部免除制度の見直しについては，制度を導入して間がないことを理由とする慎重論も含め，様々な意見があるため，試案では，なお検討することとしている。

(2) 違法な剰余金の分配に係る責任

① 過失責任化

　現行法では，委員会等設置会社以外の会社について，事前の財源規制（商法290条1項，293条ノ5第3項）に違反して，違法配当議案を株主総会へ提出し，又は違法な中間配当をした取締役は，違法に配当又は分配された額について弁済責任を負うこととされている（違法配当等に係る弁済責任）（商法266条1項1号）。違法な利益配当・中間配当は本来無効であるから，会社は株主に対して違法に配当又は分配された額につき不当利得として返還を請求することができるが，実際上の困難にかんがみ，取締役に対して，株主に代わって弁済することを請求することができることとしたものである。この責任は，いわゆる債務不履行責任である(1)の任務懈怠責任とは性質が異なる債権者保護のための特別の責任であって，無過失責任と解するのが一般的である（(2)の（前注1）参照）。
　これに対し，委員会等設置会社においては，違法な利益配当若しくは違法な中間配当に関する議案を取締役会へ提出し，又は実際に配当若しくは分配を行った執行役について，委員会等設置会社以外の会社と同様，特別の弁済責任規定が設けられているが，これについては，無過失責任規定ではなく，過失責任規定とされている（商法特例法21条の18第1項）。また，取締役については，そのような特別の弁済責任規定が設けられておらず，取締役は，一般の任務懈怠責任（商法特例法21条の17第1項）によって責任を負うものとされている。
　委員会等設置会社以外の会社における無過失の特別の弁済責任規定に関しては，従前からその責任が厳格に過ぎるという指摘があり，現行法上も過失責任と解釈すべきであるとの有力な考え方もあったところである。
　試案では，委員会等設置会社以外の会社についても，無過失責任規定を見直し，過失責任化を図ることとしている。
　なお，試案では，現行の利益配当，中間配当，資本及び準備金の減少に伴う払戻し，自己株式の買受け等による株主に対する会社財産の払戻し並びに利益処分によるその他の金銭等の支払を「剰余金の分配」として整理して，統一的に財源規制をかけるものとしており（試案第5・1(1)参照），ここでいう違法な剰余金の分配に係る責任には，自己株式の買受け等によるものも含まれることとなる（(2)の（前注2）参照）。

② 分配額に係る弁済責任を負うべき者の範囲

　現行法では，違法配当等に係る弁済責任を連帯して負うべきものとされている者は，委員会等設

置会社以外の会社については、違法配当議案を株主総会に提出した取締役及び違法な中間配当をした取締役であるが、商法266条2項・3項により、違法な配当議案の決定又は違法な中間配当に関する取締役会決議において賛成した取締役は特別の弁済責任を負う者の中に含まれ、議事録に異議をとどめなかった取締役も当該決議に賛成したものと推定されることとなる。これに対し、委員会等設置会社については、取締役が計算書類の作成や実際の分配行為に関与しないこと（商法特例法21条の26第1項等）などにかんがみ、特別の弁済責任を負う者は、違法配当等に関する議案を取締役会へ提出し、又は実際に違法な配当等を行った執行役に限られている。

この点については、委員会等設置会社以外の会社の取締役についても、計算書類の作成や実際の配当行為等に関与しない者については、特別の弁済責任の対象とせず、一般の任務懈怠責任によって責任を負うべきものとすればよるとの考えがあり得るところである。他方、現行の委員会等設置会社以外の会社における特別の弁済責任の対象者の範囲と同様、取締役会決議に賛成した取締役については特別の弁済責任の対象とすべきであるとの考えもあり得るところであり、部会においても意見が分かれたところである。

試案では、以下のような二つの案を掲げ、意見照会の結果を踏まえた上で、再度部会においていずれの考え方が適切であるのか等について、議論を行うこととしている。

a案は、剰余金の分配議案を作成した取締役や実際に分配行為をした取締役に限って特別の弁済責任の対象とする案である。

b案は、a案の取締役に加えて、取締役会決議に賛成した取締役も対象に含める案である。

いずれの案についても、過失責任として構成する以上、特別の弁済責任を負うべき範囲に含まれる者であったとしても、当該違法な剰余金の分配行為がされたことについての自己の無過失を立証すれば、責任を負うものではない（（注1）参照）。

ところで、前述のとおり、平成13年の第149号改正で導入された取締役等の責任の一部免除制度は、取締役等が軽微な過失により巨額の損害賠償責任を負担することをおそれ業務執行が萎縮することを防止することを目的としたものであると説明されており、現行法では、いわゆる債務不履行責任とは異なる債権者保護のための特別の責任である違法配当等に係る弁済責任については、一部免除制度の対象とはされていない。この点は、この責任が過失責任とされている委員会等設置会社においても同様であって、試案でも、同様の考え方を維持することとしている（（注2）参照）。

なお、委員会等設置会社以外の会社においては、商法266条3項により、特別の弁済責任を負うべきものとされる取締役会決議での賛成取締役に関し、議事録に異議をとどめなかった取締役は当該決議に賛成したものと法律上推定されることとされている。部会においては、b案を採用する場合には、この点の取扱いは現行法と同様のものとすべきであるという意見が多数を占めた（（注3）参照）。

また、前述のとおり、委員会等設置会社については、特別の弁済責任を負う者は、違法な配当等に関する議案を取締役会へ提出し、又は実際に違法な配当等を行った執行役に限られており、取締役については特別の弁済責任の対象とはされていないが、b案を採用し、取締役会決議に賛成した取締役も特別の弁済責任の対象とした場合、委員会等設置会社とそれ以外の会社との間で、取締役の取扱いに関して特段の差異を設けておく必要があるかどうかの検討も必要であると考えられる（（注4）参照）。

ところで、現行法では、監査役は、取締役とは異なり、違法配当等に係る弁済責任の対象とはされておらず、一般の任務懈怠責任規定によって責任を負うにとどまる（商法277条）が、監査役は、①取締役会への出席・意見陳述義務（商法260条ノ3第1項）、②取締役の法令・定款違反行為等の取締役会への報告義務及び取締役会招集権（商法260条ノ3第2項・第3項）、③取締役の法令・定款違反行為等の差止請求権（商法275条ノ2）などの義務・権限を有し、違法な剰余金の分配については、それが行われることを知り得る立場にあり、これを事前に防止することが求められる立場にあると解される。このような立場にある監査役についても、債権者保護の見地から、違法な剰余金の分配に係る特別の弁済責任を負うべき者の範囲に含ましめることには一定の合理性があるものと考えられる。特に、このような特別の弁済責任を負うべき者の取締役として、b案を採用し、違法な剰余金の分配議案を作成した取締役や実際に違法な分配行為をした取締役以外の取締役についても、違法な行為を監督すべき立場にあることを根拠として特別の弁済責任を課すこととする場合には、監査役についても同様の責任を負わせることが整合的であるとも考えられる。もっと

も，この違法な剰余金の分配に係る監査役の責任の在り方については，取締役についての取扱いの帰趨等を踏まえる必要があり，また，利益処分等に対する会計監査人の関与の在り方の検討（試案第4部・第5・1(5)参照）を踏まえた会計監査人の責任の在り方との整合性も図る必要があることから，試案では，なお検討することとしている（(注5)参照）。

③ **責任の免除の在り方**

現行法では，違法配当等に係る弁済責任についても，他の取締役の対会社責任一般の場合と同様，その全額について，総株主の同意があれば免除し得ることとされている（商法266条5項）。しかし，この取扱いについては，特に財原規制に違反して分配された部分について，会社から，又は会社の債権者から返還を請求される立場にある株主（民法703条・704条，商法290条2項参照）が免除をすることができることについての問題点を指摘する意見もあるところである。

試案では，このような現行制度を維持するかどうかについて，なお検討することとしている。

(3) **期末のてん補責任**

① **期末のてん補責任を負うべき場合**

中間配当及び自己株式の買受けに関しては，事前の財源規制（商法293条ノ5第3項，210条3項等）のほかに，期末の財産状態の予測からの制約が課せられている。すなわち，現行法では，中間配当については，配当額が商法293条ノ5第3項に基づく限度額の範囲内であっても，中間配当がなされる営業年度の終りにおいて資本の欠損が生ずるおそれがあるときには，これを行うことはできないものとされ，その見通しを誤り，営業年度の終りに資本の欠損が生じた場合には，中間配当をした取締役は，予測を誤ったことにつき過失がなかったことを立証することができない限り，会社に対し，連帯して，欠損額又は分配額のいずれか少ない額につき特別のてん補責任を負うこととされている（商法293条ノ5第4項・5項）。また，自己株式の買受けについても，限度額の範囲内であっても，営業年度の終りにおいて資本の欠損が生ずるおそれがあるときには，自己株式を買い受けることはできないものとされ，その見通しを誤り，営業年度の終りに資本の欠損が生じた場合には，買受けをした取締役は，予測を誤ったことにつき過失がなかったことを立証することができない限り，会社に対し，連帯して，欠損額（買い受けた株式の取得価額の総額からすでに処分した株式の処分価額の総額を控除した残額が欠損の額より少ないときは，その残額）につき特別のてん補責任を負うこととされている（商法210条ノ2第1項・2項）。

これらの特別のてん補責任は，昭和49年の改正で中間配当制度が導入された際，営業年度の途中で正規の決算をすることなく株主に対して払戻しをすることに対し，会社の財政的基礎を危うくするおそれがあるとして導入されたものであり，平成13年の第79号改正において，自己株式の買受けについても同様の制度が導入されたものであるが，欠損が生じた場合には，その多寡を問わず，一律に特別のてん補責任を負うべきものとしている点については，実務界から，厳格に過ぎるという指摘がされてきたところである。特に，近年，金融商品に係る会計基準等の新たな会計基準の導入に伴い，低迷する経済情勢下において保有する資産についての時価評価が強制される場面が増加していることによって，金銭等の払戻し行為とは直接関係しない期末における資産の時価評価等の結果によって取締役が厳格な責任を負わされることに対し，機動的な中間配当や自己株式の買受けによって株主に対する適切な利益の還元を図ることへの萎縮効果を生んでいるとして，取締役が責任を負うこととなる場面を緩和すべきであるという指摘がされているところである。

他方，このような指摘に対しては，部会においては，これらの特別のてん補責任が過失責任である以上，期末の資産の時価評価による切下げに伴って欠損が生じ得ることの予測等については，過失の有無の問題として取り扱うことが可能であるため，特別のてん補責任を負うこととなる客観的な要件としては，現行規制を維持すべきであるという意見も出されたところである。

試案では，期末のてん補責任を任務懈怠責任とは性質が異なる特別の責任として位置付けるものとした上（(3)の（前注）参照），損失（資本の欠損）が生じた場合にはすべて責任が生ずるものとしている現行制度を改め，営業年度の末日における純資産額が資本金の額又は資本金及び準備金の合計額の一定割合（例えば，2分の1）に相当する額のいずれか多い額を下回る場合に限って責任が生ずべきものとして，取締役が特別の責任を負うこととなる場合を現行よりも緩和するかどうかについて，なお検討することとしている。

なお，試案において検討を提示している案は，準備金については，債権者保護手続をとることなく欠損のてん補に充てることができる以上，準備金の額に相当する分については，事前の財源規制

-52-

によって分配可能とされた範囲内で剰余金を分配した場合における期末のてん補責任の存否を判断するに当たって算入する必要性に乏しいとの考え方に基づくものである。そして、「資本金の額」という基準以外に「資本金及び準備金の合計額の一定割合（例えば、2分の1）」という基準をも併用することとしているのは、現行法では発行済株式の発行価額の少なくとも2分の1については資本金を構成することが本来予定されている（商法284条ノ2第2項）ものの、組織再編時においては資本増加の最低限に関する制約がないため、準備金の額が過大になる場合もあり、「資本金の額」という基準のみでは、てん補責任を負うべき場合が組織再編の有無によって左右されるなどの不都合が想定され得るためである。

② 期末のてん補責任を負うべき者の範囲

現行法では、中間配当及び自己株式の買受けの際の期末のてん補責任については、商法266条2項・3項が準用されている（商法293条ノ5第7項、210条ノ2第3項）。したがって、前述のとおり、故意・過失の存在をいかなる行為につき問題とすべきかが明らかではないものの、現行法では、金銭の分配等を行った取締役会の決議に賛成した取締役は、実際に金銭の分配等の行為をした取締役ではなくても、その金銭の分配等の行為をしたものとみなされ、また、その決議に参加した取締役が取締役会の議事録に異議をとどめなかったときは、決議に賛成したものと推定されることとなる。

期末のてん補責任を負うべき者の範囲についても、違法な剰余金の分配に係る分配額の弁済責任を負うべき者の範囲（(2)②参照）と同様、二つの案が考えられ、両者について整合的な取扱いをすることが適当であると考えられる。試案では、その旨を提示している。

また、前述のとおり、現行法では、委員会等設置会社においては、事前の財原規制に違反した違法配当等に係る弁済責任について、実際に利益配当等を行った執行役についての特別の弁済責任規定が設けられている一方で（商法特例法21条の18第1項）、取締役については特別の責任規定が設けられておらず、取締役は、一般の任務懈怠責任規定（商法特例法21条の17第1項）によって責任を負うべきものとされている。これに対し、期末のてん補責任については、実際に分配等を行った執行役だけでなく、取締役会決議に賛成した取締役についても責任を負うべきものとされ、また、商法266条3項の準用により、決議に参加した取締役が取締役会の議事録に異議をとどめなかったときは、決議に賛成したものと推定されることとされている（商法特例法21条の36第2項による商法210条ノ2第2項・3項、293条ノ5第5項・7項の読替適用）。

このように、現行の委員会等設置会社における期末のてん補責任については、違法な剰余金の分配に係る弁済責任との間の平仄が合っていないものということができ、両者につき整合的な取扱いをすることが適当であると考えられる。また、委員会等設置会社と委員会等設置会社以外の会社との間で、取扱いに特段の差異を設けておく必要があるかどうかの検討も必要である（（注）参照）。

なお、現行の委員会等設置会社における期末のてん補責任については、中間配当の場合と自己株式の買受けの場合とで、責任を負うべき執行役の範囲が異なっている。すなわち、中間配当の場合には、取締役会に分配議案を提出した執行役と、取締役会の決議に基づき実際に分配行為を行った執行役が責任を負うべきものとされているのに対し、自己株式の買受けの場合には、自己株式の買受けが取締役会決議に基づいて行われる場合において、取締役会に買受けに関する議案を提出した執行役や実際に買受け行為を行った執行役については責任を負うべきものとはされていない（商法特例法21条の36第2項参照）。このような差異については、合理性が乏しいという指摘があるため、期末のてん補責任に関する委員会等設置会社と委員会等設置会社以外の会社との間での調整を図る際に、適切な調整を行うことが必要であると考えられる。

(4) 利益相反取引に係る責任

① 過失責任化

現行法では、委員会等設置会社以外の会社においては、取締役と会社との利益相反取引に係る取締役の会社に対する責任について、商法266条1項3号及び4号について、他の取締役に対する金銭貸付の場合には貸付をした取締役が未弁済額について、それ以外の取引であってその取引により会社に損害が生じた場合には取引をした取締役が当該損害額について、それぞれ弁済又は賠償の責任を負うものとされている。同項5号の法令・定款違反との関係から、それらの責任は取締役会の承認を得てなされた利益相反取引に関する責任であり、その責任の性質は無過失責任であると解するのが一般的である。

これに対し、委員会等設置会社については、取締役会の承認を得てなされた利益相反取引によっ

て生じた損害の会社に対する損害賠償責任について，過失責任規定が設けられている（商法特例法21条の21第1項）。また，金銭貸付についての弁済責任については，特別の責任規定が設けられていない（注2）参照）。

この点については，委員会等設置会社以外の会社についてのみ厳格な無過失責任規定を維持する合理性は乏しいため，試案では，利益相反取引に係る取締役の対会社責任について，委員会等設置会社以外の会社についても無過失責任規定を見直し，過失責任化を図ることとしている。

もっとも，部会においては，利益相反取引に係る対会社責任の過失責任化を図る場合であっても，会社と直接又は間接に利益相反取引をした取締役のうち，少なくとも当該取引によって利益が帰属することとなるものについては，無過失責任を維持すべきという意見も出されたところであるが，これについては，いわゆる善管注意義務と忠実義務との関係をどのように考えるか，無過失責任を負わせるべき取締役の範囲をどのようにして明確に画するか等について，十分な検討が必要であると考えられる（注1）参照）。

② 一般の任務懈怠責任との関係

①で述べたとおり，委員会等設置会社においては，取締役会の承認を得てなされた利益相反取引によって生じた損害の会社に対する損害賠償責任について，過失責任とされているものの，一般の任務懈怠責任に関する規定である商法特例法21条の17とは別に，特別の規定が設けられている（商法特例法21条の21）。これは，利益相反取引によって生じた損害の会社に対する損害賠償責任について，その責任の性質を任務懈怠責任（債務不履行責任）として位置付けることとするものの，不完全履行における主張・立証責任の転換を図る特別の取扱いをしたものであると説明されている。すなわち，前述（試案第4部・第4・7(1)①の補足説明中の（参考2）参照）のとおり，不完全履行に基づく損害賠償請求権発生の要件事実は，一般的には，①基本債権の発生原因事実，②当該債権について不完全な履行がされたこと（履行不完全），③当該不完全な履行について債務者の責めに帰すべき事由があること（帰責事由），④当該不完全な履行が違法であること（違法性），⑤債権者が当該不完全な履行によって損害を受けたこと（損害の発生，不完全な履行と損害との因果関係及び損害額）であるとされているところ，商法特例法21条の21は，本来であれば取締役の責任を追及する側が主張・立証を負

う②の履行不完全（任務懈怠に関する客観的事情）について，取締役の責任を追及する側にはその主張・立証責任を負わせず，責任を追及される取締役側において完全履行についての主張・立証責任を負わせることとするものであるとされている。

商法特例法21条の21では，このような立証責任の転換に関する特別の取扱いの対象となる者として，取引をした取締役又は執行役（間接取引となる場合の取締役又は執行役を含む）（1号），取引を行うことを決定した執行役（2号）に加え，承認の対象となる取引が取締役と委員会等設置会社との取引又は委員会等設置会社と取締役との利益が相反する取引である場合については，取締役間の馴れ合いの危険性を考慮し，承認決議に賛成した取締役を含めている（3号）。

ところで，商法特例法21条の21は，取締役会の承認を得てなされた利益相反取引に係る責任に関する規定であり，取締役会の承認を得ないでなされた利益相反取引によって生じた損害についての会社に対する損害賠償責任については，委員会等設置会社においては，一般の任務懈怠責任規定によることとされており，立証責任に関する特別の規定が設けられていない。前述（試案第4部・第4・7(1)①の補足説明参照）の不完全履行責任の判断の枠組みについての考え方とも関連するが，利益相反取引に関して法律上それを得ることが義務付けられている取締役会の承認を得ていないという法令違反がある場合には，取締役の責任を追及する側において取締役会の承認を得ていないという法令違反事実の立証を行えば，裁判実務上，履行不完全（任務懈怠に関する客観的事情）の事実の立証としては十分なものになることが多いと考えられるため，不当に取締役が責任を免れるおそれは少ないと考えられたからであると思われる。

しかし，このような取扱いについては，たとえ裁判実務上の不都合は少ないとしても，より取締役の帰責性が強い，取締役会の承認という手続に反した場合については一般の任務懈怠責任規定によることとし，取締役会の承認を得た場合についてのみ立証責任を転換した特別の規定が設けられているという法制上のバランスについて疑問を呈する意見もあるところである。

また，会社の利益を害する危険が高いとして利益相反取引と同様に予防的・形式的に事前の取締役会の承認を要求している競業取引（商法264条）による損害の会社に対する賠償責任について

は，現行法では，取締役会の承認を得た場合と得ていない場合との間に規定上の区別は設けられておらず，すべて一般の任務懈怠責任の規定が適用されるものとされている。

したがって，利益相反取引についても，取締役会の承認を得た場合と得ていない場合との間で区別をすることなく，一般の任務懈怠責任の規定によって責任の在り方を規律するものとすることも考えられるところである。

試案では，以下のような二つの案を掲げている。

a案は，利益相反取引による損害の会社に対する賠償責任について，規定上，取締役会の承認を得た場合と得ていない場合との間で特段の差異を設けず，一般の任務懈怠責任の規定によるべきこととする案である。

b案は，商法特例法21条の21と同様，取締役会の承認を得た利益相反取引がなされた場合について，一般の任務懈怠責任の規定とは別に，立証責任を転換した特別の規定を設けるものとする案である。特別の規定の対象となるべき者の範囲について，試案では，試案第4部・第4・7(2)の違法な剰余金の分配に係る弁済責任と同様，複数の案を提示している。

i案は，会社と直接又は間接に利益相反取引をした取締役及び会社を代表した取締役に限るとする案であり，それ以外の取締役については，一般の任務懈怠責任に関する規定によって責任を負うことになる。

ii案は，i案における取締役に加え，取締役会決議に賛成した取締役も含めるとする案であり，現行の商法特例法21条の21と同様の考え方に基づくものである。決議に参加した取締役であって議事録に異議をとどめない者は，決議に賛成したものと推定される（(注)参照）。

③ 責任の免除の在り方

イ　現行の免責要件の緩和規定の取扱い

現行法では，取締役会の承認を得てなされた利益相反取引によって生じた損害の会社に対する損害賠償責任の免除については，総株主の同意（商法266条5項）を要せず，株主総会の特殊の決議で免除することができることとされている（商法266条6項）。

取締役会の承認を得てなされた利益相反取引によって生じた損害の賠償責任の免除に関して緩和された特別の取扱いがされていることについては，その責任が無過失責任であることが考慮されたものであると説明されている（最判平成12年10月20日・民集54巻8号2619頁等）。

したがって，前述（①）のように，委員会等設置会社以外の会社についても無過失責任規定を見直し，過失責任化を図ることとする場合には，このような特別の取扱いを維持する必要性は乏しいと考えられる。試案では，利益相反取引に係る対会社責任を過失責任化する場合には，商法266条6項に相当する規定は設けないものとしている。この場合においては，責任を免除するには，一般の任務懈怠責任の場合と同様，責任の一部免除が認められる場合を除き，総株主の同意が必要となることとなる（（注2）参照）。

なお，委員会等設置会社においては，取締役会の承認を得てなされた利益相反取引による損害の会社に対する損害賠償責任について，過失責任化が図られているものの，依然としてその免除について緩和された取扱いが認められている（商法特例法21条の21第2項）。これは，利益相反取引に関与した者が委員会等設置会社の取締役等である場合の方が，それ以外の株式会社の取締役である場合よりも，免責の点では手続要件が厳格になってしまうという不都合が生ずるためと説明されている（始関正光編著・「Q&A平成14年改正商法」・商事法務・2003・137頁）。しかし，委員会等設置会社以外の会社においても利益相反取引に係る対会社責任の過失責任化を図り，商法266条6項に相当する規定を設けないものとした場合においては，そのような不都合を考慮する必要はないため，試案では，委員会等設置会社についても，商法特例法21条の21第2項に相当する規定は設けないものとしている（（注1）参照）。

なお，試案第4部・第4・7(4)①（注1）に掲げたように，利益相反取引に係る対会社責任について，仮に，一定の範囲の取締役については無過失責任を維持することとする場合においては，その場合に限り，免責の要件に関して緩和された取扱いを維持することも考えられる。

ロ　責任の一部免除の取扱い

利益相反取引に係る対会社責任の過失責任化を図る場合，その責任についての取締役等の責任の一部免除制度の取扱いが問題となるが，利益相反取引による損害の会社に対する責任の性質を任務懈怠責任と位置付け，かつ，イにおいて緩和された免責要件に関する規定も設けないこととする以上，一部免除制度の対象とするのが適当であると考えられる。もっとも，試案第4部・第4・7(4)②においてb案を採用し，

立証責任の転換につき特別の取扱いをすることを重視した場合には，一部免除制度の対象としないという取扱いも考えられるところである。

試案では，この点について，複数の案を提示している。

なお，利益相反取引に係る対会社責任について，仮に，一定の範囲の取締役については無過失責任を維持することとする場合には，一部免除の対象としないという取扱いをすることが考えられる。

④ 取締役会が設置されない会社における利益相反取引の取扱い

現行法では，有限会社における取締役の利益相反取引については，社員総会の特別決議による認許が要求されており（有限会社法30条），当該認許を受けた場合には，いわゆる「免責」の効果が生ずるものと一般に解されている。したがって，譲渡制限株式会社について取締役会が設置されない有限会社タイプの機関設計を認めることとした場合，その取締役の利益相反取引について同様の取扱いをすることも考えられるところである。

しかし，この社員総会の認許による「免責」については，認許がされた場合であっても，具体的な取引行為をするに当たって取締役に善管注意義務違反が認められる場合，認許の効果が及ぶ範囲が明確ではないなど，それが認められる範囲が不明確であるという指摘がされている上，平成13年の第149号改正によって株式会社について導入された取締役等の責任の一部免除制度を，有限会社についても導入することとする場合（試案第4部・第4・7(1)②参照）には，この社員総会の特別決議による認許との整合性が問題となるところである。

試案では，取締役会が設置されない譲渡制限株式会社における利益相反取引については，株主総会の承認（認許）を要するものとするものの，その承認（認許）は特別決議ではなく普通決議で足りるものとし，いわゆる「免責」の効果は生じないものとしている（注1）参照）。

また，取締役会が設置されない譲渡制限株式会社における競業取引並びに有限会社の取締役の利益相反取引及び競業取引についても同様の取扱いをすることとなる（（注2）及び（注3）参照）。

(5) 株主の権利行使に関する利益供与に係る責任
① 過失責任化

株式会社では，何人に対しても，株主の権利行使に関し，会社又は子会社の計算において財産上の利益を供与してはならないとされている（商法294条ノ2（平成15年法律第134号による改正後は，295条）第1項）。これは，公開会社におけるいわゆる「総会屋」への利益供与の根絶を図ることを目的とした規定であり，この規制に反して利益供与を行った取締役等については刑罰が科せられ（商法497条1項），取締役は供与した利益の価額の弁済責任を負うこととされている（商法266条1項2号）。この責任の性質については，(1)の任務懈怠責任とは性質が異なる特別の責任であって無過失責任であると解するのが一般的である。

委員会等設置会社においても，株主の権利行使に関する利益供与に係る弁済責任については，商法266条1項2号と同様に無過失責任とされるとともに，商法266条2項・3項の準用により，利益供与を行った執行役だけでなく，利益供与に関する取締役会決議に関与した取締役もこの特別の弁済責任の対象とされている（商法特例法21条の20第1項）。

株主の権利行使に関する利益供与行為の反社会性にかんがみると，委員会等設置会社か委員会等設置会社以外の会社かを問わず，引き続き，無過失責任規定を維持するという取扱いも考えられるところである。

もっとも，部会においては，委員会等設置会社以外の会社における対会社責任規定について過失責任主義という近代私法の原則に基づいて見直しを図る以上，株主の権利行使に関する利益供与に係る責任についてのみ無過失責任規定を維持すべき必要性には疑問があるという意見も出された。確かに，実際の責任追及場面においては，利益供与行為に関わった取締役等について過失すら認められない場合というのは想定し難く，過失責任化を図ることとした場合であっても不当に取締役等の責任を免れさせることになるとは考えにくいといえる。

試案では，株主の権利行使に関する利益供与に係る弁済責任について，任務懈怠責任とは性質が異なる特別の責任として位置付けつつ（（前注）参照），現行の無過失責任規定を見直し，過失責任化を図るものとするかどうかについて，なお検討することとしている。

② 供与額の弁済責任を負うべき者の範囲

現行法では，株主の権利行使に関する利益供与に係る弁済責任について，商法266条2項・3項により，実際に利益供与行為を行った取締役等だけではなく，利益供与行為に関する取締役会決議に関与した取締役もこの特別の責任の対象とされ

ている。仮にこの責任について過失責任化を図ることとした場合、責任を負うべき者の範囲をどのように画するかについて検討する必要がある。

この点について、試案では、違法な剰余金の分配に係る弁済責任と同様の考え方（試案第4部・第4・7(2)参照）に基づき、以下のような二つの案を掲げている。

a案は、利益供与をした取締役に限るものとする案であり、現行法よりも特別の責任の対象となる取締役の範囲が狭まることとなる。

b案は、利益供与をした取締役に加え、取締役会決議に賛成した取締役も含めるものである。決議に参加した取締役であって議事録に異議をとどめない者は、決議に賛成したものと推定される（(注2)参照）。

いずれの案であっても、過失責任規定とする場合には、それぞれ自己の無過失を立証すれば、弁済責任を負うことはない。なお、過失責任規定とする場合であっても、利益供与行為の反社会性にかんがみた特別の責任である以上、取締役等の責任の一部免除制度の対象とはしないことが適当であると考えられる（(注1)参照）。

また、部会においては、現行規定の問題点として、通常、「総会屋」に対する利益供与行為は、会社のごく一部の者によって秘密裡に行われることが多く、仮に当該利益供与が取締役会の議題として上程されたとしても、それが「総会屋」に対する利益供与であることが取締役会で明らかにされることは想定し難いため、実際に利益供与をした取締役等と異なり、商法266条2項・3項によって取締役会決議に賛成した取締役について無過失の弁済責任を負わせることは厳格に過ぎるという指摘がされた。このような指摘にかんがみると、仮に無過失責任規定を維持することとした場合であっても、委員会等設置会社の場合も含め、実際に利益供与をした取締役等以外の取締役については、この特別の弁済責任の対象とせず、一般の任務懈怠責任によって責任を負うものとする見直しを図ることが考えられる（(注3)参照）。

8 代表訴訟

株主代表訴訟制度については、昭和25年の改正による導入以来、平成5年の改正による訴額の算定の規定の創設等、平成13年の第149号改正による裁判上の和解に関する規定の創設、会社が取締役側に補助参加するための手続に関する規定の創設等の重要な改正が行われているが、同制度を巡っては、様々な更なる改正の提言・意見が出されているところである。

これらについての部会における審議が熟する段階には至っていないことから、試案では、会社法制の現代化に際し同制度の見直しを要するかどうかについては、なお検討することとした上で、(注)において、同制度の見直しについての主な意見・指摘を紹介している。

イは、いわゆる「訴訟委員会制度」の導入についてである。「訴訟委員会制度」（取締役等に対する訴えについて、会社において訴訟委員会を設置し、同委員会が取締役の責任を追及しない旨の判断をしたときには、裁判所がその判断を一定の限度で尊重する制度）等、取締役等に対する訴えの提起・継続に係る会社の利益等をも総合的に考慮して当該訴えを終了させることができる方策については、実務界よりその導入の要望が出されているところである。「訴訟委員会制度」については、その構成（委員の員数、能力、独立性等）をどのようにすべきか、裁判所の審査の範囲をどのように規律すべきか、現行法上の責任の全部免除・一部免除制度（商法266条5項以下等）との関係をどのように整理すべきか等、検討すべき種々の問題があるという指摘がなされているほか、そもそも、要望にあるような「訴訟委員会制度」が、我が国において取締役等に対する訴えを終了させる機能を実質的に果たし得るかどうか自体を疑問視する意見もある。

ロは、株主代表訴訟の原告適格の見直しについてである。ⅰは、6か月前から引き続き株式を有する株主に原告適格を認めている現行法（商法267条1項）に代えて、訴訟の原因となった行為の時点での株主に限定すべきであるという意見を紹介するものである。ⅱは、最近の下級審の裁判例上（東京地判平成13年3月29日・判時1748号171頁、名古屋地判平成14年8月8日・判時1800号150頁、東京地判平成15年2月6日・判時1812号143頁参照）、完全子会社となる会社について係属中の株主代表訴訟の原告は、株式交換・株式移転により完全子会社となる会社の株主たる地位を喪失する場合、原告適格を喪失するとされることについて、そのような場合であっても原告適格を喪失しないものとする立法上の手当てを行うべきであるという意見を紹介するものである。なお、ⅱについては、より一般的に、完全親会社の株主に完全子会社の取締役等の当該完全子会社に対する責任を追及する代表訴訟の提訴権を認めるべきであるという意見もあるところである。

ハは、担保提供制度（商法267条6項、7項、106条2項）における「悪意」について、その意義を明確化すべきであるという意見を紹介するものである。

「悪意」とは，不当訴訟の場合と不当不法目的の場合とを指すものと一般に解されているが，その具体的な要件については，下級審の裁判例上見解が分かれているところである（東京地決平成6年7月22日・判時1504号121頁，大阪高決平成9年11月18日・判時1628号133頁等参照）。

なお，会計監査人の会社に対する責任と株主代表訴訟については，試案第4部・第4・1 1(5)を参照されたい。

9 監査役
(1) 監査役の権限

現行法では，監査役は，株式会社のうち商法特例法上の小会社（資本金1億円以下かつ負債総額200億円未満）以外の会社については，業務監査及び会計監査の権限を併せて有するが（商法274条1項），小会社及び有限会社については，会計監査の権限のみを有することとされている（商法特例法22条1項，25条，有限会社法33条ノ2第1項）。

現行の監査役の業務監査権限は，昭和39年から昭和40年にかけての著名会社の粉飾決算・倒産を契機として，昭和49年の改正によって付与されたものであるが，小会社の監査役の権限については，取締役の職務執行全般を監査するのにふさわしい者を得るのが難しいことなどを理由として，従前どおり会計監査に限定することとされ，有限会社についても同様の取扱いとされたものである。しかし，監査役について格別の資格を要しないとしながら，その権限を，専門的知識・能力が要求される会計監査に限定することについては，昭和49年の改正直後から批判があったところであり，中小会社の実態に照らすと，そのような会社の監査役については，会計監査よりむしろ業務監査の方が相応しい場合が多いという指摘もあるところである。また，試案では，譲渡制限株式会社については，監査役の設置が義務付けられないという現行の有限会社の機関に関する規律に相当する規律の適用の選択を認めることとしており（試案第4部・第1・2参照），監査役を置くという機関設計を会社が自ら選択する以上，業務監査を含めた取締役の職務執行全般を監査するのにふさわしい者を置くべきであるとも考えられる。

試案では，監査役については，株式会社・有限会社について，一律に業務監査権限を付与する方向で検討することとしている。なお，昭和61年試案においても，同様の提言がされていたところである。

もっとも，部会においては，小会社や有限会社の監査役についても一律に業務監査権限を付与することについては，昭和49年の改正の時と同様の理由から，反対する意見も出されており，なお検討することとしている（(注)参照）。

この点について，まず，現在置かれている小会社及び有限会社の監査役については，権限及びそれに伴う義務が一定の範囲で拡大することになる以上，所要の経過措置を講ずる必要があると思われる。次に，前述の現行制度の問題点及び監査役を置かない機関設計を認めることとしている点にかんがみると，新たな会社法（仮称）の下において会計監査権限のみを有する監査役を設置するニーズというのは，円滑な資金調達を図る等の観点から，会計の専門家による監査を積極的に受けることによって自社の計算書類の適正を確保したいというような点にあるものと考えられるが，その場合には，会計監査人監査との関係をどのように整理するか等について検討する必要があるものと思われる。すなわち，試案では，会計監査人の任意設置を小会社にも認めることとし，それに伴って会計監査人が設置される場合の機関設計の在り方を検討することとしているため（試案第4部・第4・1 1(2)及び(3)参照），会計監査権限のみを有する監査役と会計監査人との並存を認めることとするか，その場合の両者の関係を現在の監査役と会計監査人の関係と同様に扱ってよいか，また，会計監査権限のみを有する監査役の設置を認める場合において，「取締役＋会計監査人」というような機関設計の在り方（試案第4部・第4・1 1(3)(注)参照）を認める必要があるか，等の点について検討が必要となる。

なお，部会においては，現行の会計監査人監査とは別に，専門家の関与により計算の適正を担保する中小企業向けの制度の創設を求める意見も出されており，このような意見と会計監査権限のみを有する監査役との関係についても十分な検討が必要であると考えられる。

(2) 補欠監査役

現行法では，補欠監査役の予選に関する規定は設けられていない。補欠監査役の予選とは，法令又は定款で定める監査役の数が辞任等によって欠けることとなる場合に備え，あらかじめ総会で補欠監査役を選任しておき，実際に監査役の数が欠けたときに，その補欠監査役が正式に監査役に就任することができることとするものである。商法273条3項には補欠監査役の任期に関する規定があるが，これは，監査役が辞任等をしてその後任として正式に選任され，直ちに監査役に就任する場合

に関する規定であって，補欠監査役の予選に関するものではない。

このような補欠監査役の予選については，実務界から，かねてよりその有効性を認めるべきであるという要望が強く出されていた。その背景には，近時の改正により，一定の数の社外取締役・社外監査役を置くことが義務付けられるようになっていることが挙げられる。すなわち，そのような社外取締役・社外監査役が，その任期中に退任するなどして，法律又は定款に定める員数を欠くに至った場合には，臨時株主総会を開催して後任者を選任するか，仮取締役又は仮監査役の選任を裁判所に請求する必要があるところ（これを怠ると，100万円以下の過料の制裁がある），上場会社等においては臨時株主総会の開催には多額のコストを要するし，裁判所による仮取締役・仮監査役の選任についても，員数を欠くに至った時期のいかんを問わず選任が認められるかどうかにつき実務界には不安感もあるようである。他方，このような事態に備えて，あらかじめ法律又は定款で定める員数よりも多数の社外取締役・社外監査役を選任しておくことは報酬の支払等の面で会社にとって負担となる。

このような状況の下で，登記実務上は，合理的な範囲で株主総会決議に条件又は期限を付すことは可能であるとして，一定の内容の定款の定めを有する株式会社において，定時株主総会において社外監査役の補欠者を予選することができるものと解し，その旨の照会回答を示している（平成15年4月9日・民商第1078号民事局商事課長回答）。

この照会回答は，
① 補欠として選任された監査役の任期は，退任した監査役の任期の満了すべき時までとする。
② 定款で定める監査役の員数を欠くに至った場合に備えて，定時株主総会において監査役の補欠者をあらかじめ選任することができる。この予選は次期定時総会が開催されるまでの間，その効力を有する。

との内容の定款の定めを有する株式会社については，定時株主総会において，社外監査役が退任した場合の補欠者を予選することも，合理的な範囲内の条件を付した決議として，次期定時総会の開催までの間は有効であり，次期定時総会までの間にある社外監査役が退任した場合には，当該予選された補欠者が社外監査役に就任することになるとしたものである。この照会回答の射程範囲は，社外監査役の補欠者の予選に限らず，株式会社の取締役又は監査役一般に及ぶものとされ，また，臨時株主総会での予選も可能であると説明されている。

この照会回答による登記実務の取扱いについては，実務界から一定の評価を得ており，試案でも，補欠監査役を予選することができることを立法上明確化するものとしている。

もっとも，この照会回答については，実務界から，定款の定めを要するものとし，予選の効力が次期定時総会の開催までの間に限られるものとする点につき，なお見直しの要望が出されているところである。

この点について，まず，照会回答が定款の定めを要するものとする点は，商法273条3項において補欠監査役の任期につき定款の定めを要するとされていることとの平仄が重視されたものであるが，合理的な範囲で株主総会決議に条件又は期限を付すことが可能とされる以上，定款の定めがその性格上不可欠のものとまでは言えないとも思われる。また，予選の効力が次期定時総会の開催までの間に限られるものとする点は，株主の意思を可能な限り問うことが適当との考えに基づくものであるが，予選者ではない監査役はその任期が満了するまではその間の株主の意思を問うことなく在任することができるのに対し，予選者に限って定時総会ごとに株主の意思を問わなければならないとするまでの必然性はないとの指摘がされている。

試案では，定款の定めの要否について，なお検討することとするとともに，予選の効力を，次期定時総会までではなく，被補欠監査役の任期の満了の時までとすることについても，なお検討することとしている（(注1)参照）。

なお，現行法では，予選された補欠監査役については，登記事項とはされておらず，営業報告書における開示事項（商法施行規則103条1項6号）ともされていない。仮に，このように定時総会ごとの予選の決議を要求しないこととする場合には，株主に対して，どのような予選者が選任されているかについての情報を開示するための何らかの手段を講ずることが必要となるものと考えられる（(注2)参照）。

また，補欠監査役の予選についてこのような見直しを行うこととする場合には，取締役についても同様の取扱いをすることとなる（(注3)参照）。

10 使用人兼務取締役等

(1) 委員会等設置会社における取締役の使用人兼務

委員会等設置会社においては，取締役は，業務執行機関である執行役の監督を主たる職責とするこ

ととなり，原則として委員会等設置会社の業務を執行することはできないものとされている（商法特例法21条の6第2項）。もっとも，監督機関である取締役会の構成員である取締役の中に執行役を兼務している者がいた方が，会社の業務執行の状況等を把握することが容易な場合があり得るとして，執行役と取締役との兼任は認められているところである（商法特例法21条の13第5項）。

我が国の実務においては，従来から取締役が使用人を兼務することが広く行われてきたこともあり，委員会等設置会社において，取締役が使用人を兼務することが認められるかどうかが，その制度の導入直後から問題とされてきた。

執行役と使用人との兼務については，委員会等設置会社以外の会社から委員会等設置会社への移行を円滑に行うためには，現行の使用人としての職位・職制がそのまま業務執行機関である執行役についても維持することができる方が望ましいとして，これを認めるのが一般的な考えであるが，そのような使用人兼務執行役が取締役を兼ねることがさらにできるかどうかという点を中心に，取締役の使用人兼務の可否が問題とされているものである。

この点については，①現行法では監査委員についてのみ使用人との兼務を制限する規定が設けられていること（商法特例法21条の8第7項），②責任の一部免除の関係では取締役が使用人を兼務することを前提とした規定があること（商法特例法21条の17第4項，商法266条7項）などから，法律上許されないとまではいえないとする見解も見受けられるところである。部会においては，執行役の監督を主たる職責とする取締役が執行役の指揮命令を受けるべき使用人を兼ねることは，監督と執行との分離を図り，取締役会の監督機関としての役割を重視した委員会等設置会社の制度の趣旨に照らして大いに疑問であり，これを禁止する立法上の手当をすべきであるという意見が出され，これを支持する意見が多かったところである。

もっとも，部会においては，執行役と使用人との区別は実務上明確に取り扱われていないとして，使用人兼務執行役が取締役を兼ねることを禁ずる立法上の手当をすることによる実務上の混乱の可能性を指摘する意見もあった。

(2) 委員会等設置会社における使用人兼務執行役の報酬

委員会等設置会社においては，報酬委員会が，取締役及び執行役が受ける個人別の報酬の内容を決定する権限を有することとされている（商法特例法21条の8第3項）。執行役が使用人を兼務する場合には，現行法では，報酬委員会は，執行役の報酬のみを決定し，使用人分の給与等については，執行役において定めることになろうが，このような取扱いについては，執行役が受けるあらゆる報酬についての個人別の内容を社外監査役が過半数を占める独立性の高い報酬委員会で定めるものとすることによって取締役会全体としての監督機能を強化しようとする委員会等設置会社の制度の趣旨から疑問であるという指摘がされている。部会においても，使用人兼務執行役の使用人として受ける給与等についても報酬委員会が決定するものとすべきであるという意見が出され，これを支持する意見が多かった。

もっとも，部会においては，報酬委員会が使用人兼務執行役の使用人としての給与等についても決定するものとした場合には，使用人の給与体系全体への報酬委員会の関与の在り方が不明確になるとして，実務上の混乱の可能性を指摘する意見もあった。

11　会計監査人

(1) 会計監査人の設置強制の範囲

① 株式会社に係る設置強制の範囲

現行法では，商法特例法上の大会社（資本金5億円以上又は最終の貸借対照表の負債の総額200億円以上）については，公認会計士又は監査法人を資格要件とする会計監査人の設置が強制されている。この会計監査人の設置強制の範囲を画する現行基準については，主として二つの視点から見直しを行うべきという指摘がされている。

第1は，現行の資本金と負債という基準に代えて，又はそれらに加えて，他の基準を用いることとするかどうかという視点であり，第2は，仮に現行の資本金と負債という基準を維持することとした場合において，その金額の引下げ又は引上げを行うこととするかどうかという視点である。

まず，第1の視点に基づく見直しについては，EU諸国等においては，総資産，売上高，従業員数等の基準を用いて会社の区分を画する例が多いことなどにかんがみ，従前から，他の基準を用いることも検討すべきであるという意見があったところである。部会においても，平成13年の第79号改正における額面株式制度の廃止や保有する自己株式の資本の部における控除科目としての計上等の措置によって現在では資本金と株式との関係が切断されていることなどを踏まえると，会社の規模を画する基準としての資本金の有用性に疑問

- 60 -

を呈する意見が述べられた。

もっとも，部会においては，資本金は，その額が登記事項とされていることもあって基準としての明確性に優れているという指摘や，ＥＵ諸国等で多く用いられている基準についても，例えば売上高については，会社の業態によってばらつきがあり，会社の規模を示す基準としての有用性に疑問があり，従業員数についても雇用体系が複雑化している現況では基準として明確性に欠けるといった指摘が出され，見直しの方向性について一定のコンセンサスを得るに至らなかった。

第２の視点に基づく見直しについても，昨今の外部監査の重要性の高まりを指摘して金額の引下げを求める意見のほか，現行の基準を維持すべきであるという意見もあり，第１の視点と同様，見直しの方向性についての一定のコンセンサスを得るに至らなかった。

試案では，このような部会での議論の状況を踏まえ，株式会社について会計監査人の設置が強制される範囲を画する現行基準の見直しの要否については，なお検討することとしている。

② **大規模有限会社についての会計監査人の設置強制**

株式会社に関する規律について，有限会社に関する規律との一体化を図り，その結果，仮に株式会社と有限会社との両会社類型について，一つの会社類型として規律することとする場合，調整を図る必要がある事項の一つとして，現行法では，有限会社については，たとえ商法特例法上の大会社に相当する規模のものであったとしても，会計監査人の設置が強制されていないという点がある。

大規模な会社においては株主，債権者等の多数の利害関係人を有することが多いことから，独立した職業的な専門家の監査を受けて計算書類の適正を図ることが必要であるという会計監査人制度の趣旨にかんがみると，有限会社であったとしても，商法特例法上の大会社に相当する規模のものについては，会計監査人の設置を強制することが整合的と考えられ，部会においても，これを支持する意見が多かった。

もっとも，これについては，比較的少ない数（下記（注）を参照）であるとはいえ，大規模な有限会社について規制強化となる点につき実務上の負担を懸念する意見も出された。試案では，既存の有限会社については，所要の経過措置を講ずるものとし（注１）参照），また，会計監査人が設置される場合の機関設計の在り方について，現行の委員会等設置会社又は監査役会設置会社という機関設計のみでは有限会社に会計監査人を設置する場合の実務上の負担が大きいという指摘も踏まえ，一定の措置を講ずる方向で検討することとしている（（注２）参照）。

　（注）　国税庁企画課「税務統計から見た法人企業の実態」（平成12年分）によると，資本金額が５億円以上の有限会社数は，86社である。

③ **完全子会社の特例**

現行法では，完全子会社であっても，商法特例法上の大会社に相当するものについては，一律に会計監査人の設置が強制されている。

この点については，平成９年の私的独占の禁止及び公正取引の確保に関する法律の改正による持株会社の解禁，平成11年の改正による株式交換・株式移転制度の創設により，大規模な完全子会社が設立され，かつ，存在するようになっているところ，このような完全子会社は，株主が一人しか存せず，かつ，株主が増加することも想定されない典型的な非公開的株式会社であって，利害関係人としての株主の存在を考慮する必要は乏しいと言い得るものであるため，実務界からは，その規模のみに着目して大会社と同様の厳格な規制をしている現行法上の取扱いについて，緩和を求める意見が寄せられているところである。

また，このような実務における持株会社を中心としたグループ経営が増加している実態を踏まえ，平成14年の改正では連結計算書類制度が導入され，大会社については連結グループを基準とした会社財産及び損益の状況の開示が義務付けられたところである。連結計算書類制度においては，会計監査人による連結計算書類に対する監査が義務付けられ（商法特例法19条の２第３項，21条の32第２項），会計監査人には子会社又は連結子会社に対する調査権も付与されている（商法特例法７条３項）。そして，連結計算書類が作成される場合には，連結計算書類作成会社及び連結の範囲に含められる子法人等の個別の計算書類を基礎として作成されることとされているため（商法施行規則147条・148条），会計監査人による連結計算書類の監査がされることによって，連結の範囲に含められる完全子会社の個別計算書類についても間接的に会計監査人による監査が及んでいるとみることができる。

このような点にかんがみると，連結計算書類作成会社の完全子会社については，商法特例法上の大会社に相当するものであっても，会計監査人の設置を強制しないものとする例外的な取扱いをすることも考えられるところである。

他方,このような完全子会社についての例外的な取扱いを認める場合には,その前提として,完全子会社の計算書類の適正さの確保,債権者等の株主以外の利害関係人の保護のために,現行の連結計算書類制度について一定の改善を図る必要があるものと考えられる。すなわち,現行の連結計算書類制度については,

イ 連結計算書類については,連結計算書類作成会社の株主総会招集通知に添付されることとされ,株主に対する開示手段は確保されているが,連結計算書類作成会社においてすら債権者等の株主・監査報告書の備置き,債権者による閲覧等,そして公告が要求されておらず,債権者等の株主以外の利害関係人に対する開示手段が不十分である。

ロ 実務上の取扱いとして,連結計算書類を作成するに当たって個別計算書類を修正することが認められている(連結財務諸表原則注解2参照)ため,連結計算書類の作成・開示がされたとしても,作成の基礎とされた完全子会社の個別計算書類の内容や,どのような修正がされたかが明らかではない。

といった問題点があると考えられる。

試案では,講ずることが考えられる措置として,完全子会社の計算書類を修正して連結計算書類を作成した場合には,その旨,内容及び理由を連結計算書類に記載させること,連結計算書類及び監査報告書の完全子会社における備置き,債権者による閲覧等及び公告を例示している(注)参照)。これらの措置により,完全子会社の債権者等の利害関係人が,完全子会社の個別計算書類の内容や,それについて親会社の会計監査人がいかなるチェックを行ったかを把握することができるものと考えられる。

もっとも,部会においては,このような完全子会社についての例外的な取扱いについては,

イ 連結計算書類作成会社の完全子会社に会計監査人の設置を不要とする例外的な取扱いを認めるためには,完全子会社の債権者保護の見地から,連結計算書類作成会社が当該完全子会社の債務について一定の責任を持つような措置を講ずるべきである。

ロ 試案の(注)に例示した措置について,会計監査実務においては,いわゆる重要性基準に基づく運用がされており,連結計算書類の監査においては,連結計算書類に与える影響の大きさという意味での重要性基準に基づいて監査が行われることとなるため(連結財務諸表原則注解2ただし書参照),連結計算書類作成に当たって完全子会社の個別計算書類の修正が行われたことの連結計算書類への記載を義務付ける措置を講じたとしても,その記載内容は,会計監査人が,完全子会社の会計監査人として個別計算書類に対して直接的に監査が行うことによって確保することができるレベルより低いものとなる。

ハ 現行法では,会計監査人の監査の対象は,貸借対照表・損益計算書だけでなく,利益処分・損失処理案の適法性にも及んでいるため(商法特例法13条2項2号,商法281条ノ3第2項7号),連結計算書類作成会社の完全子会社には会計監査人の設置を不要とするのであれば,連結計算書類作成会社の会計監査人が完全子会社の利益処分案等についてもチェックを行うことができるような措置を講ずるかどうかを検討する必要がある。

などの意見も出されている。

(2) 会計監査人の任意設置の範囲

平成14年の改正において,みなし大会社制度が導入され,大会社以外の会社であっても,委員会等設置会社又は監査役会設置会社の機関設計を選択して会計監査人の監査を受けることを認めることとされたが(商法特例法2条2項),小会社については,その対象から除外されている。

しかし,小会社であっても,いわゆるベンチャー企業等の中には,円滑な資金調達を図る等の目的から,外部の会計専門家による監査を受けることによって自社の計算書類の適正さを確保したいというニーズがあるという指摘がされているところである。そのような会社についても,単に公認会計士又は監査法人による任意の監査という事実上のレベルのものにとどまらず,法律上の会計監査人としての権限・責任によって裏打ちされた監査により計算書類の適正さの確保が図られるような制度化をすることは望ましいといえ,小会社であるが故に会計監査人の監査を受けることができないという法的制約を維持しておく合理性は乏しいものと考えられる。

試案では,小会社であっても,会計監査人を任意に設置することができるものとしている。

部会においては,このような会計監査人の任意設置の範囲を拡大するという方向性については,特段の反対意見はなかったものの,より多くの会社が外部の会計専門家による監査を導入することを可能とするよう,会計監査人が設置される場合の機関設計について,現行の委員会等設置会社又は

監査役会設置会社以外の機関設計の在り方を認めるなどの手当てをすることが望ましいとする意見が出された。この点については，試案第4部・第4・1 1 (3)において検討している。

(3) 会計監査人が設置される場合の機関設計等

現行法では，会計監査人が設置される場合には，委員会等設置会社又は監査役会設置会社という機関設計しか認められていない。平成14年の改正で導入されたみなし大会社制度においても同様である。すなわち，会計監査人の設置が強制される場合だけでなく，会計監査人を任意に設置する場合であったとしても，社外取締役が過半数を占める指名・監査・報酬の三つの委員会又は半数以上の社外監査役及び常勤監査役を含む監査役によって構成される監査役会の設置が強制されることとされている。

前述のように，試案では，有限会社のうちの大規模なものについても会計監査人の設置を強制し((1)②参照)，また，現行の小会社の範囲の会社であっても，会計監査人を任意で設置することができることとしている（(2)参照）が，このように会計監査人が設置される会社の範囲が広がることにかんがみ，部会においては，①会計監査人の設置が強制される範囲の会社のうち譲渡制限株式会社，②会計監査人を任意で設置することができる範囲の会社について，現行の委員会等設置会社又は監査役会設置会社以外の機関設計の在り方を認めるべきであるという意見が出され，これを支持する意見が多かった。

もっとも，具体的にどのように機関設計の在り方を認めるべきであるかについては様々な意見があったため，試案では，a案からc案までの各案及びそれぞれの案を採用した場合の問題点等を掲げている。

a案は，「取締役会＋監査役＋会計監査人」という機関設計を認める案である。この場合，監査役の員数は1人以上で足り，監査役会設置会社と異なり常勤監査役・社外監査役は不要となる。このような機関設計については，独立性の制度的保障が現行の監査役会制度よりも劣る監査役制度であっても，会計監査人が設置される場合の手続・効果（試案の（参考）参照）を現行の会計監査人制度と同様のものとしてよいかについて検討する必要があると考えられる。なお，昭和49年の改正において会計監査人制度が導入された当時には同様の機関設計が認められていたところである。

b案は，a案の機関設計に加え，譲渡制限株式会社については，「取締役＋監査役＋会計監査人」

という機関設計を認める案であり，c案は，譲渡制限株式会社について，b案の機関設計に加え，さらに「取締役＋会計監査人」という機関設計を認める案である。いずれも，譲渡制限株式会社において現行の有限会社の機関に関する規律に相当する規律の選択を可能とした場合において，そのような選択をした会社が会計監査人を設置することを容易にすることを意図した案である。これらの案については，b案においては（注1），c案においてはさらに（注）のような検討すべき点があるものと考えられる。特に，c案については，現行の会計監査人による監査制度が，業務監査権限を有する監査役による監査役監査と連携する形で制度設計されており，会計監査人の選解任等における監査役の関与はもちろん，監査手続に関しても，会計に関しては，一次的には会計監査人が外部の専門家としてチェックをし，二次的に監査役がレビューするという仕組みとなっていることから，これを認める場合には，現行制度とは相当異なる特例を設ける必要があるものと考えられ，仮にそのような特例を認めることとした場合には，そのような制度を現行の会計監査人制度と同様のものとして法制的に位置付けることの可否，適否についての検討も必要となるものと考えられる。

また，現行の会計監査人制度においては，会計監査人の適法意見があり，かつ，監査役会の不相当意見がないときには，貸借対照表及び損益計算書が取締役会の承認限りで確定することとされているが，b案においては承認すべき取締役会が存在せず，c案についてはさらに監査役も存在しないことから，仮にいずれかの案を採用することとした場合においても，貸借対照表及び損益計算書の確定には株主総会決議を要することとなるものと考えられる（b案の(注2)，c案の（注）参照）。

(4) 会計監査人が不適法意見を述べている場合の措置

現行法では，会計監査人が計算書類について不適法意見を述べている場合には，貸借対照表及び損益計算書は取締役会の承認では確定せず，株主総会の承認を要することとされている（商法特例法16条，21条の31）。

この点については，会計の専門家である会計監査人が不適法意見を述べている以上，株主総会の承認が得られた場合であっても，そのことを債権者等の利害関係人に開示する必要があるのではないかという指摘があるところである。

試案では，会計監査人が不適法意見を述べている場合には，決算公告において，その旨を明示しな

ければならないものとしている。
(5) 会計監査人の会社に対する責任
　現行法では，会計監査人の会社に対する責任（商法特例法9条）は，代表訴訟の対象とはされていない。近年の内外における外部監査の重要性に関する議論の高まりを受け，会計監査人の責任についても，見直しを行うべきであるという指摘がある。
　この点については，会計監査人についても，取締役等と同様，会社の経営陣との緊密な関係から，会社が責任追及を怠り，その結果として株主の利益が害される可能性は否定できないものと考えられるため，試案では，会計監査人の会社に対する責任について，株主代表訴訟の対象とするものとしている。平成13・14年試案においても取り上げられていた事項である（平成13・14年試案第十七）。
　会計監査人の会社に対する責任について株主代表訴訟の対象とする場合には，この責任について取締役等の責任の一部免除制度に相当する制度を設けるかどうか，設けることとした場合にはその方法等の在り方が問題となる。平成14年の改正においては，その検討の過程において，これらの点についての関係者間の意見がまとまるに至らなかったため，これらの点についての改正が見送られたという経緯がある。
　部会においては，まず，責任の一部免除制度を設けることの要否について，会計監査人について責任の一部免除制度を設けないこととすると自然人である取締役等に比べて資力を有することが多い監査法人に対する濫訴のおそれがあるなどの懸念が示されるなど，取締役等とのバランスを考慮した何らかの責任の一部免除制度を導入することが適当という意見が多数を占めたところであり，試案では，その方向で検討することとしている。
　次に，その場合の方法についてであるが，取締役等に導入されている責任の一部免除制度においては，①株主総会の特別決議による事後免責，②定款の定めに基づく取締役会決議による事後免責，③社外取締役を対象とした定款の定めに基づく事前契約による免責の3種類の方法が規定されている（商法266条7項から23項まで）。会計監査人についても，同様の三つの方法を認めるものとすることも考えられるが，部会においては，会計監査人の会社に対する責任の追及が実際に問題となるのは会社が破綻した場合が通常であると考えられるため，そのような場合には会社財産の管理処分権が破産管財人等に移ることとなり，①，②のよ

うな事後的な免責方法が機能する場面はあまり想定することができないとして，③のような会社と会計監査人との間での事前契約による免責方法を原則的な方法とすべきであるという意見が出された。
　試案では，③と同様の事前契約による免責方法の適否について意見照会を行うこととしている（（注1）参照）。なお，この場合の限度額の基準については，取締役等との平仄から会計監査人が会社から受ける報酬等の額を基準とすべきであるという意見が有力であったが，具体的な金額に関しては，社外取締役との平仄を重視して2年分の額で足りるとする意見のほか，専門家責任であることや監査法人には自然人である取締役よりも資力がある場合が多いことを重視して代表取締役と同様の6年分の額とすべきであるとする意見もあり，一定の結論が得られるには至っていない。
　ちなみに，日本公認会計士協会の「法定監査の標準報酬規定」によれば，法定監査の1年間の標準基本報酬が，監査対象が1部上場会社の場合には995万円，2部上場会社の場合には685万円，その他の会社の場合には575万円とされており，その他，執務報酬や，出張の場合の日当等が支払われるものとされている。
　ところで，以上のような社外取締役と同様の事前の契約に基づく責任の一部免除の方法については，当事者たる会社と会計監査人との間の交渉によってその責任の限度額を定めることとなることにより，現在の実務の状況からは，監査報酬の引下げの材料となる等会計監査人側に不利な条件の契約が締結される可能性があるとして，責任の限度額をあらかじめ法定しておく方法が望ましいという意見もあるところである。事実，各国においては，例えばドイツのように責任の限度額を確定金額という形で法律上規定している法制も見受けられるところである。また，事前の契約に基づく責任の一部免除の方法が会計監査人の責任の一部免除の原則的な形態となるにせよ，取締役等と同様の株主総会の特別決議による方法や事後的な免責等の方法も認めるべきであるという意見もあるところである。試案でも，これらの点については，なお検討することとしている（（注2）参照）。
(6) 会計監査人の報酬
　現行法では，会社の経営陣からの会計監査人の独立性を担保するための措置として，監査役会設置会社においては，取締役が会計監査人の選任に関する議案を株主総会に提出するには監査役会の同意を得なければならず（商法特例法3条2項），

監査役会は、その決議をもって、取締役に対し、会計監査人の選任を株主総会の会議の目的とすることを請求することができるものとされている（同条3項）。会計監査人を再任しないこと又は会計監査人の解任を株主総会の会議の目的とする場合についても同様である（商法特例法5条の2第3項、6条3項）。また、委員会等設置会社においては、監査委員会が、株主総会に提出する会計監査人の選任及び解任並びに会計監査人を再任しないことに関する議案の内容の決定権限を有している（商法特例法21条の8第2項2号）。

しかし、会計監査人の報酬については、このような監査役会又は監査委員会の関与についての規定はなく、代表取締役又は代表執行役が自らの判断で会計監査人と交渉して報酬額を決定することも認められている。

この点については、従前から、代表取締役等の会社経営陣からの会計監査人の独立性を担保するため、その選解任と同様、会計監査人の報酬に関しても、監査役会又は監査委員会の関与に関する規定を設けるべきであるという指摘がされているところである。諸外国の法制をみても、例えば、米国において、昨今、監査委員会が外部監査人の選任、報酬及び監督について責任を負わなければならないものとする定めを有する法律が制定されるなどの動きがある（The Sarbanes-Oxley Act of 2002 §301）。

試案では、以上のような状況を踏まえ、監査役会又は監査委員会に、会計監査人の報酬の決定に関する同意権限を付与するものとしている。

この点について、部会においては、委員会等設置会社については、監査委員会が、監査役会と異なり会計監査人の選解任議案の決定権限を有することとされていることを踏まえ、報酬についても監査委員会がその決定権限を有するものとすべきであるという意見が出された。試案では、この点については、なお検討することとしている（（注2）参照）。

(7) 会計監査人の欠格事由

現行法では、監査法人の社員のうちに業務停止処分を受け、その停止の期間を経過しない者がいる場合には、当該監査法人は、会計監査人となることができないものとされている（商法特例法4条2項4号）。この会計監査人の欠格事由については、多数の公認会計士の社員を抱える大規模な監査法人において、一人の社員が業務停止処分を受けた場合には、当該監査法人はすべての会社の会計監査人としての地位を失ってしまう効果を持つという点につき、酷に過ぎるという指摘がされてきたところである。

公認会計士法においても、監査法人については、その社員のうちに業務停止処分を受け、その停止の期間を経過しない者に該当する者がいないことが要件とされており、これに反する事態が生じた場合には、内閣総理大臣は、当該監査法人に対し、戒告、業務停止等の必要な措置や、最終的には監査法人の存立の根拠を失わせる措置までをも講ずることができることとされている（公認会計士法34条の21）。当該監査法人が業務停止処分を受ければ、会計監査人としての業務も行うことができなくなるとの関係にある以上、これらの点については、公認会計士法上の監督官庁による監督を尊重し、その措置に委ねることが適当であると考えられる。特に最近では、公認会計士及び監査法人に対する監視・監督の機能の充実・強化を図ることを目的とした公認会計士法の改正が実現するなど、監督官庁による監査法人に対する積極的な監視・監督が期待し得る状況にあると言い得る。

試案では、「監査法人でその社員のうちに前号（商法特例法4条2項3号）に掲げる者があるもの」との欠格事由を削除するものとしている。

(8) 会計監査人の登記

現行法では、会計監査人の登記に関する規定は存しない。しかし、会計監査人が置かれ、計算書類について会計の専門家である会計監査人によるチェックがなされているかどうかは、債権者等の利害関係人にとって重要な関心事であると考えられるし、会社にとっても、資金調達の円滑化を図る等の目的から、そのことを積極的に利害関係人に開示したいとのニーズがあるという指摘がされている。特に、平成14年の改正により、みなし大会社の制度が設けられ、また、試案では、さらに、商法特例法上の小会社の範囲の会社であっても任意に会計監査人を設置することができるものとすることとしており（試案第4部・第4・11(2)参照）、会計監査人を任意に設置しようとする会社にとっては、会計監査人の登記をすることに対するニーズは高まるものと考えられる。

試案では、会計監査人を設置した場合にはその旨及び当該会計監査人の氏名又は名称を登記事項とする方向で検討することとしている。具体的な登記事項については、さらに検討を要する。

12 その他
(1) 重要財産委員会制度

平成14年の改正により創設された重要財産委員

会制度については，実務界から，
イ　監査役全員に重要財産委員会への出席義務が課せられており（商法特例法1条の4第3項による商法260条ノ3第1項の準用），機動的な開催の障害となっている。
ロ　取締役の数が10人以上であるとの設置要件について，緩和を図るべきである。
ハ　取締役会が重要財産委員会に決定を委任することができる事項について，商法260条2項1号及び2号以外の事項，例えば社債の発行についても委任することができるように拡大すべきである。
というようないくつかの指摘がされているところである。部会においても，一定の見直しを支持する意見も出されたが，他方，重要財産委員会制度は，創設されて間がなく，導入企業の数も未だ少ない状況であることなどを理由として，早急の見直しには慎重であるべきであるという意見もあり，見直しの方向性について結論を得るに至らなかった。

試案では，重要財産委員会制度に係る規定の見直しの要否については，なお検討することとしている。

(2) 大会社・みなし大会社に係る機関設計

平成14年の改正において，商法特例法上の大会社・みなし大会社を対象として，取締役会の中に，いずれも社外取締役が過半数を占める指名・監査・報酬の三つの委員会を置くとともに，業務執行を担当する機関として執行役を置くという機関設計である委員会等設置会社の制度が導入された。取締役が業務執行とその監督との両者の機能を担うことを排し，新株や社債の発行の決定等の取締役会決議事項を執行役に大幅に委任して機動的な経営を行うことを可能とするとともに，三つの委員会を中心とした取締役会による監督機能の実効性を確保することを目的とするものである。

委員会等設置会社制度の創設により，我が国の大規模な株式会社は，従来の監査役会設置会社と委員会等設置会社という二つの異なる機関設計の選択が可能となり，両者の制度間競争により，個々の会社にとってより適合的な管理機構を構築することが期待されていると言われている。

委員会等設置会社制度については，制度の検討段階，そしてその創設後においても，実務から，執行役及び三つの委員会という機関設計を必置のものとするのではなく，より柔軟な機関設計を許容し，会社の選択肢の幅を広げるべきであるという指摘がされてきたところである。具体的には，
イ　委員会等設置会社以外の株式会社において，監査委員会を置いた場合には監査役会を置くことを要しないものとすべきである。
ロ　委員会等設置会社において，監査役会を設けた場合には監査委員会を置くことを要しないものとすべきである。
ハ　委員会等設置会社以外の株式会社においても，代表取締役を置かず，執行役を置くことを認めるべきである。

等の要望であり，部会においても，このような要望に対して，支持又は理解を示す意見も出されたところである。

しかし，他方，このような意見に対しては，例えば，イ・ロについては，委員会等設置会社の監査委員会のメンバーは，社外取締役が過半数を占める指名委員会によって候補者が決定された取締役会によって選任され，また，その受けるべき報酬も社外監査役が過半数を占める報酬委員会によって決定されており，監査委員会は，そのような制度的保障の下に取締役会のいわば内部機関として適切な監査をすることが期待されている機関であり，そのような監査委員会と監査役会とを代替的な機関とすることは適当ではないとの反論が出され，また，ハについては，委員会等設置会社においては，社外取締役を中心とする三つの委員会によって取締役会の監督機能が高められていることを前提として，執行役に対する大幅な業務決定権限の委譲が可能とされており，そのような取締役会の監督機能の強化がないまま，執行役という機関を設け，委員会等設置会社と同様の業務決定権限の委譲を行うことには慎重であるべきといった反論が出された。

また，前述の重要財産委員会についても同様，未だ制度導入直後であって，実務における制度の運用の状況を踏まえた上で見直しの要否を検討すべきであるという意見も出されたところである。

試案では，このような議論の状況を踏まえ，機関設計のさらなる柔軟化を図ることとするかどうかについては，なお検討することとしている。

第5　計算関係

1　剰余金の分配に係る規制
(1) 会社財産の払戻しに対する横断的規制

財源規制，手続規制等を整備した上で，目的を問わず自己株式の取得を解禁した平成13年の第79号改正においては，資本減少差益を法定準備金に積み立てるものとしていた規制が廃止されるととも

に（旧商法288条ノ2第1項4号），法定準備金の減少手続（商法289条2項）が整備された。そして，これらの減少差益は，「その他資本剰余金」とされ，利益と同様，株主に対する分配又は配当が可能な財源に充てることが認められることとなった。このように「その他資本剰余金」からの分配又は配当が認められたことによって，現行法上の利益配当（商法290条）及び中間配当（商法293条ノ5）と資本及び法定準備金の減少に伴う払戻し（商法375条・289条）との区別が相対化することとなった。すなわち，従来は，前者は利益を，後者は資本をそれぞれ財源として払い戻す行為であったが，現行法の下では，ともに「利益及びその他資本剰余金」という，いわゆる「剰余金」を払い戻す行為として整理することができ，両者を法律上区別して規律する必要性は乏しいということができる。

また，平成6年の改正により定時総会の決議に基づく利益を財源とする消却目的の自己株式の取得が解禁され，さらに，平成13年の第79号改正により配当可能利益を限度とする自己株式の取得が解禁されるに至った現行法の下では，自己株式の取得と利益の配当とは，株主に対する会社の剰余金の分配方法の点においては異なっているものの，いずれの行為も会社の「剰余金」を払い戻す行為であるという点において共通しており，その点では両者を区別する必要性は乏しい。

このように，近年の改正により，株主に対する剰余金を財源とする会社財産の払戻し方法は多様化している。しかし，これらの行為は，会社債権者の立場からみれば，株主に対して会社財産が払い戻され，責任財産が減少するという点では全く同一の意義を有する行為であると評価することができる。

したがって，会社債権者への責任財産を会社財産に限定している現行法において，会社債権者と株主との間の利害調整の役割を果たす，いわゆる「配当規制」という観点からは，これらの行為を統一的に捉えることが望ましい。

他方，現行法では，各行為により払い戻すことができる額の上限に関し，利益の配当については商法290条1項，中間配当については商法293条ノ5第3項，自己株式の取得については商法210条3項及び4項，211条ノ3第3項等，資本減少の際の払戻しについては商法375条1項後段，法定準備金の減少の際の払戻しについては商法289条3項において，それぞれ規定されており，根拠規定も異なるほか，その上限額もそれぞれの場合に応じて異なっている。

しかし，前述したとおり，これらの剰余金の分配という行為は，会社債権者の立場からみれば，これらを区別し，格別の財源規制を講ずべき理由は存在しない。そして，剰余金が存在しない場合には，株主に対して会社債権者よりも先に会社財産を払い戻すべきではないという基本的な配当規制の考え方に照らせば，これらの行為につき区別なく配当規制を課すことが適当であると考えられる。

試案では，これらの行為に加え，利益処分に基づき処分される会社財産をも含めて，「剰余金の分配」として整理した上で，統一的に財源規制を課すこととしている。

① **財源規制を課す自己株式の取得の範囲**

株主に対する会社財産の払戻しを「剰余金の分配」として整理する場合には，自己株式の取得については，現行法のように，一般的には金銭を対価とする場合を指す「買受け」（商法210条1項）に限定することなく，その有償での取得一般を対象とするべきであり，試案では，その旨を明らかにしている。

ただし，会社が不可避的に，又は法律の規定に基づき義務的に，自己株式を有償で取得する場合にも財源規制を課すこととするのは不合理な場合もある。

試案では，合併等により相手方の営業その他の権利及び義務を全部承継する場合（イ）及び買取請求に応じて自己株式を買い受ける場合（ロ）には，その取得に際して財源規制を課さないものとしている。

（注1）では，定款で株式の譲渡制限を定める場合（試案では，第4部・第3・1(3)②で見直しを行うこととしている。）に認められる買取請求について（商法349条），財源規制を課すものとするかどうかについては，なお検討することとしている。これは，譲渡制限の定めを置くための定款の変更という行為は，会社が単独で，簡易に，回数制限もなく行うことができる行為であることから，当該行為に際して買取請求に応じて財源規制を課すことなく自己株式の取得を認めることとすると，特段の債権者保護手続がとられないまま，大量の自己株式を買い受けることも可能となるという問題意識に基づくものである。仮に，財源規制を課す場合には，買取請求に応じて自己株式を取得するための財源を確保するため，資本の減少等を行うべきことになる場合が生ずるなど，定款変更手続自体の見直しも必要となる。

（注2）では，試案に掲げた場合以外に，取得

時に財源規制を課すべきではない自己株式の取得があるかどうかについて，なお検討することとしている。例えば，合併の対価柔軟化が認められた場合において，その保有する他の会社の株式につき自己株式が割り当てられるようなときなどが考えられる。

部会においては，営業の一部譲受けにより自己株式を取得する場合にも財源規制を課さないこととすべきであるという意見が出されたが，一部を譲り受ける場合には法律上特段の手続が規定されていないことに加え，営業譲渡の当事会社の交渉により任意に譲り受ける自己株式を選択することができるため，その取得が不可避的とはいえず，自己株式取得に係る財源規制の潜脱行為として容易に利用されるおそれがあることから，試案では，営業の一部譲受けの場合については，財源規制を課さない場合としては掲げていない。また，質権の実行による自己株式の取得についても財源規制を課さないこととすべきであるという意見が出されたが，質権の実行により自己株式を取得し，被担保債権の弁済に充てるという行為は，他の自己株式の有償取得と異なるところはないため，試案では，これも財源規制を課さない場合としては掲げていない。

② **建設利息**

建設利息は，設立後一定の期間内は，剰余金がない場合においても，株主に対して会社財産を払い戻すことを認める制度である。

しかし，このような制度は，資本減少差益の株主への分配が認められた現行制度においては維持する必要性はない（必要に応じて資本を減少すれば剰余金を生じさせることができる。）。また，払い戻した財産を実態のない繰延資産として計上することは，資本に相当する帳簿上の資産の額を維持し，既に払い戻した額を超える利益が上がらないうちにさらに株主への配当を可能とする点では有益であるが，これにより，会社債権者は害されることになる。

試案では，建設利息（商法291条）の制度は，廃止するものとしている。

(2) **現物配当**

現行法では，中間配当については「金銭」の分配と規定されているものの，利益の配当，資本等の減少に伴う払戻しについては，払い戻すことができる財産の種類に限定がなく，金銭以外の財産を払い戻すことも妨げられていない。

他方，現行法では，いわゆる「現物配当」に関する手続・要件等については規定が設けられておら

ず，それが可能であるとしても，その手続等をどのように行うべきかが明らかではない。

試案では，会社法制の現代化に当たって，現物を払い戻す場合の手続を明確化することとしている。また，中間配当等についても「剰余金の分配」と整理することとしていること（試案第4部・第5・1(1)参照）から，この場合にも現物の払戻しが認められることとなる。具体的な手続としては，現物による分配を認める場合には，金銭を分配する場合と異なり，受領した株主側で即時に換金できるかどうかといった問題があるため，原則として株主総会の特別決議を要求することとしている。ただし，株主に当該財産に代えて金銭での払戻しを受ける権利が留保されているときには，通常の払戻手続で足りる（払戻し財産についての特別の手続を要しない）こととしている。

(注) 試案では，端数が生ずる場合につき，所要の整備をすることを明らかにしている。

(3) **剰余金分配限度額の計算方法**

現行法は，純資産額から資本等の額を控除して，配当可能利益を算出することを原則としている（商法290条参照）。このような規定の方法は，資本の部が，資本金，資本準備金，利益準備金及び未処分利益という極めて単純な構成である場合においては，簡潔な方法であるといえる。特に，法律では，財産評価規定しか規定せず，損益の計算については公正な会計慣行に委ねることとしていた商法の規律の在り方として，未処分利益を算出するための簡潔で適した方法であったといえる。

ところで，平成11年の改正により資産の時価評価差額を資本の部に直接計上する「株式等評価差額金」が認められ，平成13年の第79号改正により自己株式が資本の部からの控除額として計上されることとなるとともに，分配可能な剰余金として「その他資本剰余金」の計上が認められるに至った現行法の下では，資本の部は前述したような単純な構成ではなくなっている。また，平成14年の改正により財産評価規定を含む計算関係規定の多くが省令委任されたこと等から，配当可能利益の算出の計算方法に係る現行法の規定の方法が必ずしも合理的な方法とは言えない状況となっている。

特に，自己株式が資本の部の控除科目とされたことから，自己株式の取得により社外に流出した財産は，純資産額から既に控除されているという消極的な形で，分配可能限度額に反映されることとなっているため，貸借対照表上の未処分利益（現行法の規定による計算方法によれば，一見，分配可能額と考えられるもの）は，分配可能限度額と

保有する自己株式の簿価との合計額となっているという極めて分かりづらい状況になっている。

加えて、平成15年の改正においては、期中の資本減少差益を直ちに分配可能な財源に充てることが認められ、期中の分配可能限度額の変動を随時反映させることとされた。そして、このような取扱いを認めるとともに、期中における随時の払戻しにも対応させた分配可能限度額の計算を行うという観点からは、分配することができる額から分配した額を控除するという形式で規定した方が便宜であり、簡潔であると考えられる。

試案では、分配することができる額（分配可能限度額）の計算方法について、①最終の貸借対照表上の留保利益及びその他資本剰余金並びに当期の資本又は準備金の減少差益の合計額から②自己株式の価額等最終の決算期前に分配されている額及び③当期に分配した額の合計額とを控除するという方法に改めることとしている。

なお、基本的に規定の分かりやすさという観点からの改正であるため、原則として、財源の具体的な範囲自体は変更しないこととしている（（注１）参照）。ただし、前述したとおり、期中における随時の払戻しにも対応するため、原則として「分配した額」を分配可能限度額から控除することとし、例外的に、株主総会の決議等で定められた総額を当該定められた方法により処分すべき場合には、分配していない額も含めて決議で定められた総額を控除する方向で、規定を整備することを検討することとしている（注２）参照）。

(4) 分配可能限度額の算定の基準時等

平成15年の改正により、定款授権に基づく取締役会決議による自己株式の取得が解禁されたことから、株主に対する会社財産の払戻しが期中随時行われることを前提とした制度設計の検討が不可欠となっている。

従来からも、期中の随時の払戻しを認める制度は存在した。例えば、資本減少は期中いつでも行うことができるが、その際の払戻しには原則として財源規制という考え方は採用されていない。また、定款の規定に基づく株式の利益消却（商法213条）については、期中いつでも行うことができ、財源規制も課せられているがその払戻し手続や財源規制の在り方は明確ではない。さらに、平成６年の改正に伴う定時総会決議に基づく株式の利益消却、平成９年の改正に伴うストック・オプション目的の自己株式の取得等についても、期中いつでも払戻しが行われる状況にあったといえるが、これらは決議において定められた取得額全額を控除することとしていた。

しかし、決算期後定時総会終了時（最終の計算書類の確定時）までの財産の払戻しについては、次のような問題があるにもかかわらず、現行法では、払戻し自体を認めつつも、特別な手当てをしていない。

第一に、財源規制についてみると、前決算期後当該決算の確定時までの間は前々期の計算書類に基づき分配可能限度額を計算するほかなく（①（注１）参照）、分配可能限度額算定の基準となる時から実際の分配までが長期間となり財産の変動を適時に反映することができない。また、定時総会においては、それまでに現に払戻しが行われている場合においても、最終の決算期の計算書類のみに基づいて分配可能限度額の計算をすればよいこととされている。

第二に、期末のてん補責任についてみると、定時総会終結前の払戻しには当期末におけるてん補責任が課せられるのに対して、定時総会で決定される利益処分には当期末におけるてん補責任は課せられないという不整合がある。

試案では、随時の払戻しが行われることを前提に、分配可能限度額の算定及びてん補責任の判定の基準時については、現在の決算期基準から計算書類の確定時基準に見直すこととし、決算期後計算書類の確定時までに生じた分配可能限度額の増減（①（注２）参照）をも反映させることとしている。

また、このような見直しをした上で、計算書類の確定の際に決定する剰余金の分配（現行の利益処分案に当たる）については、事後的にてん補責任を課さないこととする現行制度を維持することとしている（②（注）参照）。これは、確定した最新の計算書類に基づき、その時点で計算可能な分配可能限度額に基づき分配していることを理由として、てん補責任を免除しようとする考え方に基づくものである。

なお、計算書類確定時であっても、それ以外の時であっても、会社が剰余金分配可能限度額の範囲内で剰余金の分配を行った場合においては、事後的にいわゆる欠損が生じたとしても、当該欠損額は、剰余金の分配とは直接関係のない事業損失から生じたものと捉えることができる。そして、仮に、試案第４部・第５・４に掲げるような随時の剰余金の分配を認めるとすると、計算書類確定時の分配とその翌日の分配とで、期末に事業損失が生じた場合における事後的なてん補責任の在り方に著しい差異が生ずることとなる。すなわち、確定時のみに分配をした場合には、当該損失につい

ては損失処理として法定準備金を債権者保護手続も経ないで取り崩して埋めることが認められ、取締役は事後的なてん補責任を負わないが、それ以外の場合には、現行法では、原則として事業損失の全額につき取締役は事後的なてん補責任を負うこととなる。このような差異についての調整に関しては、試案第4部・第4・7(3)①参照。
(5) 利益処分等に対する会計監査人の関与
現行法では、会計監査人が、利益処分案の監査を行うこととされている（商法特例法13条2項2号、商法281条ノ3第2項7号）。
この監査は、主として確定した計算書類に基づき、利益処分案の内容が法律又は定款の規定により算定される配当可能利益を超えて処分するものとなっていないかどうかという点を監査するものであって、その実質は、主として加算・減算の確認である。したがって、本来、会計監査人が監査すべきものかどうかについては疑問があるともいえるが、部会においては、利益処分案の会計監査人による監査という制度については維持するべきであるという意見が多数を占めた。
会計監査人の利益処分の監査は、随時の払戻しが認められる法制下における会社財産への株主の払戻しという行為について、会社から独立した立場の者が関与するべきではないかという観点からも、その在り方を検討する必要がある。すなわち、公認会計士法により厳格な行為規制が課せられている公認会計士又は監査法人にその資格が限定されている会計監査人は、会社の財産状況が厳しい状態の時に、株主、取締役、監査役等の会社の利害関係人による各種の払戻し手続を悪用した会社財産の払戻しを監視するために、有用ではないかという視点である。
また、このような点以外にも、財源規制について試案第4部・第5・1(4)のような見直しを行うことにより、すべての剰余金の分配に係る分配可能限度額の算定方法につき最終の決算期後の分配可能限度額の増減額をも適宜反映することとした場合には、計算書類の確定時のみの剰余金分配を特別扱いすることになお合理性があるかどうかという問題もある（（注）参照）。
さらに、会計基準が複雑になるに伴い、商法上の分配可能限度額の算出方法も複雑化している現状を踏まえ、その加算・減算についても専門家の関与が必要ではないかという点も問題となる。
試案では、会計監査人が期末の利益処分案のみならず、期中における剰余金分配の全般について関与することの是非についてなお検討することとしている。

なお、試案第4部・第5・4では、会計監査人の設置された会社の剰余金の分配方法や利益処分案の在り方に係る見直しを提案しているが、仮に、そのような取扱いを認めることとした場合には、会計監査人の設置されたほとんどの会社において、利益処分案が作成されないこととなるという点にも留意が必要である。

2 資本・準備金

資本・準備金の商法上の意義は様々であるが、主として会社債権者を保護するための制度であると説明されている。

現行法を前提にしてみると、商法は、株主から拠出された財産に相当する額を資本・準備金に計上することとしていること（商法284条ノ2、288条ノ2等）、当該資本・準備金に相当する額以上の財産がある場合に限り、株主への分配を可能としていること（商法290条等）から、株主は、原則として債権者保護手続を経て資本等の額を減少しなければ拠出した財産を取り戻すことができない仕組みとなっている。すなわち、事業損失や保有資産の価値の減少等により会社財産が減少した場合には、その損失を埋めるだけの利益を上げて、資本等の額を超える純資産額がなければ、債権者保護手続を経て債権者の承諾を得ない限り、債権者に先んじて株主に金銭等の分配をすることはできないこととされているのである。したがって、その面では、現に会社が保有する財産の価額にかかわらず、資本等の額が大きい方が株主への分配可能性は減少するという点において債権者の保護に厚いということになる。

他方、会社債権者にとっては、現に会社が保有する財産のみが責任財産となる。しかし、現行の資本制度は、会社に資本等の額に相当する財産を維持することを義務付けるものではない（試案第4部・第2・1の補足説明参照）。したがって、資本等の額は過去に株主から拠出された財産の価額に相当するものとされる額が、現に会社に存する財産とは関係なく、資本の部に計数として計上されるものである。このため、会社債権者保護のために責任財産を維持するという観点からの資本等の機能は、前述した剰余金分配規制以外の場面で機能することはほとんど考えられない。

このように考えると、資本等の額は、現に有する会社財産の額にかかわらず、その額が大きい方が株主に剰余金の分配を行いにくいという点から債権者の保護に厚く、その減少手続は、債権者に先んじて株主への分配可能な財産を作出するという点におい

て，債権者との利害調整が必要となる手続であると捉えることができる。

試案では，我が国の会社法制における資本等の機能について，前述のように剰余金分配規制における会社債権者と株主との利害の調整のためのものと解した上で，最低資本金制度（試案第4部・第2・1(2)及び(3)参照），現物出資・財産引受け（試案第4部・第2・6(1)③及び(2)参照），取締役の責任（試案第4部・第4・7(2)③及び(3)①参照），剰余金の分配に関する規制（試案第4部・第5・1(1)，(3)及び(4)参照）等資本制度に関連するその他の部分についても，その在り方を見直すこととしている。

(1) 資本の組入れ基準

現行法は，新株等の発行の際の資本の組入れ及び資本準備金の積立て額については，発行価額を基準として規律している（商法284条ノ2第2項，288条ノ2第1項1号）。

他方，新株等の発行に際して現に払い込まれる額については，発行価額とは別に引受価額に関する規定（商法175条3項3号）が設けられており，規定上，発行価額とは異なり得ることが前提とされている。

前述したとおり，資本等の金額は，会社に現に払い込まれる額を基準に算定すべきであり，株式の募集の際の基準となる発行価額を基準とすることには，必ずしも合理性がない。

試案では，端的に「払込金額」を基準とすることとしている。

なお，これに併せて，発行価額（有利発行等の判断基準となり得るものと考えられる）と引受価額，払込金額等の文言の整理も行うこととする。

(2) 欠損てん補のための資本減少の決議要件

現行法では，資本の減少については，すべて株主総会の特別決議が要求されている（商法375条1項）。

特別決議を要求している意義については，資本減少に併せて株式併合や株式の消却を行い，発行済株式数を減少させることが多いため，既存株主の利益の保護を図る意義があったものと考えることができる。しかし，平成13年の第79号改正により額面株式制度が廃止されたことから，資本減少に際して株式数を減少させる必要性はなくなった。また，既に株式併合は資本減少とは独立した制度として規律されており，さらに，試案では，株式の消却についても資本減少とは独立した制度として整理することとしている（試案第4部・第3・6参照）。このため，発行済株式数の減少に伴う既存株主の利益の保護という点は，資本減少に対する株主の関与を検討する上で必ずしも重要ではないといえる。

また，平成13年の第79号改正により，資本減少差益が分配可能限度額に加算されることになったことを踏まえると，前述したとおり，資本の減少は，会社にとって分配可能限度額を増加させるための手続として整理することができ，債権者との関係は格別，株主にとっては処分可能な会社財産が増加することとなり，株主にとってはむしろ有益な行為とも捉えることができる。

以上のことを踏まえれば，資本減少に際して株主総会の特別決議を要求することについて合理性があるかどうか自体が問題となる。

他方，資本減少には，会社の一部清算的な意味があるという指摘もある。そして，このような一部清算的な実質を有する資本減少を区別するため，資本減少の際に金銭等の払戻しを行うかどうかで区別し，手続の軽重を考えるべきであるという見解もあるが，試案では，資本減少に伴う払戻しについては，試案第4部・第5・1(1)の補足説明で述べたとおり，資本減少とは独立した会社財産の払戻し行為として整理することとしていることから，資本減少に際して会社財産を払い戻すかどうかという点は，時期の違い，すなわち資本減少の際に同時に行うのか，その後の剰余金分配手続で行われるのかの違いでしかなく，上記のような考え方に基づく区別は直ちには妥当しないことになる。

試案では，新たに分配可能限度額を生じさせないような資本減少の場合，すなわち減少額の全部を欠損のてん補に充てる場合には，株主の処分可能な会社財産を回復するという側面（分配可能な財産が生じやすくなるという側面）を有する一方，一部清算的な側面は少ないという考え方に基づき，そのような場合に限り，手続を緩和し，普通決議で足りるものとする方向で検討することとしている。

また，会社債権者との関係でも，欠損状態，すなわち資本に相当する財産が会社に存在せず，資本の額が大きく表示されているような状態になっているにもかかわらず，資本の額を減少する行為を行いにくくする規制を維持する必要性は乏しいということも，手続の緩和を検討する理由として挙げることができる。

なお，試案では，手続の緩和を検討する場合を定時総会による決議の場合に限定しているが，これは，手続の緩和が認められ得るのは欠損額以下の資本を減少する場合に限られるため，その欠損額

を可能な限り正確に把握し得る計算書類の確定時に限定しようとするものである。

ちなみに、欠損てん補という行為自体は、資本減少差益がその他資本剰余金に計上される現行法においては、あえて行う必要のない行為である（すなわち、欠損のてん補に充てるかどうかにかかわらず、資本減少差益は分配可能限度額に含まれるのであるから、事実上、欠損をてん補することになる。）。したがって、現行法において、いわゆる「欠損てん補」が法的に意味があるとすれば、現在法定準備金について認められている債権者保護手続を不要とする特例と前述したような手続の特例が認められるという点のみである。そこで、（注）では、正確な欠損額が把握できない期中において、このような手続の特例を認める必要があるかどうか（法定準備金については、定時総会による決議の場合のみ認められている。）について、なお検討することとしている。

(3) 利益準備金

平成13年の第79号改正により、法定準備金の取崩し順序に関する規制が撤廃されるとともに、利益準備金の積立基準も資本準備金と合算して算定されることになったため、利益準備金はその積み立てるべき機会の点を除けば、資本準備金とその商法上の取扱いにつき異なるところがなくなっている（商法288条）。

試案では、利益準備金と資本準備金との科目の区別を廃止し、端的に準備金制度として一本化するものとしている。

(4) 準備金の積立て

現行法では、資本準備金及び利益準備金について、これを過剰に積み立てた場合には株主の処分可能な財産を減少させることにより株主を害するとの観点から、法律に限定列挙したもの以外の積立てを認めていない（商法288条、288条ノ2）。

しかし、現行法の下でも、不公正発行の場合の追加払込金額（商法280条ノ11）等、商法288条ノ2第1項各号に列挙したもの以外についても、資本準備金に計上すべきであると解されているものがある。

また、今後の会計基準の動向に適宜対応していくためには、平成14年の改正により省令において規定されることとなった財産評価規定（商法285条参照）のみならず、準備金の積立金額についても、その規律を省令に委任し、迅速な対応を行えるよう手当てをしておくことが望ましいといえる。

試案では、準備金の積立金額の一部を省令に委任することとしている。

(5) 法定準備金の減少額の上限規制

平成13年の第79号改正により導入された法定準備金の減少手続については、減少に際して、資本の額の4分の1を超える額に相当する部分しか減少することができない旨の規制がされている（商法289条2項）。

これは、法定準備金が資本の欠損を生じさせないための予防的な計数であるとの観点から、その取崩しを制限したものと考えられている。

しかし、上記の規制があるため、法定準備金の減少に際しては、減少後、資本の4分の1以上に相当する額の法定準備金を残さなければならず、それを超えて取り崩したい場合には、法定準備金を維持して、先に資本を減少させなければならないという規制となっている。換言すれば、法定準備金の減少に際しては、資本の額は法定準備金の額の4倍を上回ってはいけないという資本の額の上限規制となっているのである。

また、資本と法定準備金との差異は、会社債権者との関係では欠損のてん補に充てる際に債権者保護手続を要するかどうかという点にある。そして、事業損失等で会社財産が減少し、欠損が生じた際には、債権者に断りなく法定準備金を取り崩すことが認められており、利益を上げなくとも株主への剰余金の分配可能性を回復することができることを考えると、法定準備金は会社に欠損が生じている場合には剰余金と同様の性質を有しているものといえる。すなわち、会社債権者にとっては、法定準備金は、会社債権者の関与なく剰余金と同様に取り崩される可能性があるものであるのに対し、資本は会社債権者の同意なく、取り崩すことは認められていないということである。

したがって、仮に、債権者保護手続をとって分配可能な剰余金を増加させる場合であっても、法定準備金が計上されている限り、資本ではなく法定準備金から先に減少させた方が、債権者保護に厚いということが明らかである。

部会においては、資本制度の重要性にかんがみて、法定準備金の減少を制限すべきであるという意見も出された。しかし、前述のとおり資本を保護するための予防的な計数である法定準備金の減少を制限して、保護されるべき資本を先に減少させなければならないという規制を維持することは、資本制度による債権者保護の考え方に沿うものであるとはいい難いと思われるため、試案では、この規制を廃止する方向で検討することとしている。

(6) 自己株式の処分差益の計算上の取扱い

現行法では、新株発行、合併その他の組織再編行

為によって純資産額が増加した場合、すなわち株主からの払込み又はこれと同視し得る行為により会社の資産が増加した場合における相手勘定は、資本又は資本準備金として計上し、その増加分に相当する資産は、債権者保護手続を経なければ、株主に払い戻すことができないものとすることを原則としている（商法284条ノ2、288条ノ2等）。

そして、自己株式の処分差益（処分価額から取得価額を控除した額）が生じた場合も、株主からの払込みと同視し得る行為が行われたと考え、資本又は資本準備金に計上した場合と同様の取扱いをすべきであるという指摘がある。

しかし、平成13年の第79号改正前においては、自己株式は会社の資産であったため、これを処分した場合における売却益の会計上の処理は、他の資産を売却等した場合と同様、利益として計上していた。また、平成13年の第79号改正後に会計上の取扱いが変更された後も、自己株式の処分差益については、利益剰余金か資本剰余金かの差異はあるものの、債権者保護手続を経ないで払い戻すことができるものとしての取扱いには変わりがなく、資本又は法定準備金に計上した場合と同様の取扱いはされていない。

また、自己株式に係る会計処理の変更（「自己株式及び法定準備金の取崩等に関する会計基準適用指針（その2）」・企業会計基準適用指針第5号）により、合併に際して存続会社が有する消滅会社の株式につき存続会社の株式を割り当てる場合には、存続会社が自己株式を無償取得したものとして取り扱うこととされており、処分差益の額自体も無視できない大きさになる状況も生じている。ただし、この点については、試案第4部・第3・3の補足説明を参照されたい。

試案では、上記のような考え方及び状況を踏まえて現在の制度を見直すかどうかについて、なお検討することとしている。

具体的な見直しの在り方については、（注1）にあるとおり、自己株式の処分差益につき、資本準備金と同様の取扱いとするものとすることが考えられるが、（注1）の②では、自己株式の処分差損が生じた場合について特別の取扱いを認め、現行制度との連続性も部分的に維持するものとしている。

他方、上記のような考え方については、次のような点も指摘されている。

まず、自己株式を消却した後に、同数の新株を発行すれば、処分差益のみならず、処分価額全体について資本又は法定準備金に計上されることになる。自己株式の法的性質をどのように考えるかも問題となるが、本来、株主からの払込みという観点からは、処分価額全体を問題とすべきであって、処分差益のみを特別に取り扱うという考え方は徹底を欠くのではないかという指摘である。

また、逆に、自己株式の売却により新たに会社の財産が増加することになるが、この場合において、その全額について債権者保護手続を経なければ払戻しをすることができないとすること自体の合理性に疑問があるという指摘もある。すなわち、新たに財産が増加した部分についての債権者の利害を考えると、現に存する債権者との関係では、単に純資産額が増加して会社の責任財産が増加するわけであるから、その増加分を株主が処分することができることとしても、債権者の地位が従前よりも不利になるわけではない。また、将来の債権者との関係では、債権を有することとなる時点で計上されている資本又は資本準備金の額及びその際に有する会社財産が問題なのであるから、過去にどのような方法で資本等の額が計上されてきたかには特段の利害を有するわけではない。このように債権者との関係では特段の問題が生ずるわけではなく、株主からみれば債権者保護手続なしに処分可能な財源が増加することを考えると、処分差益を含む処分価額全体につき、資本又は資本準備金に計上した場合と同等の取扱いをしないことにも十分な合理性があるという指摘である。

部会においても、以上のような種々の考え方があることから、現在の取扱いを変更する必要性があるかどうかについて慎重に検討すべきであるという意見が出されているところである。

（注2）は、新株発行手続との平仄をとるという観点から部会で出された意見を掲げるものである。

3 組織再編行為の際の資本の部に係る計算関係

試案第4部・第5・3においては、組織再編行為の際の資本の部に係る計算関係についての見直しを掲げている。

わが国においては、これまで合併、分割その他の組織再編行為に際しての明確な会計基準が存在せず、現行法の規定上は、資本増加限度額（商法413条ノ2等）、剰余金の承継（商法288条ノ2第2項から第5項まで）のほか、のれんの計上（商法施行規則33条）等について部分的に規定するにとどまっており、商法の他の場面における考え方や税法等との関係を踏まえて適宜処理されていたところである。

ところで、現在、国際会計基準等の海外における企業結合全般に適用される会計基準の整備状況をも踏

まえ、わが国においても、企業結合に係る会計基準の設定に関する動きがみられる。(「企業結合に係る会計基準の設定に関する意見書」平成15年10月31日・企業会計審議会)そして、その中では、企業結合の経済的実態に応じてパーチェス法(被結合企業から受け入れる資産・負債の取得原価を、対価として交付する現金及び株式等の公正価値とする方法)と持分プーリング法(すべての結合当事企業の資産、負債及び資本を、それぞれの適切な帳簿価額で引継ぐ方法)のいずれかの方法を採用して処理をすることが検討されており、わが国において従来から行われていた、消滅会社から引き継いだ資産を時価以下の範囲で任意に評価替えするというような取扱いの余地はないものとなっている。

試案では、前述した商法中の組織再編行為に関する計算関係規定が、このような会計基準の設定及びその会計基準を採用した場合における会計処理の障害とならないよう適切な見直しを行うこととしている。

また、併せて従来から解釈上問題となっている帳簿上債務超過となっている会社との株式交換・合併等の場合の処理(下記・試案第4部・第5・3(1)の補足説明参照)、消滅会社等から承継することができる留保利益の内容及び範囲(同3(3)の補足説明参照)、合併差損や差額ののれんの取扱い(同3(4)の補足説明参照)、並びに対価柔軟化等を踏まえた適切な規定の整備(同3(2)の補足説明参照)についても見直しを行うこととしている。

(1) 株式交換・株式移転の場合

現行法では、株式交換等に際して完全親会社となる会社の資本増加限度額につき、完全子会社となる会社には「現存スル純資産額」を限度とする旨が規定されている(商法357条、367条)。

しかし、この規定には、次のような問題がある。

第一に、親会社の資本増加額は、新株発行、合併・分割の場合と比較しても明らかなように、本来当該親会社自身が取得する財産に基づき決定されるべきものであるのに対し、株式交換等の場合には、子会社の財産が基準とされており、他の商法上の規律と著しい違いがある。

第二に、「現存スル純資産額」が子会社の簿価純資産額を指すのか、評価替後の時価純資産額を指すのかという点が明確ではない。仮に、簿価純資産額を指すこととした場合には、会社の計算書類上の簿価と時価との間には通常差異があるから、このような差異をどのように調整すべきかという問題が生じるし、完全子会社となる会社が帳簿上債務超過となっている場合には処理ができないという問題がある。また、時価純資産額を指すこと

とした場合には、どの範囲で時価評価をすべきであるのかが明らかではなく、合併等と同様の取扱いが可能なのか、時価評価は実物資産の評価替えにとどまり超過収益力を反映した企業価値(のれん相当額をも含めた価値)を把握することは認められないのかという問題が生ずる。

第三に、前述した会計基準の動向を踏まえると、完全親会社においてパーチェス法を採用した場合には、原則として、取得する資産(この場合には、完全子会社となる会社の株式となる。)を完全親会社となる会社が支払う対価の公正価値で評価することとなるため、資本増加に関する評価の方法が現行法の条文の文言とはかけ離れた状況が生ずる。

以上のような状況を踏まえて、試案では、株式交換・株式移転の場合における完全親会社となる会社の資本増加限度額の計算については、完全親会社となる会社が取得する完全子会社となる会社の株式の価額を基準とすることとし、その株式の価額の評価の方法については、前述したパーチェス法又は持分プーリング法といった会計基準に委ねることとしている。

なお、合併、分割については、いずれも存続会社、承継会社の取得する資産及び負債等の取得を基準として、資本増加限度額を算定することとなるため、当該資産及び負債等の評価の方法を、前述したパーチェス法又は持分プーリング法といった会計基準に委ねることができるものと考えられる。

(2) 資本増加限度額の算定の際の控除額

組織再編行為の際の資本増加限度額については、現在、すべて法律上に規定が設けられている(商法413条ノ2等)。

しかし、試案第4部・第7・1に掲げるとおり、組織再編行為の対価を柔軟化した場合における当該対価の簿価相当額及び増加純資産額の相手勘定の取扱い、企業結合に係る会計基準で示されている持分プーリング法を採用する場合において株式等評価差額金等を引き継ぐ場合の取扱い、及び「負ののれん」(被取得企業等の取得原価が取得した資産及び引受けた負債に配分された純額に不足する額)の取扱い等を考える場合、現行の規定を維持することとした場合には、この規定が適切な会計処理を行う際の障害となる事態が生じ得る。

試案では、会計基準の設定等をも踏まえた適切な会計処理を可能とするため、資本増加限度額に関する規定の一部を省令に委任することとしている。

(3) 組織再編行為の際の剰余金の計上

商法288条ノ2第2項から第5項までの規定では、

合併又は人的分割の場合に限り、消滅会社又は分割会社の留保利益相当額について、存続会社又は承継会社において資本準備金とすることを要しない旨が定められており、当該資本準備金としなかった額を、債権者保護手続を経ないで処分することが可能な剰余金とすることが認められている。

しかし、この規定については、「留保利益」の範囲が明確には規定されていないため、どの時点におけるどの範囲での引継ぎが認められるかが明らかではないという指摘がある。

企業結合に係る会計基準との関係を考えると、持分プーリング法を前提とする場合には、消滅会社の資産の含み益及び当期首から合併時点までに上げた利益は、存続会社においても消滅会社と同等の条件で配当可能となるよう引き継がれるのが望ましいと考えられるが、期首の時点における消滅会社の資本の部を含む簿価を引き継ぐということについて、例えば、消滅会社側で資本の欠損が生じている場合又は債務超過であるような場合においても現行規定の下で会計処理が可能かどうかという問題がある。また、パーチェス法を前提とする場合には、消滅会社の当期首から合併時点までに上げた利益や資産の含み益は、存続会社が取得する純資産額に反映され、増加純資産額の相手勘定が原則として資本又は資本準備金となることを考えると、留保利益の引継ぎという考え方を維持する限り、消滅会社で潜在的に配当可能であったものも含めてすべて存続会社側においても配当可能とするということは原則として不可能となるという問題も生じる。上記の企業結合に係る会計基準においては、国際会計基準の動向も踏まえれば、独立企業間の企業結合についてはパーチェス法を適用することとなる場合が多いと考えられることから、これに併せた見直しが必要となる。

さらに、現行法では、留保利益の引継ぎは、合併及び人的分割の場合に限り認められているが、株式交換及び株式移転の場合であっても、完全子会社となる会社の株主を完全親会社が引き継ぐ場合には、合併等の場合と同様に完全子会社となる会社の剰余金を承継する必要性が認められる。

以上のことを踏まえて、試案の①では、合併・分割の場合における剰余金の計上の方法について現在の剰余金の引継ぎという考え方を改めることとしている。具体的には、合併及び分割の場合には存続会社、承継会社等において、債権者保護手続がとられることから、合併等に際して存続会社又は承継会社において増加すべき資本又は準備金を合併等と同時に減少する、すなわち増加すべきも

のとする資本又は準備金の増加をせずに、処分可能な剰余金に計上することを認めるものとしている。組織再編行為の際に債権者保護手続がとられるという点では、物的分割についても同様であるので、併せてこれを認めることとしている。

したがって、資本の部を簿価で承継することとした場合には、承継すべき剰余金の額に相当する額を準備金としない旨の手続をとらなければならないことになるが、手続は一体のものとして行われるので、要件が加重されることにはならない。

試案の②では、①と同様の考え方に基づき、株式交換及び株式移転の場合においても、債権者保護手続をとることを条件に剰余金の計上を認めることとしている。

試案の③では、簡易組織再編行為の要件に合致する場合において、①及び②のような剰余金の計上をしようとするときには、当該剰余金の計上は資本又は準備金の減少と類似した性質は有するものの、処分可能な剰余金が増加するという株主の利益に資するものであるから、そのためだけに株主総会の決議を要するものとはせず、剰余金の計上を認めることとしている。

部会においては、試案の③につき、資本等の減少に類似する重要な事項であることから常に株主総会の決議を要するものとすべきであるという意見が出された。そのため、（注）において、③の取扱いを認めない場合には、現行の留保利益の引継ぎという制度を簡易合併・簡易分割の場合に限り実質的に存続させる旨を掲げている。ただし、簡易組織再編行為の場合には、パーチェス法を採用することが多いものと考えられ、前述したとおり引き継げる剰余金の範囲がおのずと限定されることから、試案の③のような取扱いを認めない場合には、株主総会の承認を得れば分配可能利益を確保することができるが、株主総会の決議を経ないと分配可能利益を十分に確保することができないこととなる。

(4) いわゆる「合併差損」等が生ずる場合の取扱い

現行法は、例えば、商法413条ノ2の規定の在り方等、合併等に際して、存続会社等において差損が生ずる場合（(注) 参照）を想定した規定を設けていない。

これは、いわゆる「資本充実の原則」の帰結であると説明されるものであるが、このような制限が課せられているために、任意の資産を適宜評価替えすることにより差損が生じないようにしたり、資産・負債を簿価で引き継ぐべき場合においても差損を埋めるために実体のない「のれん」を計上

すること等が実務上行われているといわれている。
しかし、このような恣意的な会計処理が合理的であるとは考えられず、また、企業結合に係る会計基準における持分プーリング法による場合には、資産等については、適正な帳簿価額で引き継ぐことが求められ、任意にその評価替えを行うことは認められないし、のれんを計上することも許されないことになる。

　また、合併対価の簿価によって生ずる差損（（注）ロ参照）については、現行法においても、代用自己株式を利用した場合に既に生じている問題であるが、合併対価を柔軟化すれば、より一般的な対処が必要になる。

　試案の①では、「合併差損」が生ずる場合を制度上認めた上で、組織再編行為等の際の備置書面等において所要の開示をすることを義務付けることとしている。

　また、試案の②では、存続会社等において差損が生ずる場合には、その結果、資本の部の計数を減少する必要があるため、資本又は準備金の減少が行われる場合のほか、剰余金が減少するに留まる場合も、利益処分に準じて、当該組織再編行為が簡易手続の要件に該当する場合も含め、常に株主総会の決議を要するものとすることとしている。
部会においては、「差損」が僅少である場合には株主総会の決議を要するものとする必要はないのではないかという意見が出されたため、（注）では、その点につきなお検討することとしている。

4　分配機会及び決定機関の特例並びに役員賞与等

　現行法では、会計監査人を設置した会社については、貸借対照表、損益計算書につき会計監査人及び監査役の適法意見を条件に株主総会の承認を要しないものとされており（商法特例法16条）、そのうち、特に委員会等設置会社については、利益処分案・損失処理案についても、会計監査人及び監査委員会の適法意見を条件に株主総会の承認を要しないものとされている（商法特例法21条の31）。これは、委員会等設置会社とその他の会社の機関設計の差異に基づくものであると説明されているが、このような取扱いの差異については、監査役会設置会社及び委員会等設置会社は、会社法上いずれも選択可能な機関設計の類型であり、両者間には機関設計の差異はあるものの、その差異は実体的な優劣の関係を生じさせるものではないのであるから、機関設計の差異に着目して手続や責任に差異を設けるべきではないという指摘がされている。平成14年の改正に係る国会審議の際の附帯決議については、試案第4部・第4・7の補足説明を参照されたい。

　また、試案第4部・第5・1の補足説明で述べたとおり、市場取引等による自己株式の買受け、すなわち特定の株主への払戻しが期中いつでも取締役会決議限りで行うことを認める現行法を前提にすれば、株主にその持株数に応じて分配する行為の回数を年2回（利益配当及び中間配当）に限定する合理性は少ない。

　試案では、こうした事情を踏まえて、委員会等設置会社、監査役会設置会社の別を問わず、一定の範囲の会社において、株主に対する会社財産の払戻しの機会と手続に関する特例を設けるとともに、このような会社における利益処分案及び損失処理案の取扱いを整理することとしている。

(1) 分配機会及び決定機関の特例に関する定款の定め

　試案の(1)は、取締役の任期が1年であって会計監査人を設置している株式会社は、定款をもって、前期の計算書類に会計監査人の適法意見が付されている場合には、当該計算書類の確定後、当期の計算書類が確定するまでの間、取締役会の決議をもって、いつでも、①株主に対する剰余金の分配及び②資本の部の計数の変動を決定をすることができる旨を定めることができるものとしている。

　①は、前述したとおり、株主にその株式数に応じて金銭等の分配をする行為について、その回数を制限する合理的な理由は存しないため、これを認めるものである。

　②は、利益処分案・損失処理案を株主総会の必須の承認事項としないこととするため（下記(2)①参照）、現行の利益処分案・損失処理案により処分されるもののうち資本の部の計数の変動に関するものは取締役会決議で行うことができることとするものである。

　また、(1)のような定款の定めをすることができる会社の要件は、次のような考え方に基づくものである。

　第一に、取締役の任期を1年としたのは、仮に、現在の利益処分案・損失処理案で決定されるものを取締役会限りで決定することができることとなれば、下記(2)①にあるとおり、株主提案権が行使されない限り、会社提案として利益処分案等を株主総会の議題にする必要がなくなる場合があり、特に、下記(3) a案からc案までのいずれかを採用する場合には、剰余金の処分に関する取締役会の裁量は極めて大きくなるため、株主による取締役の選解任を通じた権限行使を充実させる必要があると考えられるためである。

第二に，会計監査人の適法意見を条件としたのは，剰余金の処分が期中随時行われるためには，分配可能限度額の算出の基礎となる貸借対照表等が適切に作成されていることが必要であると考えられるためである。

(注1)では，取締役の任期が1年でない場合や試案の(1)のような定款の定めがない場合の中間配当等の取扱いについてなお検討することとしている。自己株式の取得との平仄を考えれば，機関設計のいかんを問わず，中間配当期，期中に株主にその株式数に応じて分配する行為の回数を年1回に限定する合理性は乏しいこと，会計監査人の適法意見があり，分配可能限度額の範囲内で金銭等を分配するのであれば，債権者を害することもなく，株主にとっては利益となること等にかんがみて，試案の(1)①の点に関して，より柔軟に認める余地がないかどうか等についても検討する必要があるものと考えられる。

(注2)では，会計監査人を設置する場合の機関設計が見直された場合に，金銭等の分配の決定権限等をどのように取り扱うかについてなお検討することとしている。基本的に，貸借対照表等の確定権限との平仄を考えて，制度設計をする必要があるものと考えられる。

(2) (1)の定款の定めがある会社の定時総会

(1)の定款の定めがある会社の定時総会は，取締役を選任し，計算書類等の報告をする総会となる((前注)参照)。

① 利益処分案・損失処理案

利益処分案・損失処理案に記載すべき事項は，後述する役員賞与を除けば，ほとんどの場合，(1)①及び②に掲げる事項となることから，その作成を省略することができるものとしている。

なお，(1)の定款の定めがある会社の利益処分案の記載事項としては，利益の資本組入れ，(1)①の「株主に対する剰余金の分配」以外の分配が考えられるが，このうち，後者についてはそもそもこのような分配を利益処分として行い得るものとしておくかどうかについても検討することとしている。

② 定時総会における情報開示

イ 剰余金変動計算書

期中の分配，資本の部の変動を認めることとすると，貸借対照表，損益計算書だけでは，会社の計算書類上の数値の連続性を把握することが困難となる。試案では，(1)の定款の定めをした会社においては，剰余金変動計算書を作成し，定時総会の招集通知に添付して，株主に送付しなければならないものとしている。なお，計算書類上の数値の連続性という観点からは，剰余金の変動のみならず，資本・準備金等の変動も含めた「株主持分変動計算書」を作成することも考えられる。

ロ 剰余金処分に関する理由

(1)の定款の定めをした会社においては，剰余金の処分に係る取締役会の裁量が増大することから，現在の委員会等設置会社と同様（商法特例法21条の31第1項），営業報告書には，剰余金処分の理由その他法務省令で定める事項を記載するものとしている。

(3) 株主からの配当議題提案権

(1)の定款の定めがある会社においては，利益処分案・損失処理案に記載すべき事項がない場合に限り，その作成を省略し，株主総会決議による承認を受けなくてもよいこととなるにとどまり，利益処分案・損失処理案の承認が本来的に株主総会の権限であることには変わりがない。したがって，試案の(3)に記載している取扱いを認めない場合には，各株主は，利益処分案等に関する株主提案権を行使することは妨げられないことになる（試案のd案参照）。

しかし，上記(1)及び(2)に述べた手続は，剰余金処分が本来，高度な経営判断事項に属することにかんがみて，その権限を取締役会に委譲することを企図するものであるから，利益処分案等に対する株主の関与をどの程度認めるかが問題となる。この点について，現在の委員会等設置会社においては，利益処分案等に係る商法特例法21条の26第1項の取締役会の決議があった場合には，株主総会の決議があったものとみなされていること（商法特例法21条の31第1項）から，株主が利益処分案等に関与することが認められておらず，関与しようとする場合には委員会等設置会社という機関設計の選択自体をやめなければならないのか（試案のa案的な考え方），前記取締役会の決議を商法230条／10の規定により，定款の定めをもって株主総会の決議とすること（この場合には，商法特例法21条の31第1項は，株主総会の決議があった場合には株主総会の決議があったこととみなされるということになる。）により，株主が利益処分案に関与することも認められるのか（試案のb案的な考え方）は，明らかでない。

試案の(3)においては，(1)の定款の定めがある会社における株主からの利益処分案等に関する株主提案権（以下「配当議題提案権」という。）について，a案からd案までの取扱いを提案している。

a案は，(1)の定款の定めをした場合には，株主は配当議題提案権を有しないものとし，仮に，株主が配当議題提案権を行使しようとする場合には，(1)の定款の定め自体を削除する提案を行った上で，提案権を行使すべきこととするものである。
　b案は，期中の分配権限等を授権する(1)の定款の定めとは別に，株主による利益処分案に関する関与の在り方を定款で定めることを認め，定款で株主は配当議題提案権を有しない旨を定めることができるものとするものである。したがって，b案によれば，期中分配を受けられる状態は維持したまま，定款の定めによっては，株主の利益処分への関与も可能となる。
　c案は，期中の分配権限等を授権する(1)の定款の定めとは別に，株主による利益処分案に関する関与の在り方を定款で定めることを認める点ではb案と同様であるが，定款でも株主の配当議題提案権を完全に奪うことはできないものとし，提案権の行使要件を引き上げることのみを認めるものである。c案を採用する場合には，現在の委員会等設置会社においても同様の措置を講ずることになる。
　なお，委員会等設置会社以外の会社がb案又はc案の定款の定めをするには，社外取締役の選任等一定の要件（例えば，社外取締役の数・取締役会に占める割合等の要件等）をも満たさなければならないものとすることも考えられる。
　d案は，a案からc案までのいずれの取扱いも認めず，株主による配当議題提案権の行使は妨げられないこととするものである。
　なお，a案からc案までのいずれかの案を採用する場合においても，(1)の定款の定めをした会社において，商法230条ノ10の規定により定款で株主総会の決議事項とすることにより，株主が剰余金の分配に関与することは妨げられない。このような定款の定めがある場合においては，株主は，当該決議事項につき株主提案権を行使することができる。
(4) 取締役等に対する財産上の利益の取扱い
　現在，多くの会社が，いわゆる「役員賞与」について，報酬決議（商法269条）とは別に，利益処分により決議をし，支払うこととしているが，このような処理を認めたまま，利益処分案に係る権限を取締役会に委譲することは，お手盛りの防止等の観点から，妥当でない。
　試案では，いわゆる「役員賞与」その他の取締役等に対して与える財産上の利益については，利益処分の手続とは切り離し，株主総会の決議により定めるものとしている。
　ところで，役員賞与の会計処理については，委員会等設置会社においては利益の処分として役員に対する金銭の分配をすることができない（商法特例法21条の31第2項）こととされたことから，委員会等設置会社以外の会社も含めたすべての会社において，会計上役員賞与を，利益の処分として処理すべきか，費用として処理すべきかという点が問題となっている。そして，試案のように，(1)の定款の定めをした会社において，利益処分と役員賞与との関係を切り離すこととした場合においては，これらの会社の役員賞与の会計上の取扱いは，公正な会計慣行に委ねられることになるが，役員賞与の会計上の処理は，定款の定めや機関設計とは関係なく定められるべきものであることから，その他の会社においても同様に問題となるところである。したがって，（注）では，その他の会社における役員賞与と利益処分との関係についても，なお検討することとしている。

5　開示・監査関係
(1) 附属明細書
　有限会社法44条ノ2第2項においては，定款で各社員に会計帳簿の閲覧請求を認めることとする場合には，附属明細書の作成を要しない旨が規定されている。試案では，株式会社と有限会社との規律の一体化の観点から，株式会社についても，同様の制度を認めることとしている。
　なお，部会においては，附属明細書が作成されず，附属明細書が債権者の閲覧可能な書類（商法282条2項）から除外されることになると，債権者保護との関係で問題となることはないかという意見も出された。
(2) 利益処分案・損失処理案
　商法281条5項等においては，貸借対照表，損益計算書等の計算書類の記載事項及び記載方法について法務省令への委任がされているものの，利益処分案・損失処理案については，そのような委任規定がなく，法令等において記載方法を明確に定めることとはしていない。
　しかし，利益処分案等は会社が作成すべき重要な書類の一つであり，それらにおいて会社が行うことができる利益処分・損失処理の内容（平成13年の第79号改正により，その他資本剰余金の配当が認められたことにより，内容自体が明確性を欠くという事態が生じている。）を明らかにすることが重要である。
　また，試案第4部・第5・4に掲げるような利益

処分案等の取扱いに関する見直しを行うに際しては，利益処分案等の内容が明確化されていることが不可欠であると考えられる。

試案では，利益処分案・損失処理案の記載事項及び記載方法について，法務省令に委任することとしている。

(3) 決算公告

現行法では，株式会社一般について，決算公告が義務付けられている。

しかし，現実には，極めて多くの会社がこの義務を遵守しないという実態が指摘されている。この実態に関して，部会においては，中小会社の信用は現実に供される担保・保証，取引関係者間での評判，債権者による実際の会計帳簿等の調査等により維持されているところであり，情報も少なく，監査も受けていない数値が掲載されるに過ぎない決算公告は信用維持に寄与する度合いは少ないという現実がある一方，財務内容を広く開示することにより被る事業者の不利益（例えば，利益を計上していることを理由に取引相手から値下げを要求される，逆に利益を計上していないことを理由に現金収支には問題のない会社であっても必要以上の信用収縮が起こる等）の方が開示するメリットよりもはるかに大きいという事情があるという意見が出された。

また，現在の決算公告は，必ずしも専門家による監査を受けているものではなく，そのような信用性についての疑義のある数値を広く公開することにはかえって問題があるのではないかという指摘もされている。

さらに，現在の有限会社には決算公告は義務付けられず，債権者に対する閲覧請求を認めることによって計算書類の開示を行うこととしているところであり，現行法制も，債権者に対する責任財産が会社財産に限られる会社類型について，決算公告を必須のものとして位置づけているわけではない。

他方，部会においては，債権者に対する責任財産が会社財産に限られる会社類型においては決算公告の義務付けが必要であるという意見（a案），現行制度に準じ，一定の範囲の会社に義務付けるべきであるという意見（b案）などが出された。ただし，b案については，どのように範囲を限定するかの問題があり，部会においては，商号，取締役会の有無，譲渡制限の有無等が例として挙げられたものの（(注1) 参照），例示として挙げた基準をもって決算公告義務の有無を区別することに合理的な理由があるかどうかは，なお検討の余地があるという意見もあったところである。さらに，現行維持又は現行よりも義務付けの範囲を拡大するという案となっているa案又はb案に対しては，現行法の下で，決算公告義務を極めて多くの会社が遵守していない前述したような実質的な理由を踏まえていないものであり，事実上，制度の形骸化を承認することとなるが，そのような態度が会社法制の現代化を検討するに際しての態度として適切かどうかは疑問であるという意見もあった。

c案又はd案は，決算公告を義務付け，その財務内容に関する情報を法律の規定に基づき広く了知させることを求めるためには，その情報は専門家による監査を踏まえたものであるべきであるという考え方に基づくものである。c案は，会計監査人による会計監査を受けたすべての会社に決算公告を義務付けるものであり，d案は，商法が債権者保護という観点も含めて専門家の監査を受けるべきであるとする会社については決算公告を義務付ける一方で，任意に会計監査人を採用する会社については決算公告を義務付けないとするものである。d案は，試案第4部・第4・11に掲げたように，会社がその計算書類の適正性を確保するために商法の規定に基づき会計監査人の監査を受けることを積極的に認めるという観点から，前述したような決算公告をすることにより被る不利益について一定の配慮をするものである。

なお，（注2）では，c案又はd案を採用する場合には，虚偽公告，計算書類の虚偽記載等を行った場合における罰則の強化（現在は，過料である）をも併せて検討することについて意見を照会することとしている。

e案は，前述のとおり，現実には，決算公告の義務が遵守されず，また，実際の取引上はそれほど重要なものとして位置付けられていないこと等にかんがみ，各会社が任意に決算公告することは妨げないものの，法律上の義務付けは行わないとするものである。e案については，任意の決算公告の法的位置付けについてなお検討する必要がある。

（注4）では，有価証券報告書提出会社であって，一定の方法で情報を公開している会社については，決算公告で開示されるよりも詳細な情報が提供されていることにかんがみ，商法上の決算公告義務を課さないものとするかどうかについて，なお検討することとしている。

第6　社債・新株予約権関係

1　有限会社の社債・新株予約権・新株予約権付社債

現行法では，有限会社は，非公開的な性格から，社債を発行することができないものと解されている（有限会社法59条4項，60条1項ただし書，63条ノ3第3項，63条ノ7第4項，64条1項ただし書参照）。また，有限会社には，新株予約権・新株予約権付社債に相当する制度も置かれていない。

しかし，社債については，従来より，有限会社が非公開的な性格を有することと社債の発行ができないこととは論理必然の関係にはないという指摘があったところである。また，新株予約権・新株予約権付社債に相当する制度についても，有限会社の定款記載事項から「資本ノ総額」を削除すること（試案第4部・第2・4(3)①参照）（これにより，新株予約権に相当するものの行使に伴う増資につき社員総会の決議を必ずしも要しないこととなる）等の所要の規定の整備を行うこととすれば，これを有限会社に導入しないものとすべき理由は特にはないものと考えられる。

試案では，有限会社における資金調達の円滑化を図る見地から，有限会社について，社債の発行，新株予約権・新株予約権付社債に相当するものの発行を許容することとしている。そして，その場合におけるこれらの発行手続については，取締役会が設置されない譲渡制限株式会社における発行手続と同様のものとすることとしている（試案第4部・第3・12(1)(2)の補足説明参照）。

（注）では，有限会社及び取締役会が設置されない譲渡制限株式会社における社債の発行については，有限会社における多額の借財と同様，取締役がその決定を行うことができるものとしている（有限会社法26条参照）。

2　社債総則に関する規定の整理
(1) 社債の発行事項の決定

現行法では，株式会社が社債の発行をするには，取締役会の決議を要することとされているが（商法296条），その決議を要する事項については，新株発行等の場合と異なり，法定されていない（商法280条ノ2第1項等参照）。

そのため，いかなる事項につき取締役会において決議をすることを要するか，ある事項について取締役会の決議を要するとして，どの程度まで具体的に取締役会が定めることを要し，どの程度まで代表取締役の決定に委ねることができるかが不明確であるという指摘がなされているところである（なお，商法301条2項各号参照）。

試案では，①償還の金額，利率，社債の発行価額についてはその具体的な額等の決定を取締役会の決議により行うことを要することを原則としつつ，償還の金額及び利率の上限，社債の発行価額の下限を取締役会の決議において定めた場合には，償還の金額及び利率，社債の発行価額の具体的な額等の決定を代表取締役に委任することができることとしている。また，②社債を発行することができる期間を取締役会の決議において定めた場合には，個々の発行時期の決定を代表取締役に委任することができることとしている。このような取扱いを認めることにより，いわゆるシリーズ発行（取締役会決議で発行する社債の総額等を定め，具体的な発行は複数回に分けて代表取締役が決定する社債の発行方法）ができることが明確化されることとなる。なお，その他の取締役会の決議事項及び代表取締役への委任の許否についても，その明確化を図る方向で検討することを要する。

（注1）では，いわゆる売出発行（長期信用銀行法11条2項参照）については，会社法（仮称）上特に手当てしないものとしている。これは，かねてより，長期信用銀行以外の株式会社においても，いわゆる売出発行の方法による社債の発行を認めるべきであるという指摘があったところ，(1)の取扱い，打切発行の原則化（（注2）参照）及び社債申込証制度の合理化（試案第4部・第3・12(3)（注2）参照）等を行うこととすれば，会社法（仮称）上特に規定を設けるまでもなく，いわゆる売出発行の方法による社債の発行が実質的に可能となるとの部会における議論を踏まえたものである。

また，現行法では，打切発行は社債申込証の用紙に記載した場合に限りその効力が認められているが（商法301条3項），社債において応募不足の場合には社債全部が不成立となることを原則とする理論的根拠に乏しいこと，新株の発行の場合には打切発行が認められていることとの整合性（商法280条ノ9参照）にかんがみ，（注2）では，打切発行を原則とすることとしている。すなわち，総額応募を社債成立の条件とする場合には，その旨を応募者に開示することを要することとなる（試案第4部・第3・12(3)（注2）参照）。

(2) 社債関連規定

商法298条は，既存社債に未払込みがある場合の社債発行の禁止を規定している。その趣旨は，前社債の払込みを終えないうちに新社債を発行する

ことを認めると不必要な社債の濫発を招来しかねないことから、これを禁止するというものである。

しかし、前社債の払込みを終えないで新社債を発行することが必ずしも社債の濫発となるとは必ずしもいえず、また、同条に違反して社債が発行されたとしても、その社債は無効にならないと一般的に解されていること等から、同条については、合理性が乏しいという指摘があったところである。

試案では、同条を削除するものとしている。

商法299条は、各社債券の券面額は均一か、又は最低券面額で整除できるものであることを要する旨規定している。この規定は、社債権者集会の議決権算定の必要から設けられている（商法321条1項参照）。

しかし、社債権者集会の議決権算定の必要性を理由に、法律上一律に各社債券の券面額の規制を課すことについては、合理性に乏しいという指摘があるところである。また、そもそも、社債権者集会の議決権算定の基準については、社債の未償還額こそ社債権者の利害を最も直截に表す基準であること、他の債権者集会等の議決権も債権額を基準としていること（商法450条1項、民事再生法170条、171条等）等から、最低券面額ではなく残存債権額を基準とすることが正当であると考えられる（（注）参照）。

試案では、議決権の算定基準を最低券面額基準から残存債権額基準へ変更することとし、同条を削除するものとしている。

商法300条は、割増償還の定めをする場合における券面額を超える部分は、各社債につき同率であることを要する旨規定している。その趣旨は、不当な射倖心の刺激を防止するところにある。

しかし、そもそも、不当な射倖心の刺激の防止は、刑罰等に委ねるべきものであること、社債契約において任意繰上償還条項を置くときには、割増償還の定めがなされ、償還時期により券面額を超える部分を異にするのが合理的である場合がある（例えば、償還時期が満期に近づくにつれて、券面額を超える部分を逓減させる場合）が、形式的には、このような取扱いも同条に違反すると解される余地があること等から、同条については、合理性が乏しいという指摘があったところである。

試案では、同条を削除するものとしている。

3 社債管理会社

(前注について)

現行法では、銀行、信託会社又は担保附社債信託法（以下「担信法」という。）5条の免許を受けた会社に限り、社債管理会社となることができるとされている（商法297条ノ2）（なお、保険会社が社債の管理の受託業務を行うことができることにつき、保険業法99条2項及び6項参照）。その趣旨は、社債権者のために社債の管理を行う者の資格をそれにふさわしい信用を有する者に限定することによって、社債権者保護を図ることにある。

この点については、社債発行会社がデフォルトに陥る事例が増加している現状等にかんがみ、例えば、債権の回収について専門的能力がある者等にも社債管理会社の資格範囲を拡大すべきであるという指摘があるところである。しかし、現段階においては、部会における審議が熟していないことから、社債管理会社の資格範囲の見直しを要するかどうかについては、なお検討することとしている。

(1) 「約定権限」の行使

現行法では、「社債ノ管理」（商法297条ノ3等）とは、社債管理会社に法律上付与された権限の行使をいい、社債発行会社と社債管理会社との間で締結される社債管理委託契約に基づく権限（以下「約定権限」という。）の行使は含まれないと一般的に解されている。したがって、社債管理会社による約定権限の行使については、公平誠実義務（商法297条ノ3第1項参照）や善管注意義務（同条2項参照）が強行法的に課せられることはなく、社債発行会社と社債管理会社との間の社債管理委託契約において、そもそもこれらの義務を定めないこと、さらには、これらの義務を定めたとしても、これらの義務に係る責任の免除や軽減を特約することができることとなる。

しかし、約定権限には、社債発行会社が「財務上の特約」条項に違反した場合に期限の利益の喪失を宣言する権限等の重要な権限が含まれることが多く、それにもかかわらず、社債管理会社が約定権限を行使するにつき公平誠実義務・善管注意義務が強行法的に課せられていないのでは、社債権者の保護として十分ではないという指摘がなされているところである。

試案では、「社債ノ管理」に約定権限の行使を含めるものとして、社債管理会社が約定権限を行使する際にも公平誠実義務・善管注意義務が強行法的に課せられるものとしている。さらに、現行法では、約定権限については、何ら明文の規定が設けられていないところ、社債管理委託契約の実際等にかんがみ、会社法（仮称）においては、これについて適切な規律を設ける方向で規定の整理を行うものとしている。

(2) 社債管理会社の辞任

現行法では、社債管理会社が辞任するには、社債発行会社及び社債権者集会の同意を要するものとされている（商法312条1項）（なお、やむを得ない事由あるときには、裁判所の許可を得て辞任することができることにつき、同条3項参照）。これに対し、担信法97条では、受託会社は、委託会社及び社債権者集会の同意があるときのほか、信託契約の定めるところにより、辞任することができる旨規定されている（なお、やむを得ない事由あるときには、内閣総理大臣の許可を得て辞任することができることにつき、担信法98条参照）。

このように、現行法の下では、社債管理会社は社債権者集会の同意を得なければ辞任することができないため、社債発行会社がデフォルトに陥り、社債発行会社に対し貸付債権等の債権を有する社債管理会社と社債権者との利益相反が先鋭化するような事態が生じた際、社債権者のために社債の管理を継続することが不適切であると社債管理会社自らが判断するような場合であっても、時機に応じた辞任をすることができないという指摘がなされていた。

そこで、担信法の規定との調整という点も考慮の上、試案では、社債管理会社は、社債発行会社及び社債権者集会の同意がある場合のほか、社債管理委託契約等の定める事由が生じた場合においても、辞任することができるものとしている。

（注1）では、社債管理会社が辞任することにより、当該社債につき社債管理会社が一切いなくなるときは、あらかじめ事務を承継すべき社債管理会社を定めることを要するものとしている。商法312条1項後段と同様の措置を要求するものである。

また、部会においては、社債管理会社が契約により辞任することができるものとすることにより、社債権者に対する責任を社債管理会社が不当に免れることのないよう、所要の措置を講ずるべきであるという意見が出された。そこで、（注2）は、社債発行会社が支払の停止等に陥る前3か月以内に、社債管理会社が契約により辞任し、弁済等を受けた場合には、商法311条ノ2第2項を適用するものとしている。なお、部会においては、現行法上社債管理会社でなくなる場合（商法312条1項、3項、313条等参照）にも、（注2）と同様の措置を講ずるべきかどうかについて議論がなされたが、契約により辞任する場合には社債管理会社でなくなる事由及びそのタイミングを社債管理会社が自由に選択できる余地がある点において他の場合とは異なり、したがって社債権者に対する責任を不当に免れる危険性も他の場合とは異なるものと考えられることから、試案では、契約により辞任する場合に限って（注2）の措置を講ずることとしている。

(3) 社債管理会社の責任

昨今、社債発行会社がデフォルトに陥る事例が増加し、社債発行会社に対し貸付債権等の債権を有する社債管理会社と社債権者との利益相反が先鋭化するような事態が現実問題化しているという指摘がなされているところであり、平成5年の改正により社債に係る規定が抜本的に改正された当時とは、社債発行会社及び社債管理会社を取り巻く社会経済情勢に重大な変化が生じているものと考えられる。このような状況を踏まえ、社債管理会社の社債権者に対する責任を定める商法311条ノ2の規定の見直しを行うべきであるという指摘がなされている。試案の①及び②は、商法311条ノ2の規定の具体的見直しに係るものである。

なお、社債管理会社が行う相殺については、現行の商法311条ノ2第2項（この規定の趣旨については、下記①参照）の対象とはされていないが、社債の回収に先んじて社債管理会社の債権の満足を得る側面がある点では、弁済等の受領と異なるところがないことから、相殺を同項の対象とすべきであるという指摘がある。他方、実際には多くの場合において銀行が社債管理会社となっているところ、銀行の相殺権を制限することに対する懸念も指摘されているところである。そこで、（注）では、破産法の改正における相殺権の取扱いを踏まえた上で、社債管理会社が行う相殺の取扱いについては、なお検討することとしている。

① 支払の停止等の後の弁済の受領等

商法311条ノ2第2項は、社債発行会社の財務状況が悪化したような場合には、社債発行会社に対し貸付債権等の債権を有する社債管理会社と社債権者との利益が相反する場合があることにかんがみ、社債発行会社に支払の停止等があった後の前3か月間になされた社債管理会社の債権の弁済の受領等につき、社債管理会社の責任に係る特別の取扱い（誠実義務違反の立証責任の転換等。同条1項対照）を定めている。

しかし、社債発行会社について支払の停止等があった後に行われる社債管理会社の債権の弁済の受領等については、当該支払の停止の前になされる場合と比較して、通常社債発行会社の財務状況がより悪化していることから利益相反が先鋭化し、より社債権者を害するおそれが高いにもかかわらず、文言上は、商法311条ノ2第2項の対象

- 82 -

とはなっていない。

試案では、商法311条ノ2第2項の対象に、当該支払の停止等の後になされる弁済の受領等も含むものとしている。

なお、部会においては、支払の停止等の前3か月という点についても、さらに、その期間の延長をすべきであるという意見が出されており、(注)において、この点については、なお検討することとしている。

② 社債管理会社の子会社等の行為

商法311条ノ2第2項は、社債管理会社自らが有する債権につき弁済等を受けた場合に限りその適用の対象としている。

しかし、社債管理会社の子会社等であって、社債管理会社から委託を受けて社債発行会社に対する債権の回収を行う等一定の要件に該当するものが弁済の受領その他の行為を行った場合にも、実質的に社債管理会社の利益が図られ社債権者を害するおそれがあることは、社債管理会社自らが有する債権につき弁済等を受けた場合と異なるところはないという指摘がなされている。

試案では、このような社債管理会社の子会社等の行為も、社債管理会社自身が当該行為を行った場合と同様に取扱う方向で検討することとしている。

また、実際に社債管理会社となることの多い銀行につき、昨今その多くが持株会社形態をとり、グループ会社と連携を図りつつ経営を行っていること等にかんがみ、(注1)では、「子会社等」の範囲については、社債管理会社に係る企業集団の状況を踏まえて、なお検討することとしている。

さらに、(注2)において、一定の要件、対象とする行為、責任の態様については、なお検討することとしている。

(4) 法的倒産手続における社債管理会社の権限

現行法では、社債管理会社が、総社債につき行う法的倒産手続(破産手続、再生手続、更生手続又は整理若しくは特別清算に関する手続)に属する一切の行為(商法309条1項の行為を除く。)を行うには、社債権者集会の決議を要するものとされている(商法309条ノ2第1項2号)。

しかし、社債発行会社につき法的倒産手続が開始された場合には、迅速かつ低コストに、手続を開始・進行・終了させることが、社債権者全体の利益となることがあり得る(なお、試案第4部・第6・4(2)の補足説明参照)。

試案では、社債管理会社が設置される場合において、社債管理委託契約等の定めがあるときは、社債管理会社が社債権者集会の決議なく当該行為を行うことができるものとしている。

なお、部会においては、社債管理委託契約の締結時において、あらかじめ、例えば、どのような更生計画案が提出されるかを合理的に予想することは困難であり、したがって、社債管理会社が、(4)の定めをすることは、実際にはあまり考えられないのではないかという指摘がされたが、社債管理会社が(4)の定めをすることを禁止するまでのことはないという意見が大勢を占めた。

(5) 債権者保護手続における社債管理会社の権限

商法376条3項(同法289条4項、374条ノ4第2項、374条ノ20第2項及び416条2項において準用する場合を含む。)においては、資本の減少等に係る債権者保護手続において、社債権者が異議を述べるためには、社債権者集会の決議を要するものとされている。この場合には、社債権者集会の開催のため異議期間の伸長も可能であるが、それには裁判所の決定を要する(非訟事件手続法135条ノ21、135条ノ16参照)。

しかし、社債権者集会については、コストの観点等から、その開催がされることはそもそもまれであり、また、異議の申述のために社債権者集会を開催するとすれば、通常、異議期間を伸長するため裁判所の決定手続をも経ることが必要となるが、これが社債権者集会を開催して異議を述べることに対する更なる障害となり、現行法の下では、異議の申述が事実上困難であり社債権者の利益が害されるという指摘がされている。

試案では、社債管理会社が設置される場合においては、社債権者に対する催告の受領については社債管理会社が行うものとした上で、異議については社債管理会社が社債権者集会の決議なくして申し述べることができるものとして、社債権者の利益の確保を図ることとしている。

なお、部会においては、社債管理会社にそのような権限を与えると、社債権者に対する義務違反となることをおそれ、社債管理会社においては常に異議を申し述べるべき事態となるのではないかという指摘もなされたが、平成5年の改正前の社債募集委託契約においては、通常、社債発行会社が合併等をするには社債募集の受託会社の承認を要する旨が定められていたことにかんがみ、そのような指摘はあたらないのではないかという意見も出された。

4 社債権者集会

(1) 決議事項の許可

社債権者集会の決議事項については，商法上定められているもののほか，社債権者の利害に重大な関係を有する事項であって，裁判所の許可を得たものに限り，社債権者集会において決議することができるものとされている（商法319条）。このように社債権者集会の決議事項を限定する趣旨は，多数決の濫用の弊害を防止すること等にあると解されている。

しかし，社債権者集会の決議は，裁判所の認可によってその効力を生ずるものとされており（商法327条1項），裁判所は，決議が著しく不公正なとき，又は決議が社債権者の一般の利益に反するとき等には，社債権者集会の決議を認可することができないこととされている（商法326条）。このように，多数決の濫用の弊害等につき，決議前の許可と決議後の認可という裁判所による二重の審査を要求することは，過剰な規制であるという指摘がなされている。

試案では，社債権者集会において法定決議事項以外の事項を決議する場合における裁判所による許可の制度については，廃止するものとし，多数決の濫用の弊害等の審査については，裁判所による社債権者集会の決議の認可制度に一元的に委ねるものとしている。

(2) 特別決議の成立要件

社債発行会社について更生手続が開始された場合には，社債管理会社は，商法309条1項により，通常，社債権者のために更生債権の届出を行う（これにより，更生計画案に係る関係人集会における可決要件の母数に総社債権者の債権額が加算される。）。ところが，社債管理会社が社債権者全体に代わって関係人集会において議決権を行使するには，社債権者集会の特別決議による授権が必要となるところ（商法309条ノ2第1項2号，324条ただし書），社債権者集会の特別決議に必要な定足数（総社債権者の議決権の3分の1以上）を確保することは実務上難しく，その結果，関係人集会において更生計画案が可決されないという事態が生じているとの指摘が，かねてよりなされていた。

この点については，平成14年の会社更生法の改正により，社債について議決権行使の申出の制度が創設され，社債管理会社等が社債権者のために更生債権の届出を行った場合には，社債のうち社債権者が自ら積極的に議決権行使の申出をしたものだけを更生計画案の可決要件の母数に加えることとして，更生計画案の可決を容易にする手当てがされたところである（会社更生法190条1項2号）。しかし，この制度の創設については，必ずしも社債権者の総意を反映しない更生計画案が可決され得る事態が生ずることとなるため，かえって社債権者全体の利益を害する事態が生じかねないという指摘もなされている。

以上の指摘を踏まえ，更生手続の関係人集会における議決権行使の社債管理会社への授権のための社債権者集会の特別決議の成立要件を緩和することについては，部会において特段の異論はなかったところであるが，その緩和の方法については意見が分かれた。また，更生手続の関係人集会における議決権行使の社債管理会社への授権以外の場合においても，積極的に議決権を行使する社債権者はまれであることは同様であり，社債権者集会の特別決議の成立要件を一般的に緩和すべきであるという指摘がされている。

試案では，特別決議の成立要件の緩和の方法として，a案，b案，c案の三案を提示し，意見を照会することとしている。

まず，a案は，定足数を廃止し，出席社債権者の債権の総額の〔3分の2以上〕であって，総社債権者の債権の総額の〔20〕パーセント以上にあたる債権を有する者の同意をもって決議の成立要件とするものである（なお，社債権者集会における議決権の算定基準の残存債権額への変更につき，試案第4部・第6・2(2)（注）参照）。この案は，定足数を廃止した上で，総社債権者の債権の総額の一定割合以上の賛成，及び当該社債権者集会に出席した社債権者の債権の総額の一定割合以上の賛成を決議の成立要件とするものであるが，より本質的な要件は前者の賛成であり，後者の賛成については，一般に，集会において決議の成立を認めるためには，当該集会に出席した者の一定割合以上の賛成を要求することが合理的であると考えられることから，成立要件としているものである。前者の賛成に係る一定割合として，仮に20パーセントとしているのは，現行法上の社債権者集会の特別決議の成立要件からすれば，定足数の下限（3分の1）×決議要件の下限（3分の2）＝9分の2（約22.2パーセント）の賛成がある場合には，当該成立要件を満たし得ること等を参考にしたものである。また，後者の賛成に係る一定割合として，仮に3分の2以上としているのは，出席社債権者の議決権の3分の2以上の賛成を要する現行法上の株式会社の特別決議の成立要件と整合的であるからである。

- 84 -

b案は，定足数の算定の分母には，債券の供託がされない無記名社債を含まないこととするものである（なお，解釈によりb案を採用したものとした裁判例として，東京地決平成13年6月5日・金融法務事情1630号32頁参照）。社債発行会社が公開会社であるような場合には，積極的に議決権を行使する社債権者は極めて少数であるとの実態を重視したものである（商法321条2項参照）。仮に，無記名社債の場合であって，債券の供託を行った社債権者が極めて少数であり，その結果，著しく不公正な決議がなされたりしたときは，裁判所により当該決議が不認可となり，社債権者全体の利益が確保されるため不当な事態が生ずることはないとの考え方を前提とするものである（商法326条参照）。

c案は，仮決議の制度を設けることとするものである。仮決議の制度とは，1回目の社債権者集会において必要な定足数が満たされないときには，出席した社債権者で仮決議を行い，それを各社債権者に知らしめた上で，再度，社債権者集会を招集して，2回目の社債権者集会においては定足数を要しないものとする制度であり，昭和25年の改正前商法324条1項，343条2項及び3項において規定されていたものである。仮決議の制度については，社債権者集会を2回開催することに伴い，費用と時間が負担となるという指摘がなされている。

更生手続の関係人集会における議決権行使の社債管理会社への授権の場合とそれ以外の場合とでは，前者には更生手続の他の利害関係人の利害という要素があること，会社更生法190条の規定があること等において事情が異なるため，両者につき同じ案を採用しないという考え方もあり得るところである。なお，前者との関係では，いずれの案をとるにせよ，会社更生法190条に規定する制度の廃止の是非についても，検討する必要があると考えられる。

5 一株に満たない端数の処理

現行法では，商法280条ノ37第1項又は341条ノ13第1項により，新株予約権の行使に際して払込みをすべき額の全額の払込みを要することとされていることから，新株予約権の行使により一株に満たない端数が生ずる場合において，端数を切り捨てた上で，これに相当する価額を金銭で償還することが認められるかどうかが不明確であるという指摘がなされている。また，商法220条に規定する一株に満たない端数に関する処理は，端数をまとめて競売等により処分することを要求しており，新株予約権の行使の場合のように端数が随時発生するときの端数の処理としては，難点があるという指摘がある。

試案では，①新株予約権の行使により一株に満たない端数が生ずる場合には，これを当然に切り捨てるとともに，原則としてこれに相当する価額を金銭で償還することとし，あらかじめその価額を償還しない旨を定めることをも認めることとしている。これによれば，新株予約権の行使に伴い一株に満たない端数の処理をする必要がないこととなるため，商法220条の規定が適用されることはないこととなる。

また，転換社債型新株予約権付社債（商法341条ノ3第1項7号，8号及び2項参照）については，新株予約権を行使したときに「社債ノ全額ノ償還ニ代ヘテ」新株予約権の行使に際して払込みをすべき額の全額の払込みがあったものとされていること（商法341条ノ3第1項7号及び8号）からも，新株予約権の行使により一株に満たない端数が生ずる場合において，端数を切り捨てた上で，これに相当する価額（社債の償還金の一部）を金銭で償還することが認められるかどうかが不明確であるという指摘がなされている。

試案では，②新株予約権付社債の行使に際して償還金の一部を払込みに充てない取扱いを転換社債型につき認めるとともに，この場合には，原則として償還金の一部を金銭で償還することとし，あらかじめその価額を償還しない旨を定めることをも認めることとしている。

なお，代用払込みが認められる新株予約権付社債（商法341条ノ3第1項7号）は，社債の発行価額と新株予約権の行使に際して払込みをすべき額とが同額であることを要するとの規制（商法341条ノ3第2項）は，経済実体と乖離したものであってその合理性に乏しいという指摘がなされており，（注）において，同規制を廃止するものとしている。

6 強制転換条項付新株予約権付社債

現行法では，新株予約権付社債であって，社債権者ではなく会社側が社債から新株予約権の目的たる株式への転換権を有するものが制度として規定されていない。

しかし，会社の資金調達の円滑化の観点から，上記のような会社側が転換権を有する新株予約権付社債を会社法（仮称）上の制度として創設すべきであるという要望が実務界から出されているところである。

試案では，一定の事由の発生（試案第4部・第3・7(4)①参照）又は取締役会の決議により，社債の償還金により払込みがされたものとみなすことのでき

る転換社債型新株予約権付社債(商法341条ノ3第1項7号,8号及び2項参照)の制度を創設するものとし,次のような措置を講ずるものとしている。
(1) 新株予約権付社債の発行決議において,強制転換条項を付す旨及び強制転換事由をも定めるものとする。
(2) 転換手続については,強制転換条項付株式(商法222条ノ9第1項)と同様のものとする。
(3) 無記名式の強制転換条項付新株予約権付社債が転換された場合において,株主を把握することができない株式が生じたときは,当該株式については,株主が株主名簿に記載されるまでの間は招集通知等の送付をすることを要しないこととするほか,株主が所在不明の場合と同様の取扱いをするものとする。

なお,(注)は,所在不明株主の株式売却制度(商法224条ノ4及び224条ノ5)を踏まえ,(3)の株式を売却するには,転換後5年が経過することを要するものとすることの当否について,意見を照会するものである。

7 組織再編行為に際しての新株予約権等の承継
(1) 承継の手続
現行法では,株式交換・株式移転の場合には,完全子会社となる会社が発行した新株予約権の承継の手続が規定されている(商法352条3項,364条3項等)。しかし,合併・分割の場合における消滅会社・分割会社が発行した新株予約権の承継の手続についての明文の規定がなく,その点が不明確であるという指摘があった。また,現行法では,組織再編行為により新株予約権者に損害が及ぶ場合であっても,新株予約権者を保護する特別な手続は法定されておらず,新株予約権者の十分な保護に欠けるという指摘がされていた。

試案では,合併・分割の場合についても,株式交換等の場合と同様,消滅会社・分割会社が発行した新株予約権の承継の手続を明確化するものとするとともに,次に掲げる新株予約権者には買取請求権を認めるものとして,組織再編行為における新株予約権者の保護を図るものとしている。
① 発行条項に定めがある場合にあっては,当該定めの内容に沿わない取扱いがされる新株予約権者
② 発行条項に定めがない場合にあっては,承継される新株予約権者(承継されない新株予約権者には認めない。)

なお,②については,合併の場合には,発行条項に定めがない場合には,消滅会社が発行した新株予約権は当然に存続会社・新設会社に承継されることとなることを前提としている。

また,新株予約権付社債に付せられた新株予約権の買取請求の在り方については,社債部分に係る債権者保護手続との関係を含め,なお検討することとしている。

(2) 株式交換・株式移転の際の新株予約権付社債の承継
現行法では,株式交換・株式移転の際に,完全子会社となる会社が発行した新株予約権付社債を完全親会社となる会社が承継するための手続は法定されていない(商法352条3項,364条3項参照)。これは,債権者保護手続のない株式交換・株式移転において,社債に係る債務を完全親会社となる会社に承継させることは妥当でないと考えられたことによる。

しかし,新株予約権付社債に付せられた新株予約権についても,それが行使されることにより完全親子会社関係が崩れること等,株式交換・株式移転の際に新株予約権の承継を認めることとされた理由が同様に妥当するところである。

試案では,株式交換・株式移転の際に,新株予約権付社債の承継を認めることとしている。また,新株予約権付社債の承継は,新株予約権付社債権者にとっては債務者の変更となることから,当該新株予約権付社債権者の保護手続を設けることとしている。そして,現行法上当該承継を認めていない理由にかんがみ,(注)では,株式交換により新株予約権付社債に係る債務を承継する完全親会社となる会社において債権者保護手続を要するものとするかどうかについては,なお検討することとしている。なお,実務上,株式交換・株式移転の際に,完全子会社となる会社が発行した新株予約権付社債を繰上償還条項に従い繰上償還する取扱いがなされることがあるようであるが,試案は,このような取扱いを否定する趣旨ではない。

8 新株予約権付社債の譲渡等
現行法では,新株予約権付社債券は,無記名式とされている(商法341条ノ8第3項)。

しかし,新株予約権付社債についても,私募により発行する場合等に,記名式の新株予約権付社債券を利用するニーズがあると指摘されている。

試案では,新株予約権付社債について,無記名式に加え,対抗要件,権利移転について,株式と同様の取扱いがされるものを創設するものとして,実質的に記名式の制度を導入することとしている。(注1)では,「株式と同様」の取扱いの内容を明らか

- 86 -

にしている。
① 社債の移転には社債券の交付を必要とする（商法205条1項参照）。
② 取得者の氏名及び住所を社債原簿に記載しなければ、会社に対して対抗することができない（商法206条1項参照）。
③ 社債券の占有により権利が推定される（商法205条2項参照）。
④ 善意取得が認められる（商法229条、小切手法21条参照）。
⑤ 略式質と登録質の制度を認める（商法207条、209条参照）。

また、普通社債については、記名社債及び無記名社債の両制度が規定されているが（商法308条等参照）、株式と同様の制度は、権利の流通性の観点からは、記名社債と無記名社債との中間に位置付けられるものと考えられる。（注2）では、普通社債についても、新株予約権付社債への株式と同様の制度の導入に伴い、同様の手当てを講ずることとしている。

また、新株予約権付社債については、これに付せられた新株予約権の譲渡に係る会社等関係者の利害関係が、新株予約権単体の譲渡に係る会社等関係者の利害関係と同様であると考えられることから、（注3）では、新株予約権と同様の譲渡制限制度（商法280条ノ33参照）を認めるものとしている。

さらに、現行の記名社債に係る規定（商法307条、民法365条等）については、商法制定以来その規定内容にほとんど変更がなく、社債原簿への記載等が対第三者対抗要件ともなっていることをはじめ、不合理な点があるという指摘がなされているところである。（注4）では、現行の記名社債に係る規定の整備・整理については、なお検討することとしている。

9 社債の銘柄統合

社債の流動性を向上させるため事後的に社債発行ロットを大型化する「社債の銘柄統合」（典型的には、既に発行された社債と同一の発行条件（発行価額、社債の総額等を除く。）で新たに社債を発行し、同一の払込日の翌日をもって、当該既発社債と統合して、同日以降同一の銘柄として取り扱うことが想定される。）については、実務界から、これが社債の流動性の向上につながり、投資家及び社債発行会社の双方にとって利益となるところ、現行法上これが認められるかどうかが不明確であり、銘柄統合に係る規定の整備を行うべきであるという要望が出されているところである。

試案では、発行日等が異なる2以上の種類の社債を、1種類の社債として取り扱うこと（「銘柄統合」）を認め、次のような手続を設けるものとしている（なお、（注）にあるように、銘柄統合の効果としては、社債権者集会の開催をする上で統合対象の2以上の種類の社債が1種類となること（商法338条参照）、統合後の社債全体を平等に取り扱うべきこと（商法297条ノ3第1項参照）等が挙げられる。）。

(1) 当初の社債契約において、①社債の総額が増加すべきこと及びその上限、②銘柄統合の際に社債の内容を変更するときは、変更後の内容を定めていることを条件とする。ただし、これらの定めがない場合には、社債権者集会の決議により社債契約を変更することを妨げないものとする。

(2) 社債につき社債管理会社を設置しているときは、銘柄統合後の社債管理会社を定めなければならないものとし、統合後の社債を発行するとすれば社債管理会社の設置が強制されるときには、社債管理会社を設置すべきものとする。

(3) 銘柄統合をするには、①社債発行会社における銘柄統合の取締役会決議、②銘柄統合が行われる旨の社債権者への通知又は公告を要するものとする。

(1)②は、2以上の種類の社債を1種類の社債として取り扱うためには、2以上の種類の社債の内容が、流通段階において同一であることを要すると考えられることから、そのための社債の内容の変更手続を定めるものである。また、(1)①において、社債の総額の増加についての定めを要することとしているのは、銘柄統合の効果として、社債の総額が増加することとなれば、社債権者の持分比率に応じた権利（商法320条3項、329条1項等）が希薄化することとなるため、社債権者の保護を図る必要があると考えられるためである。

(2)は、2以上の種類の社債を1種類の社債として取り扱うためには、社債管理会社の設置につき調整が図られていることを要すると考えられることから、その規律を設けるものである。(2)の後半においては、現行法では、社債管理会社の設置については、発行段階の規律としてのみ規定されているが（商法297条）、社債管理会社不設置を統合する場合において、統合後の社債を発行するとすれば社債管理会社の設置が強制されるときには、社債管理会社を設置すべきであると考えられることから、発行後にもその設置を義務付けるものとしている。

(3)は、①社債の発行の決定が取締役会の決議事項であることから、銘柄統合についても取締役会の決議を要するものとし、②銘柄統合は社債権者の重大な利害に関するものであるといえることから、社債権者に対しその旨の通知又は公告を要するものとしている。

10 社債権者による書面投票制度

現行法では，社債権者集会に出席しない社債権者には，書面又は電磁的方法によりその議決権を行使することが認められているが（商法321条ノ2及び321条ノ3），集会の開催自体を要しないこととする制度はない（株主総会につき商法253条，社員総会につき有限会社法41条，42条，再生手続における債権者集会につき民事再生法169条2項2号，更生手続における関係人集会につき会社更生法189条2項2号参照）。

しかし，社債権者の数が著しく多数であって社債権者集会を開催すること自体が困難である場合のように，社債権者集会を開催しても会議体として合理的に機能しない場合もあると考えられ，そのような場合に会場設営等のための費用を要してまで社債権者集会を開催することを要求することは必ずしも妥当ではない。実務界からも，書面投票（電磁的方法による投票を含む。）により社債権者集会決議の成立を認めるべきであるという要望が出されているところである。

試案では，社債権者の利益の保護の観点から，社債契約に定めがある場合に限り，社債権者集会で決議すべき事項について，社債権者集会の開催を要せず，書面投票により社債権者集会決議の成立を認めるものとするかどうかについて，なお検討することとしている。

（注1）では，書面投票により決議することができる事項について，a案とb案を併記している。a案は，特に制限を設けないとするものである。これに対し，b案は，社債権者集会が開催されない場合，社債権者に対して提供される社債発行会社の財務状況等に係る情報の量が少なくなるおそれがあること（商法323条参照），社債権者集会の代表者に決定を委任することができる社債権者集会の決議事項には制限がないと解されていること等にかんがみ，書面投票により決議することができる事項を社債権者集会の代表者の選解任，代表者への委任事項の変更（商法329条1項，333条）に限ることとするものである。

（注2）では，書面投票により社債権者集会決議が成立するための要件については，総社債権者の同意を要件とせず，社債権者集会を開催した場合と同じ要件とし，その場合，書面投票をした社債権者のみ，出席した社債権者とみなすものとすることとしている。

（注3）では，仮に，社債契約の定めにより，社債権者集会を開催しないで書面投票による社債権者集会決議の成立を認めることとした場合であっても，社債権者集会の招集権者の招集権（商法320条）は，契約等によっても奪えないもの（強行規定）として整理することとしている。

（注4）では，書面投票による場合においても，社債権者集会を開催して決議がされた場合と同様に，裁判所の認可によりその効力が生ずるものとしている（商法327条）。

第7 組織再編関係

1 対価柔軟化

現行法では，合併，分割，株式交換，株式移転に際して，消滅会社の株主，分割会社又はその株主，完全子会社となる会社の株主に対して交付される財産は，原則として，存続会社，承継会社，完全親会社となる会社又は組織再編行為により設立される会社の株式に限定されることを前提として，各種の規律が設けられている。

組織再編行為に際して消滅会社の株主等に対して交付される財産は，組織再編行為の対価と捉えることができるが，近年，株式会社については，分割その他の新たな組織再編行為に係る制度の創設，これに伴う事業の再構築の必要性の高まり，買収，事業統合等を含む企業活動の国際化等を背景として，組織再編行為の対価を存続会社等の株式に限定することなく，金銭その他の財産をもその対価とすることができるようにすべきであるという要望が，国内外から強く寄せられている。具体的には，子会社が，他の会社を吸収合併する場合にその親会社の株式を対価として交付する合併（いわゆる「三角合併」），消滅会社の株主に金銭のみを交付する合併（いわゆる「キャッシュ・アウト・マージャー」）等に関する要望である。また，存続会社の株式が，金銭や他の財産よりも換価性が高い，又は価値が高いということは一概にいうことはできず，消滅会社の株主に対価を選択させることを認めるべきであるという意見もある。

ところで，株式会社の合併については，従来から合併交付金の交付が認められており，その対価に占める比率については特にこれを制限する規定は設けられていない（商法409条4号等参照）。簡易合併（商法413条ノ3）の要件等をみても，その比率が相当程度大きくなる場合もあり得ることが想定されているといえる。また，合併の当事会社間において，会社の規模や株式の大きさが著しく異なる場合には，消滅会社の株主に存続会社の株式を交付することができず，合併交付金のみを対価として交付せざるを得

ない場合も生じ得る。さらに，完全親子会社間の合併であって完全子会社を存続会社とするものについては従来から無対価の合併が可能であると解されてきた。このように，現行法の下でも，合併の対価を存続会社の株式に限定することは，株式会社の合併における本質的な要素とはいい難いところである。

また，最近の会計，税制その他の実務をみると，合併について，二つの会社が一つの会社となるという理解を基本とするのではなく，組織再編行為及び営業譲渡の全般について，いずれも相手方の営業その他の権利義務を取得し，その対価を交付するという実質を有する制度として，整合的な理解をし，かつ，これを活用しようとする動きも見られる。

このような状況を踏まえ，試案では，吸収合併，吸収分割及び株式交換の場合において，消滅会社の株主等に対して，存続会社等の株式を交付せず，金銭その他の財産を交付することを認めることとしている。

(注1)では，「消滅会社等の株主等に対して交付する合併対価等の価額及びその内容を相当とする理由を記載した書面」を開示すべき資料に加えることとしている。これは，対価を柔軟化することに伴い，対価の価額及び内容の相当性を担保することが重要となると考えられたことによるものである。

部会においては，対価を存続会社の株式以外の財産にした場合には，その評価が困難ではないかという意見も出された。しかし，対価の価額の相当性については，第一義的には，存続会社等に移転する営業その他の権利義務の価値を適切に評価しているかどうかという問題であって，対価の種類によって直ちに左右されるものではないと考えられる。また，当該価値に相当するものとしてどのような対価を交付するかという問題については，通常の取引であれば金銭で評価するのが最も容易であって，存続会社の株式とそれ以外の財産とのいずれが評価しやすいかは程度問題にすぎないといえる。さらに，いわゆる事業統合によるシナジー効果については，結局のところ存続会社等における超過収益力（いわゆる「のれん」）をどのように評価するかの問題であって，これは存続会社等に移転する営業その他の権利義務の価値の評価に含まれるものであり，本来対価の種類によって変化するものではない。なお，対価の種類によっては，その換価性や現在価値の評価をも含めて考慮すべき点が事実であるが，金銭その他の財産に比較して，存続会社の株式の方が評価が容易であるとは言い切れないものと思われる。

他方，現在の実務では，合併当事者の企業価値や株式の大きさについて，それほど吟味した評価がなさ

れないまま，対等合併の名目の下，割当比率を1：1とする等の合併が行われているが，合併についてこれまで述べてきた考え方に基づけば，このような合併が正当化される根拠は，消滅会社の株主の承諾があるということに求めざるを得ない。また，存続会社の株式を交付する方が評価が容易であるという考え方も，このような合併を正当化することを念頭においた考え方ではないものと考えられる。

(注1)は，このような点を踏まえ，対価の価値及び内容についての適正性の確保が重要であり，その判断は組織再編行為の当事会社の取締役や株主が行うものであることにかんがみ，その判断が適切に行われるよう，対価の種類の区別なく開示書面を充実させようとするものである。

(注2)では，株式以外の対価を用いて株式交換を行う際に債権者保護手続を要するものとするかどうかについては，なお検討することとしている。これは，部会において指摘された，株式交換に際して，完全親会社となる会社が完全子会社となる会社の株式を取得するに当たり，対価を金銭その他の財産という完全親会社となる会社が現に保有する財産で支払う場合には，債権者を害する可能性が高いのではないかという考え方によるものである。この点については，現行法の下で，株式交換につき債権者保護手続が求められていないことの意義等とも関連して，なお慎重な検討を要する。

(注3)では，各種の組織再編行為につき，対価の適正性調査のための制度を設けるかどうかについて，なお検討することとしている。

部会においては，対価の価額及び内容の適正性を重視する観点から，このような調査制度を設けるべきであるという意見も出された。もっとも，これに対しては，現行法の下でも，実務上は対価の適正性が確保されるよう当事会社自身が第三者評価等を活用しており，その内容を適切に開示して株主等の判断を仰げば足りるものであること，組織再編行為の対価自体が相手方の会社及びその株主との交渉によって決定されるものであるから他の取引と区別して特別の調査制度（例えば，現物出資に係る検査役の調査制度に類似した調査制度）を設ける合理性はないこと，仮に，調査制度が義務付けられ，当該調査により対価の見直しが迫られることになれば当事会社同士が合意しているにもかかわらず，当該組織再編行為を行うことはできず，費用のかかる営業譲渡等その他の行為を選択せざるを得ず，結果として株主が害されることとなること等の反対意見も出されたところである。

なお，試案では，新設合併，新設分割，株式移転に

については，対価の柔軟化を認めることとはしていない。

2 簡易組織再編行為
(1) 簡易組織再編行為の要件

現行法では，簡易組織再編行為の要件が，簡易吸収合併，簡易吸収分割，簡易株式交換については存続会社，承継会社，完全親会社となる会社の発行済株式総数の5パーセント以下の株式の発行の場合，分割会社における簡易分割においては総資産の5パーセント以下の資産の移転の場合とされており，これらの要件に該当する場合にのみ，当該会社において株主総会の承認を要しないものとされている（商法358条1項，374条ノ6第1項，374条ノ22第1項，374条ノ23第1項，413条ノ3第1項）。

ところで，現行法では，定款の目的の範囲内であり，会社が新規に投資をすることについては，取締役会又は代表取締役の権限とされ，株主総会の決議を要しないものとされている。このため，新株の発行（授権株式数を前提とすれば最大発行済株式総数の300パーセントまで発行が可能（商法166条4項等参照））や借財によって，資金を調達し，これを新規の投資に充てるという行為は，すべて取締役会限りで行うことができる。これに対して，同一の事業を行う場合において，新規に投資をするのではなく，既に他社が行っている事業を組織再編行為により取得する形で事業投資をする場合には，5パーセントを超える新株の発行（新規投資の場合の最小60分の1）を伴うとき（平成9年の改正前は，すべての場合）には株主総会の決議を要することとなる。そのため，同一の事業を行うために会社が投資をしようとした場合には，新規に投資をした方が，他社の事業を組織再編行為により取得するよりも簡易な手続で行うことができることとなっている。

また，各企業又は我が国経済全体において経営資源の選択と集中による効率的な経営・資源配分が求められる近時の状況の下，簡易合併等の組織再編行為につき株主総会の決議を要しない範囲を拡大すべきであるという実務上の要望が強まっているところである。

試案では，簡易組織再編行為の要件の基準を緩和するものとし，これを現在の実務等を踏まえて，例えば20パーセント程度に緩和するものとしている。部会においては，緩和の要件の程度については，様々な意見が出されたため，（注1）では，その緩和の要件の程度については，なお検討することとしている。また，簡易営業譲受けの要件についても同様の見直しをするものである

（注2）では，営業の重要な一部の譲渡（商法245条1項1号）についても，分割会社と同様の要件で，簡易な手続を許容することとしている。

（注3）では，合併等において対価の柔軟化を図ることとしていることにかんがみ（試案第4部・第7・1参照），交付する株式数による判断基準と交付金による判断基準とを区別する現行規制を改め，簡易合併等の要件の該当性については，対価の額全体をもって判断する方向で要件を設定することとしている。

（注4）では，現在総株主の議決権の6分の1とされている反対株主による異議の要件（商法413条ノ3第8項等）の見直しの要否について，なお検討することとしている。この制度は，株主総会の特別決議の定足数が総株主の議決権の過半数であり，決議要件が出席株主の議決権の3分の2以上であることを考えると，反対株主の議決権が総株主の議決権の6分の1以上であれば，株主総会を開催した場合に否決される可能性があるとして，平成9年の改正において導入された制度であり，その後各種の簡易手続にも採用されているものである。しかし，平成14年の改正により特別決議の定足数が総株主の議決権の3分の1まで引き下げることができるようになった結果（商法343条参照），6分の1という要件についての前述のような説明は妥当しないこととなっているところである。

（注5）は，譲渡制限株式会社以外の株式会社における組織再編行為以外の新株発行等について現在の授権株式数のみを要件とする規制が，前述した組織再編行為の場合の考え方と整合的かどうかという観点から，部会において指摘された問題である。すなわち，現行の授権株式数に関するいわゆる4倍規制（商法166条4項等参照）は，既存株主の割合的保護という観点からは，その意義は極めて小さいものといわざるを得ない一方，第三者に対して大量の新株発行を行うことにより，支配権の移動が起こり，株式交換等と同様の組織再編行為と類似する行為が行われ得るという問題について，どのように対処するかという視点からの意見である。

この点に関しては，平成13・14年試案において，一定の割合を超える第三者割当てによる新株発行につき株主総会の特別決議を要するものとする旨の提案がなされた（同試案第一・二・2）。しかし，事前に株主総会の特別決議を要求すること

すると、事実上大量の新株発行を行うことは定時総会の時以外は不可能となることを背景に、大量の新株発行を数次に分けて発行しなければならなくなること、財務状況が悪化した会社等が救済を受けるための増資が受けられなくなる可能性があること等の問題点が指摘され、成案には至らなかったものである。

(注5)では、そのような指摘をも踏まえた上で、今般、新株発行等との比較において簡易組織再編行為の要件を緩和するものとすることに伴い、再度組織再編行為以外の新株発行等についても見直しを行うかどうかを検討することとしている。試案では、一定の割合を超える発行等をする場合において、簡易組織再編行為において設けられている反対株主の異議手続(商法413条ノ3第8項)等を要求する案を提示している。

なお、部会においては、このような規制が導入される場合には、授権株式数に関する4倍規制等の規制の在り方についても、その廃止を含めた検討を行うべきであるという意見も出された。

(2) 譲渡制限株式会社についての取扱い

現行法では、譲渡制限株式会社であっても簡易合併等の要件に該当する場合には、株主総会の特別決議なく、消滅会社等の株主に対して新株を発行することが許容されている。しかし、譲渡制限株式会社における第三者に対する新株の発行については株主総会の特別決議を要するものとされており(商法280条ノ5ノ2第1項ただし書)、試案第4部・第3・12(1)においても、その趣旨を徹底するための見直しを行うこととしているところである。

試案では、合併等に伴う消滅会社等の株主に対する新株の発行も存続会社の他の株主にとっては、第三者に対する新株発行であることに変わりはないものとして、譲渡制限株式会社における株式の発行を伴う組織再編行為については、簡易組織再編行為の要件に合致する場合であっても、株主総会の決議を要するものとすることとしている。

3 略式組織再編行為

現行法では、組織再編行為について株主総会の特別決議を要するものとされているが、諸外国においては、一方の会社が他方の会社をほぼ完全に支配しているような関係にある場合には、当該支配されている他方の会社における株主総会の開催を要しないものとするような制度がある(いわゆる「ショート・フォーム・マージャー」)。

このような制度については、経済界や米国等からその創設を求める意見がある。また、ほぼ完全な支配関係がある場合には、仮に株主総会を開催したとしても、結論において変わることがないことは明らかであるといえる。

試案では、支配関係のある会社間での組織再編行為について、被支配会社の少数株主が制度の濫用により不当に害されることがないような措置を講じた上で、被支配会社における株主総会の決議を要しないものとする制度を創設することとしている。

支配関係の要件については、部会においても、種々の意見が出されたが、(注1)にあるように、総株主の議決権の9割以上を保有している状態にある会社間において認めるべきであるという意見が有力であった。

(注2)は、対価の種類によって手続を区別すべきであるとの部会で出された意見を掲げるものである。

(注3)は、略式組織再編行為においては、被支配会社における株主総会が開催されないため、被支配会社の少数株主にとって株主総会の不公正な方法による決議を争う等の組織再編行為の効力を争う機会が著しく減少することとなることから、その差止め制度等を設けるべきではないかという部会で出された意見を掲げるものである。

なお、簡易組織再編行為は、合併の場合における存続会社、株式交換の場合における完全親会社となる会社を対象とする制度であるのに対し、略式組織再編行為は、合併の場合における消滅会社、株式交換の場合における完全子会社となる会社を主として対象とする制度である。そのため、簡易組織再編行為の要件をさらに緩和したとしても、簡易組織再編行為とは別に略式組織再編行為を創設すべき必要性がなくなるものではない。

(注4)では、ある会社が他の者にほぼ完全に支配されているような場合において、他の会社との組織再編行為とは関係なく、同様の効果を生じさせる制度の創設の要否について検討することとしている。

具体的には、(注4)の①は、他の株主が会社の株式の大部分を取得することによって、ある者が少数株主となってしまった場合において、略式組織再編行為が行われる前に、少数株主となってしまった者からの株式の買取請求を認めるという制度であり、(注4)の②は、会社の株式の大部分を取得している者が、略式組織再編行為を経ることなく、少数株主の株式を買い受けることを認めるという制度である。部会においては、これらの制度の要否について、それぞれ意見が分かれたところである。

4 効力発生

現行商法は、合併及び分割について、その効力の発生を登記の時としている（商法102条、416条1項、374条ノ25等）。

合併の効力発生とその登記については、昭和13年の改正前においては、合併の登記は第三者対抗要件とされていたが、同改正により、合併による権利義務の移転の効力を当事者及び第三者との間において第三者の善意・悪意にかかわらず、一律に生じさせることとするため合併の効力は合併の登記により生ずることとされたものである。

しかし、契約等で定められる実質的な効力発生日（登記以外の法定の手続が行われ、事実上の効力が発生する時期）が存在する一方で、当該事実上の効力が発生したことを要件として行われる登記の日が法律上の効力の発生日とされていることにより、実質的な効力発生日と法律上の効力発生日とが異なることとなっている。このような差異の存在については、それが公開会社における株式の円滑な流通に支障を来しているという指摘がある。

試案では、吸収合併及び吸収分割の効力は、合併の登記によってではなく、当事会社間で定めた一定の日において生ずるものとすることとしている。

（注1）では、そのような見直しを行う場合には、吸収合併等の効力の発生日が利害関係人にとって容易に知り得るところとなるようにすることが望ましいものと考えられることから、その効力の発生日を公告により広く知らしめる措置を講ずるとともに、期日を変更する場合や中止をする場合には、その旨を公告すべきものとする方向で検討することとしている。

（注2）は、例えば、吸収合併の場合において、合併の効力が生じ、消滅会社が消滅しているにもかかわらず、合併の登記がなされる前に消滅会社の代表者と取引をした者その他の利害関係人を保護するため、所要の措置を講ずべきことを明らかにするものである。合併の登記の効力につき商法12条を適用することにとどめることにすることについては、部会において、第三者の善意・悪意により対抗問題が相対的に決せられることは適当ではないとする意見が出されたところであり、例えば、合併の登記前に消滅会社の代表者がした行為については、相手方の善意・悪意を問わず、存続会社に効果が帰属することとする等、一律にその相手方を保護するような措置を講ずることが考えられる。なお、分割については、分割会社が消滅しない点において、合併とは異なる面があり、この点について別途の取扱いをすることも考えられる。

（注3）では、新たに会社を設立する組織再編行為の効力発生時期についてなお検討することとしている。新たに会社を設立する場合には、組織再編行為の効力の問題のほかに、会社の設立の効力が登記によることとされている関係をどのように整理するかが問題となるところである。

5 人的分割における財源規制

現行法では、人的分割については、債権者保護手続を要求するにとどまり、分割会社の株主に交付することができる財産の価額について、財源規制との関係で何らかの措置を講ずることとはされていない。

しかし、人的分割については、分割会社につき営業譲渡と剰余金の分配という実質を有するものということができ、また、会社から株主への財産の払戻しについて統一的に財源規制を課すこととすること（試案第4部・第5・1参照）に照らせば、人的分割の対価が柔軟化され、特に金銭等を対価として行われる場合には、分割会社の株主に交付される金銭についても何らかの財源規制を課すべきかどうかが問題となる。

試案では、人的分割を「物的分割＋剰余金の分配」という構成にするかどうかについては、なお検討することとしている。そのような構成は、人的分割について、分割会社がその営業その他の権利義務を承継会社等に売却して、その対価を分割会社の株主に分配するというものであると捉えるものであり、人的分割後に分配可能限度額が存しなくなる場合においては、分割会社の株主に財産を分配することができず、仮に分配しようとする場合には、資本の減少その他の分配可能限度額を増加させるための適切な措置を講じなければならないこととなる。

（注）は、仮に、人的分割を「物的分割＋剰余金の分配」という構成にした場合においても、現行法上認められている人的分割、すなわち分割会社の株主に交付される財産が承継会社等の株式のみの場合等一定の類型については、これを営業譲渡ではなく、株主が有する一つの会社が、同一の株主が有する二つの会社に分割されたというような評価も可能であることから、一定の例外を設けることとするものである。

なお、部会においては、人的分割に際して、分割会社の株主の有する分割会社の株式数を減少する場合が想定され、このような場合の処理についても検討すべきであるという意見が出された。この点については、株式と資本や会社財産との関係が切り離されていること、持株数に応じた株式の一部消却は株式の併合として整理するものとすること（試案第4

部・第3・6(2)①参照)，株式数の減少を自己株式の取得として捉えれば同じく財源規制の問題に帰着すること等との関係も踏まえて，なお検討する必要がある。

第8 清算関係

1 清算手続への裁判所の関与

現行法では，清算手続は裁判所の監督に服するものとされ(非訟事件手続法136条ノ2)，会社が清算手続に入ると，清算人は，就職の日より2週間以内に解散の事由及びその年月日並びに清算人の氏名及び住所を裁判所に届け出るべきこととされている(商法418条，有限会社法75条1項)。また，就職の後遅滞なく会社財産の現況を調査し，作成した財産目録及び貸借対照表について株主(社員)総会の承認を得た後，これを遅滞なく裁判所に提出しなければならないこととされている(商法419条3項，有限会社法75条1項)。しかし，清算の遂行に著しい支障を来たすべき事情があると認められる場合等において裁判所の厳重な監督の下に行われる特別清算と異なり，通常の清算の手続においては，裁判所は，これに積極的に関与する必要性は乏しいとも考えられる。また，現行法の下でも，裁判所においては，清算人から提出された財産目録等は，そのまま保管されているだけで，ほとんど利用されていないのが現状であるという指摘がされている。

試案では，清算手続への裁判所の関与の在り方について見直すこととし，清算手続は裁判所の監督に服するものとする規定(非訟事件手続法136条ノ2)を削除し，清算人の氏名等の裁判所への届出並びに財産目録及び貸借対照表の裁判所への提出の制度(商法418条，419条，有限会社法75条1項)については，廃止するものとしている。

2 清算中の会社の機関

清算は，解散した会社において，会社の現務を結了し，債権を取り立て，債権者に対し債務を弁済し，株主(社員)に対し残余財産を分配する等の行為を行う手続であって，清算中の会社の権利能力は，清算の目的の範囲内に縮減し(商法430条1項，116条，有限会社法75条1項)，営業取引をなす権利能力を原則として有しないと解されている。このような清算中の会社の機関の在り方については，現行法の取扱いに不明確な点があった上，昨今の経済情勢等を踏まえ，実務界からは迅速かつ低廉なコストでの清算手続が可能となるよう，機関の簡素化を求める要望が強いところである。

試案では，清算中の株式会社における清算人会及び監査役の在り方について，一定の簡素化を図りつつ，その規律を明らかにすることとしている。

(1) 清算中の株式会社の清算人会

現行法では，定款に別段の定めがある場合又は総会において取締役以外の者を清算人に選任した場合を除き，取締役(全員。ただし委員会等設置会社の場合には監査委員会を組織する取締役以外の取締役)が清算人になることとされている(商法417条1項，有限会社法72条1項，商法特例法21条の35第3項)。清算人の人数は法定されておらず，判例は，株式会社についても一人以上で足りるものと解しているが(最判昭46年10月19日・民集25巻7号952頁)，株式会社の清算人については，取締役会に関する規定が準用されているため(商法430条2項，259条から260条ノ4まで)，清算人が複数いる場合には清算人会の設置が義務付けられることとなる。

試案では，前述のような実務界からの清算中の会社の機関における簡素化についての要請を踏まえるとともに，譲渡制限株式会社については解散前においても有限会社と同様の取締役会が設置されない機関設計の簡素化を認めるものとしていることをも考慮し，清算中の株式会社については，譲渡制限株式会社であるか否かを問わず，清算人会の設置を義務付けないものとすることとしている。なお，清算人の人数については，一人以上で足りるものとする従前からの扱いに変更はない。

なお，このように清算中の株式会社には清算人会が設置されないものとすることにより，現行法では清算中の株式会社にも適用があるものと解される株主総会の権限についての基本的規定である商法230条ノ10は，清算中の株式会社には適用がないこととなる。

(2) 清算中の株式会社の監査役

従前，清算中の株式会社(大会社であったもの)に対する商法特例法の適用の有無についての現行法上の取扱いが不明確であるという指摘がされてきた。会計監査人については，会社の営業を前提として毎決算期の計算書類の監査を行うものであるとして，清算中の株式会社には必要がないとの考えが支配的であり，平成14年の改正により，清算中の株式会社については会計監査人に関する規定の適用がないことが明らかにされた(商法特例法2条1項，2項)。他方，大会社についての監査役に係る規定については，清算中の会社への適用を否定する見解もあったものの，清算中の財

- 93 -

産換価等に際しては利害関係人間の利益相反が生じやすいことを根拠としてその適用を肯定する見解が有力であったところであり、現行法も、商法特例法19条1項が、商法特例法上の大会社に対する商法420条1項・3項の規定の適用につき「監査役」の語を「監査役会」と読み替える旨規定していることから、その適用を前提としているものと解される。

しかし、現行の大会社についての監査役に係る規定は、数度の改正を重ねた結果、相当程度複雑かつ重厚なものとなっており（員数3人以上、監査役会、社外監査役、常勤監査役等）、これらの規定を、原則として営業取引を行う権利能力を有しない清算中の会社にそのまま適用することについては、その必要性に疑問もある。また、迅速かつ低廉なコストでの清算手続を望む実務界からの改善の要望も強いところである。

この点について、部会においては、解散時に大会社であった場合であっても、清算中の株式会社には「監査役会」その他現行の大会社の監査役に係る規定は適用しないものとすること、及び清算中の株式会社の監査役に関する機関設計の在り方に関して一定の簡素化を図ることについては意見の一致をみたものの、その場合にいかなる監査体制を要求すべきであるかについては、意見が分かれた。

試案では、部会における議論を踏まえ、解散時に大会社であった清算中の株式会社とそれ以外の株式会社とについて、それぞれ複数の案を掲げている。

① 解散時に大会社であった清算中の株式会社

a案は、監査役を複数設置することを義務付ける案である。この案に関しては、現行の大会社に義務付けられている社外監査役（商法特例法18条1項）の設置を義務付けるべきかどうかに関して、さらに考え方が分かれる（ⅰ案・ⅱ案）。なお、部会においては、現行の大会社に義務付けられている常勤監査役（商法特例法18条2項）については、清算中の株式会社においては設置する必要性に乏しいとの点において意見の一致をみた。

b案は、監査役に関する機関設計のさらなる簡素化を図るとの観点から、監査役を一人以上設置すれば足りるものとする案である。

② ①以外の清算中の株式会社

試案では、譲渡制限株式会社については、監査役の設置を義務付けないという有限会社と同様の機関設計を選択することを認めるものとしている。したがって、部会においては、少なくとも解散時に譲渡制限株式会社であった清算中の株式会社については、監査役の設置を義務付けないものとすること（b案）については概ね意見の一致をみたところである。a案は、さらに、解散時には譲渡制限株式会社ではなかった清算中の株式会社についても、監査役の設置を義務付けないものとする案である。この案は、清算人については、解散時に譲渡制限株式会社ではなかった清算中の株式会社についても清算人会の設置を義務付けず、清算人一人以上で足りるものとする有限会社と同様の簡素な機関設計を認めることとしている点を重視し、監査役についてもより簡素な機関設計を認めようとするものである。部会においては、清算中の財産換価等に際しては利害関係人間の利益相反が生じやすいことから、清算人の業務執行の適正さを監視する存在として監査役一人以上の設置を義務付けるべきであるという意見が有力であった。

ところで、清算中の会社の機関の在り方に関するその他の論点として、清算中の株式会社について、その議決権を有する株主の数が1,000人以上である場合に、議決権行使のための参考書類の交付及び書面投票の制度（商法特例法21条の2・21条の3）の適用の有無が、現行法上不明確であるという点が挙げられる。

この点については、清算中の株式会社の株主総会においても、株主に重要な利害関係を有する合併等の意思決定を行う場合があり得るため、その適用を否定すべき理由はなく、試案では、株主数1,000人以上の清算中の株式会社には、参考書類の交付及び書面投票制度の採用を義務付けるものとしている。

なお、試案第4部・第4・1(4)②では、大会社であるか否かにかかわらず、議決権を有する株主数が1,000人以上の株式会社については、書面投票制度を義務付けるものとしており、清算中の株式会社についても同様の取扱いをすることが適当であると考えられる。

3 清算中の会社がすべき公告

(1) 債権申出の公告

現行法では、清算人は、就職の日から2月以内に少なくとも3回、債権者に対し、一定の期間内（債権申出期間。2月未満であってはならない。）に債権の申出をするよう官報により公告しなければならないとされている（商法421条1項、有限会社法75条1項）。株式会社・有限会社においては、会社財産だけが会社債権者への責任財産となる関係上、債権者の保護をより図るための取

扱いであると考えられるが、この3回の公告の義務付けについては、実務界から、その回数を1回で足りるものとすべきであるという要望がある。現行法では、各公告の間に設けるべき時間的間隔については特別の制限がないことから、3回もの公告を要求することについての合理性には疑問があるところである。

試案では、債権申出の公告については、1回で足りるものとして、その簡素化を図ることとしている。

なお、部会においては、2月未満であってはならないとされている債権申出期間について、例えば1月にするなどの短縮を図るべきという意見も出されたが、債権申出期間の制度は、同期間内に申出をしなかった知れたる債権者以外の債権者が清算から除斥されるとの重大な効果を有するものであり、その見直しの当否については、清算の実務の在り方を踏まえなお慎重な検討を要するものと考えられる（（注）参照）。

(2) 清算中の会社の決算公告

現行法では、清算中の株式会社についても、貸借対照表又はその要旨の公告が義務付けられている（商法430条2項による同法283条4項・5項の準用）。

しかし、清算中の会社の権利能力は、清算の目的の範囲内に縮減し、営業取引をなす権利能力を有しない以上、決算公告という方法によって広く利害関係人に対して清算中の株式会社の財務情報を開示すべき必要性は少ないものと考えられる。債権者の保護については、前述の債権申出の公告、知れたる債権者に対する個別の催告（商法422条1項）等の清算手続に関する規制によって図ることが可能であると考えられる。

試案では、清算中の株式会社の決算公告は、廃止するものとしている。

4 清算中の会社の配当等
(1) 残余財産分配の現物交付

前述のとおり、試案では、解散前の会社の現物配当に関し、現行法上も可能であるとの考え方に立った上で、その手続を明確化することとし、原則として特別決議を要するものとしつつ、各株主からの請求があれば当該財産に代えてその価額に相当する額の金銭の分配をすることとするときは、通常の払戻手続によることができるものとしている（試案第4部・第5・1(2)参照）。

残余財産の分配（商法425条）については、解散前の会社における配当の場合とは異なり、その価額が大きくなり、株主が換金困難となる場合も想定されるため、原則として金銭をもってなされるべきであり、現物による残余財産の分配は、少なくとも総株主の同意がなければ認められないものと解するのが一般的であった。

しかし、実際の清算手続においては、株主によっては、例えば、残された会社の資産について継続的に自らの事業に用いることを求める場合も考えられ、そのような資産が換金困難なものであった場合、総株主の同意がなければ現物による残余財産の分配を認めないとする取扱いは、迅速かつ低廉なコストでの清算手続という実務界の要請に適合せず、国民経済上も好ましくないものと考えられる。

試案では、金銭以外の財産による残余財産分配が可能であることを明確化した上で、清算段階における特殊性も考慮し、各株主が現物による残余財産の分配に代えてその価額に相当する額の金銭の分配を請求することができるものとして、株主には現物についての換価請求権を保障し、その手続の合理化を図ることとしている。

(2) 会社財産の株主に対する払戻し

株主に対する残余財産の分配は、会社の債務を弁済した後でなければ、することができない（商430条1項、131条本文）。この点に関連して、残余財産の分配と同様、株主に対する金銭等の支払という性質を有する利益配当、自己株式の取得等について清算中の株式会社において認められるかどうかという問題があり、利益配当については認められないとする見解が一般的であるが、その他の支払行為については現行法上の取扱いが明確ではない。

しかし、そのような金銭等の支払については、仮にそれが認められることとなると、清算段階においては、会社財産だけが責任財産となる債権者の保護を優先して会社財産の支払につき株主を債権者よりも劣後する地位に置くとする商法430条1項において準用する同法131条本文の趣旨が没却されることになる以上、許容すべきではないと考えられるため、試案でもその旨を明確化するものとしている。

また、同じく株主に対する金銭等の支払となる、組織再編行為等の際の反対株主の買取請求権についても、存続会社が買取請求に応ずる義務を負う合併の場合を除き、認めることは適当ではないものと考えられる。現行法でも、会社が営業譲渡決議と同時に解散決議をしたときは、株主は株式買取請求権を有しないものとする規定が存在するが

（商法245条ノ２第１項ただし書），これは，株主が清算手続によって残余財産分配を受ける場合には株式買取請求権は不要であるとの考え方に基づくものであるとされている（(注1)参照）。

なお，各種組織再編行為をはじめとする商法中の各種の行為について，清算中の株式会社においてはいかなる行為を行うことが認められるかについては，清算中の会社の権利能力の問題として考え方が分かれるところであるが，例えば，清算中の株式会社が分割会社となる人的分割については，それが，残余財産分配に関する規制（商法430条１項において準用する同法131条本文）の趣旨を没却するおそれがある以上，清算中の株式会社には認めるべきではないという見解にも合理性が認められるところである。また，清算中の株式会社が完全子会社となる株式交換については，そのような行為を行うことを認めるべき必要性の問題に加え，反対株主の買取請求権が認められないこととした場合には，割当比率等の条件において不利な立場に置かれた株主に対する清算人の責任の在り方等について，なお検討すべき点があるものと考えられる（(注2)参照）。

5 清算結了登記後の資料の保存者

現行法では，清算結了の登記後10年間は，会社の帳簿並びにその営業及び清算に関する重要資料を本店所在地において保存することが義務づけられており，その保存者は，清算人その他の利害関係人の請求により，裁判所が選任することとされている（商法429条，有限会社法75条１項）。試案では，これについても，第４部・第８・１と同様，裁判所の関与の在り方を見直すこととし，原則として，清算結了時の清算人が保存義務を負うものとしている。現行の利害関係人が資料の保存者の選任を裁判所に請求する制度は，清算人がいなくなった場合等のための制度として整理することとなる（(注)参照）。

第９ その他

1 子会社に関する規定

現行法では，「子会社」とは，株式会社（現行商法上の「親会社」）が他の株式会社の総株主の議決権の過半数又は他の有限会社の総社員の議決権の過半数を有する場合における当該株式会社又は当該有限会社をいうものと定義されている（商法211条ノ２第１項。なお，同条第３項から第５項まで参照。また，有限会社が「親会社」となる場合について，有限会社法24条１項において準用する商法211条ノ２参照。）。したがって，文言上，①「子会社」は株式会社・有限会社に限定されており，②「子会社」に該当するかどうかは議決権の過半数という形式基準によっている（なお，これに対し，「連結子会社」とは，他の株式会社により経営を支配されているものとして法務省令で定める会社その他の団体をいうものと定義されている（商法特例法１条の２第４項。なお，商法施行規則142条，２条１項18号，19号参照）。したがって，文言上，①「連結子会社」には株式会社・有限会社に限らず外国会社等も含まれ，②「連結子会社」に該当するかどうかは支配力という実質基準によっている。）。

そして，現行法上「子会社」に関する規定には，次に掲げるものがある。

イ 社外取締役等の資格に関する規定

社外取締役の要件（商法188条２項７号ノ２），監査役の兼任禁止（商法276条（有限会社法34条１項において準用する場合を含む。）），会計監査人の資格（商法特例法４条２項２号），社外監査役の要件（商法特例法18条１項），監査委員の兼任禁止（商法特例法21条の８第７項）等

ロ 監査役等の調査権に関する規定

監査役の調査権（商法274条ノ３（有限会社法34条１項において準用する場合を含む。）），会計監査人の調査権（商法特例法７条３項），監査委員の調査権（商法特例法21条の10第２項）等

ハ 会社書類等の閲覧等請求に関する規定

株主総会議事録の閲覧等請求（商法244条６項（有限会社法41条において準用する場合を含む。）），定款等の閲覧等請求（商法263条７項（有限会社法28条３項において準用する場合を含む。）），計算書類等の閲覧等請求（商法282条３項（有限会社法43条ノ２第２項において準用する場合を含む。））等

ニ その他

相互保有株式の議決権（商法241条３項（有限会社法41条において準用する場合を含む。）），株主の権利の行使に関する利益供与（商法294条ノ２），子会社による親会社株式取得の禁止（商法211条ノ２（有限会社法24条１項において準用する場合を含む。））等

以上の「子会社」に関する規定については，株式会社・有限会社のみならず，外国会社等が対象となるかどうか解釈上争いがあるものがあり，その適用範囲を明確化すべきであるという指摘があるところである。

試案では，会社法（仮称）中の「子会社」には，株

式会社・有限会社のみならず，親会社からの一定の支配権が及び得るとみられる外国会社を含む法人等を含めるとの基本方針のもと，（注1）に掲げる規定（イからハまで参照）について，その趣旨を踏まえ見直しを行うこととしている。このような整理をする結果，現行商法上の「子会社」や現行商法特例法上の「連結子会社」の用語の整理も必要となるものと考えられる。なお，子会社による親会社株式取得の禁止の範囲についてはその禁止規制自体の見直しについても検討することとしていること（試案第4部・第3・4参照），相互保有の場合の議決権の制限については議決権の4分の1という別個の形式基準も使用されていることから，（注2）では，これらについては，なお検討することとしている。

2 会社整理・特別清算

会社整理・特別清算の在り方については，「破産，和議，会社更生等に関する制度を改善する必要があるとすれば，その要綱を示されたい。」との諮問（諮問第41号）を受けた法制審議会倒産法部会において，その検討が行われている。試案では，この点について，同部会における検討に委ねることとしている。

第5部 外国会社関係

試案第5部では，外国会社に関する事項を取り上げている。

1 擬似外国会社

商法482条は，外国の法令に従って設立された会社であって，日本に本店を設け，又は日本において営業を行うことを主たる目的とするもの（以下「擬似外国会社」という。）は日本法に従って設立された会社と同一の規定に従うことを要する旨規定している。同条の趣旨は，日本法の適用を回避するために故意に外国法に従って会社を設立しようとする一種の脱法的行為を防止することにある。

この商法482条の規定については，「同一ノ規定」に会社の設立に関する規定を含むかどうかにつき，解釈上争いがあるところである。また，昨今，資産の流動化等の新しい金融手法において，外国法に従って設立された会社を利用するニーズが高まっているところ，同条の適用範囲の外延が不明確であることが，そのような利用の障害となっているという指摘もある。

以上の点を踏まえ，試案では，a案，b案を併記している。

a案は，「同一ノ規定」とは会社の設立に関する規定を含む会社に係る商法等の規定の全部を指すものとするものである。この案では，擬似外国会社は，日本法に従って設立し直されない以上，その法人格が否認されることとなるが，この点については，法的安定性を損なうとの批判があるところである。

b案は，商法482条についての前述の指摘を踏まえ，また，擬似外国会社といえども外国法上は法人格が認められるという事実を尊重する見地から，同条を削除し，擬似外国会社であっても，通常の外国会社と同様の取扱いをすることとするものである。この案では，a案を採用した場合に起こり得るような法的不安定は生じないが，同条の趣旨である，一種の脱法的行為の防止という点につき，どのように対処するかが別途問題となる。

なお，部会においては，同条の「同一ノ規定」とは会社の設立に関する規定以外の会社に係る商法等の規定を指すものとするとの案についても議論された。しかし，この案については，会社の設立に関する規定以外の個々の規定につき擬似外国会社への適用関係を明らかにする必要が生ずるなど，法制的に困難な問題があることから，試案においては掲げられていない。

2 外国会社の日本における代表者

平成14年の改正前においては，外国会社の日本における代表者（商法479条等）については，そのうちの1名が日本に住所を有していれば足りるものと解されていたが，日本における全代表者の退任に関する商法483条ノ3の規定の創設等を内容とする同改正以降，日本に住所を有していない者については，日本における代表者とは認められないものと解されるに至っている（平成14年12月27日・民商第3239号民事局長通達・第4の1(4)参照）。

しかし，合名会社，合資会社，有限会社，株式会社については，会社を代表すべき社員・取締役，代表取締役・代表執行役のうちの1名が日本に住所を有していれば足りるものと解されていることとの整合性等から，従前の取扱いを認めるべきであるという指摘がなされている。

試案では，外国会社の日本における代表者について，そのうち少なくとも1名は日本に住所を有しなければならないが，そのすべてが日本に住所を有することまでは要しないものとしている。

なお，このような取扱いをすることに伴い，商法483条ノ3の規定等につき所要の整備を行う必要がある（（注）参照）。

第6部 その他

試案第6部では、改正検討事項のうち、第2部から第5部までに掲げるもの以外のものを取り上げている。

1 新たな会社類型

現在の会社法制上、準則主義により設立することができる会社類型としては、合名会社、合資会社、株式会社、有限会社の4つの類型が設けられている。

このうち、合名会社及び合資会社は、出資者の全部又は一部が無限責任を負うものであるが、会社内部の規律については、原則として民法の組合の規定が準用されているため、広く定款自治が認められている。これに対し、有限会社及び株式会社は、出資者全員の責任が有限責任であるが、会社内部の規律については、商法又は有限会社法中に基本的に強行規定として規定が設けられている。

諸外国では、会社内部の規律については組合と同様に広く定款自治、契約自由の原則が妥当し、出資者全員の責任については有限責任となる営利法人の類型が用意されている例があり、それが合弁会社その他少人数により事業を行うための会社に適した類型であることから、わが国においても、近年このような会社類型の創設を求める要望が強まっているところである。

試案では、出資者の有限責任が確保され、会社の内部関係については組合的規律が適用されるというような特徴を有する新たな会社類型を創設する方向で検討することとしている。なお、この検討は、このような特徴を有する新たな会社類型の創設の要否、創設することとした場合におけるその具体的な規律の在り方等について、あくまで私法上の観点から行うものである。

（注）では、その骨子について提案している。

まず、会社の内部の関係については、組合的規律、すなわち合名会社の規律に準ずるものが適用されることになる（商法68条参照）。したがって、社員の入社、持分の譲渡、会社成立後の定款変更は、原則として総社員の一致により行われる。総社員の一致により各種事項が決定され、かつ、社員の交代等も総社員の意思により決定されることから、業務執行その他の内部の規律に関しては、広く定款自治に委ねられることになる（1(1)）。

また、総社員の意思の合致により会社が運営されるため、人的なつながりが重視される。そのため、出資者の投下資本の回収については、原則として株式・持分の譲渡によりその回収の確保を図ることとしている株式会社や有限会社の場合とは異なり、退社による持分の払戻しにより行われることになる。そして、社員の意思の相違等により、会社運営に支障が生ずる場合に備え、合名会社の場合と同様に解散判決（商法112条参照）や除名（商法86条）等の制度を設けることが考えられる（1(2)）。

さらに、合名会社と同様、社員が業務執行にあたることが原則（商法70条）となる（1(3)）。ただし、社員である法人が業務執行社員となる場合には、法人が合名会社等の無限責任社員となることを許容することとした場合と同様の問題（試案第3部・3参照）が生ずるため、この点の規制の在り方については、なお検討することとしている（1(3)(注)）。

他方、会社の外部との関係は、出資者全員の責任を有限責任とすることから、基本的に、有限会社や譲渡制限株式会社と同様の規律に従うことになる。社員の出資については、全額払込制度を採用し、各社員はその限りにおいて責任を負うものとすること（2(1)）、貸借対照表・損益計算書の作成と開示を義務付けるものとすること（2(2)）、出資者への剰余金の分配については、株式会社と同様、剰余金の範囲内で行うべきものとすること（2(3)）が考えられる。

2(1)の（注）では、各社員の出資の目的については、金銭その他の財産に限るものとしている。これは、次のような考え方に基づくものである。

会社においては、原則として、出資の価額に応じて持分の割合が定められることとなる（商法68条・民法674条、商法293条等）が、合名会社においては、社員に信用や労務の出資が認められ（商法89条、商法68条・民法667条2項参照）、そのような出資も含めて出資の価格又はその評価の標準（商法63条1項5号）を定めることとされ、出資の目的等を柔軟に定めることにより、社員間の「持分割合」を調整することが予定されている。加えて、合名会社の社員は会社の債務につき無限責任を負うこととなり（商法80条1項）、会社に出資する財産の内容が会社債権者その他の第三者との関係で重要な意味は有しない。したがって、出資の目的等の定めは、専ら持分割合の調整のために定められるものであるとも捉えることができることから、法で特にその内容を限定する必要性は乏しい。

しかし、社員全員が有限責任である会社類型における「出資」という概念は、前述の持分割合の設定という側面よりも、会社債権者に対する責任財産の会社に対する拠出という側面から捉えるべきものであると考えることもできる。試案では、「出資」に

関する後者の側面を重視した考え方を前提に、全額払込主義や分配規制等を講ずることとしている。そして、新たな会社類型においては、出資財産とは離れて、定款をもって、各種の権利に係る割合・内容を定めること、いわゆる「持分割合」として包括的にその割合を定めることも妨げられるものではないから、出資の目的について、あえてその内容を弛緩させることとはせず、会計上も処理が可能な金銭その他の財産に限ることとしても、不都合はないものと考えられる。

なお、部会においては、出資の目的として労務や信用をも認め、現実の財産をそれほど出資しない社員であっても、損益分配の割合が大きくなるようにしたいという実務上の要望にも応えられるような制度にすべきであるという意見が出された（商法89条、商法68条・民法667条2項参照）。

また、合名会社とは異なり、業務執行者が無限責任を負うべき社員ではないことから、業務執行者が第三者に対して負うべき責任について、株式会社の取締役の場合と同様の規定（商法266条ノ3参照）を設けることが考えられる（2(4)）。2(4)の（注）は、例えば、実質的には社員によって決定された事項を業務執行者が実行したに過ぎない場合等において、当該意思決定をした社員の対第三者の責任について何らかの手当をする必要があるのではないか（商法266条ノ3第3項参照）という部会において出された意見を掲げるものである。

社員の退社の際の持分の払戻しの在り方については、次のa案又はb案のような規律を設けることが考えられる（2(5)）。

a案は、退社による払戻しを、株式会社における剰余金の分配と同様のものと位置付けようとするものである。この案によれば、債権者の保護には資するといえるが、除名等により退社した社員も含めて、退社員が適切な持分の払戻しを受けられない可能性がある。

b案は、退社による払戻しを、会社の部分的な清算と捉えて、計算書類上の純資産額とは関係なく、退社員に対しその持分に相応した払戻しを保障しようとするものである。

いずれの案を採用する場合においても、会社が債権者保護手続を行わないことにより、退社員が適切な払戻しを受けられない可能性があり、そのような退社員の保護の方法として、例えば、退社員が会社に代わって債権者保護手続を行い、これに係る費用を会社に求償することを認める等の措置を講ずるかどうかという問題や債権者保護手続を経ないで持分の払戻しが行われた場合の会社関係者の責任の在り方等について、さらに検討を要する（2(5)(注)）。

2 罰則

会社法制に係る罰則規定の見直しの要否については、試案第4部・第5・5(3)（注2）に掲げた虚偽公告・計算書類の虚偽記載等についての罰則の強化の点を含め、会社法制の現代化における罰則以外の実質的な改正内容を踏まえ、さらに検討を要する。

3 関連規定の整備

以上の実質改正に係る事項に関連して、これらに関連する様々な規定について、整備が必要となることはいうまでもない。3は、その旨を明らかにするものである。

(5) 業務執行者以外の社員の対第三者責任の在り方については、なお検討する。

(注) 社員の退社による持分の払戻しについては、次のいずれかの規律を設けることが考えられる。

a案 社員の退社による持分の払戻しについても、財源規制を適用し、払い戻すべき価額が会社に現に存する剰余金の額を超える場合には、債権者保護手続（資本減少の手続に相当するもの）を行うものとする。

b案 社員の退社による持分の払戻しについては、財源規制を適用せず（払い戻す価額は、会社の計算書類上の純資産額に拘束されない。）、退社に際して清算に準じた債権者保護手続を行うものとする。

(注) いずれの案を採用する場合においても、会社が債権者保護手続を行わない場合における退社員の保護、違法な払戻しをした場合における業務執行者、退社員等の責任の在り方等については、なお検討する。

2 罰則

会社法制に係る罰則規定の見直しの要否については、なお検討する。

3 関連規定の整備

その他関連する規定について、所要の整備を行うものとする。

資　料 (1)

(3) 原則として、社員全員が会社の業務を執行する権限を有するものとし、定款又は総社員の同意により社員の一部を業務執行者として定めることができるものとする。

(注) 社員である法人が業務執行者となる場合の規律については、法人無限責任社員（第三部・三）を認める場合の規律の在り方と併せてなお検討する。

2　会社の外部との関係

(1) 社員の出資については、全額払込制度を採用し、各社員はその限りにおいて責任を負うものとする（有限責任）。

(注) 社員が出資できるものは、金銭その他の財産に限るものとする（商法一五〇条）。

(2) 貸借対照表及び損益計算書の作成を義務づけるものとし、債権者にはそれらの閲覧請求権を与えるものとする。

(3) 剰余金の分配については、株式会社と同様の資本制度を採用し、株式会社と同様の財源規制を課すものとする。

(4) 業務執行者の第三者に対する責任について、株式会社の取締役の第三者に対する責任の規定（商法二六六条ノ三参照）と同様の規定を設けるものとする。

同様の制度を設けるものとする（商法八六条、一一二条参照）。

(注) 譲渡による投下資本の回収は、制度として保障しないものとする。

第六部 その他

1 新たな会社類型

出資者の有限責任が確保され、会社の内部関係については組合的規律が適用されるというような特徴を有する新たな会社類型を創設する方向で検討する。

（注） 新たな会社類型の規律の骨子として、次のようなものが考えられるがどうか。

1 会社の内部の関係

(1) 会社の内部の関係は、基本的に合名会社の規律に準ずるものとする。

例えば、社員の入社、持分の譲渡、会社成立後の定款変更は、原則として総社員の一致によるものとする（商法七二条、七三条参照）。

(2) 各社員は、やむを得ない事由があるときは、定款の定めにかかわらず、退社（社員たる資格を消滅させること）できるものとし（商法八四条参照）、解散判決及び除名についても、合名会社と

（注） 日本における代表者の退任手続に関して所要の見直しを行うものとする。

らないが、そのすべてが日本に住所を有することまでは要しないものとする。

〔関連規定〕商法四七九条一項、四八三条ノ三